【 美绘国学书系·点墨人间 】

尚书·礼记

张婷婷 译注

民主与建设出版社
·北京·

ⓒ 民主与建设出版社，2020

图书在版编目（CIP）数据

尚书·礼记 / 张婷婷译注. — 北京：民主与建设
出版社，2020.11
（美绘国学书系）
ISBN 978-7-5139-3315-5

Ⅰ.①尚… Ⅱ.①张… Ⅲ.①中国历史—商周时代
②礼仪—中国—古代 Ⅳ.①K221.04②K892.9

中国版本图书馆CIP数据核字（2020）第234312号

尚书·礼记
SHANGSHU LIJI

译　　注	张婷婷	
责任编辑	李保华	
封面设计	余　微	
出版发行	民主与建设出版社有限责任公司	
电　　话	（010）59417747　59419778	
社　　址	北京市海淀区西三环中路10号望海楼E座7层	
邮　　编	100142	
印　　刷	德富泰（唐山）印务有限公司	
版　　次	2020年12月第1版	
印　　次	2020年12月第1次印刷	
开　　本	710毫米×1000毫米　　1/16	
印　　张	18	
字　　数	160千字	
书　　号	ISBN 978-7-5139-3315-5	
定　　价	76.00元	

注：如有印、装质量问题，请与出版社联系。

前　言

　　《尚书》又叫作《书经》，为五经之一，相传为孔子所删定。由于历史上秦始皇的焚书，导致后来《尚书》有今、古文之分。《尚书》一直以来都被认为是五经中最难读的一本，唐代的韩愈就说它"周诰殷盘，佶屈聱牙"，读起来很不顺口。有人认为，这大概是由于《尚书》是虞夏商周四代的史官所作，并不是一个人写的，而且时间跨度差不多有一千多年，所以书中文辞意义的浅深，每一篇都不一样。然而，《尚书》虽然各篇迥异，但是典谟、训诰、誓命的文辞和义理无不典雅而深奥，均为圣贤之教，值得万世效法。

　　《尚书》中主要阐述的是治国的大道。历史上，《尚书》一直为古代的帝王和大臣所必读，同时也是古代读书人必读的经典。其作为虞夏商周文化的总汇，集中体现了上古时期圣君贤臣的智慧。长期以来，《尚书》被奉为儒家经典，人们着重于其义理训诂。《礼记·经解篇》就以"疏通知远"称颂《尚书》的教化之功。《史记》孔子世家也说："孔子以诗书礼乐教弟子。"这都足以说明《尚书》的重要性，为孔门弟子必修的学问。而一些史学家更是将其当作史书看待，正如"六经皆史"的口号，虽然还不至于达到"六经注我"的程度，但也成为他们研究中国历史的必备材料。面对这样丰富的文化遗产，今日的国人应当感到无比庆幸，更要思考如何将如此优秀的思想发扬光大，以利今日世界之需。

　　而《礼记》主要是研究中国古代社会情况、典章制度和儒家思想的重要著作。它阐述的思想，包括社会、政治、伦理、哲学、宗教等各个方面，其中《大学》《中庸》《礼运》等篇包含了较为丰富的哲学思想。《礼记》所收集文章出处

多源，多是战国至秦汉年间儒家学者论说礼制的典籍，因而《礼记》也是一部儒家思想的资料汇编。又称《小戴礼记》。与《周礼》《仪礼》合称"三礼"。

《礼记》是儒家十三经之一。主要反映了战国以后及西汉时期社会的变动情况，包括社会制度、礼仪制度和人们观念的继承和变化。东汉末年，著名学者郑玄为《小戴礼记》作了出色的注解，后来这个本子便盛行不衰，并逐渐成为经典；到唐代，礼有《周礼》《仪礼》《礼记》，春秋有《左传》《公羊》《穀梁》，加上《诗经》《易经》《尚书》《论语》《尔雅》《孝经》，称为"十二经"；宋、明时期又增加了《孟子》，于是定型为"十三经"，为士者必读之书。《礼记》全书多为散文，一些篇章具有丰厚的文学价值，有的用短小生动的故事阐明某一道理，有的气势磅礴、结构谨严，有的言简意赅、意味隽永，有的擅长心理描写和刻画，书中还收有大量富有哲理的格言、警句，精辟而深刻。《礼记》不仅是一部记述规章制度的书，也是一部关于仁义道德的教科书。这部九万字左右的著作内容广博，门类杂多，涉及政治、法律、道德、哲学、历史、祭祀、文艺、日常生活、历法、地理等诸多方面，几乎包罗万象，集中体现了先秦儒家的政治、哲学和伦理思想。

综上所述，《尚书》和《礼记》都是中国古典文化的集大成之作。为了方便广大读者朋友们更好地了解这两本书中的古老智慧，本书删繁就简，集中选取了两本书中的精华部分，将两者合为《尚书·礼记》。其中《尚书》部分选取了《大禹谟》《五子之歌》《胤征》《仲虺之诰》《汤诰》《伊训》《太甲》《咸有一德》《说命》等经典篇目，《礼记》部分选取了《曲礼》《礼运》《礼器》《玉藻》《学记》《乐记》《哀公问》《仲尼燕居》《坊记》《表记》《问丧》等经典篇目，以供读者品鉴。

当然，整理古书绝非易事，我们所作的这本《尚书·礼记》注译，参考了多种《尚书》和《礼记》的古注本，花费了许多时间，倾注了编者大量的心血。希望通过这本书，能为读者了解中国古典文化打开一扇方便之门。其中若有不妥当之处，敬请广大读者多多指正。

目 录

尚 书

尚书·礼记　目录

礼　记

尚书

相传《尚书》原有一百篇，为孔子所编纂，但在经过秦始皇「焚书坑儒」的浩劫后，今天我们能看到的就只是残本了。《尚书》分有两个流传的版本，一是由秦博士伏生口授、用汉代通行文字隶书写的《尚书》，共二十八篇，称今文《尚书》；一是相传西汉时鲁恭王拆孔子故宅时，从墙壁里发现的用先秦六国文字书写的《尚书》，称古文《尚书》。今天我们读到的官方确认的《尚书》，实为今古文杂糅的形成于东晋时期的版本。

꧁ 虞 书 ꧂

大禹谟

曰若稽古①。大禹曰文命②，敷于四海③，祗承于帝④。曰："后克艰厥后⑤，臣克艰厥臣，政乃乂⑥，黎民敏德⑦。"

①曰若稽古：考察古时传说。

②文命：《史记·夏本纪》："夏禹名曰文命。"孔云："文德教命也。"先儒云："文命，禹名。"一说紧接下句"敷于四海"，指文德教化广布四海。孔传："言其外布文德教命，内则敬承尧舜。"本书依从前者。

③敷（fū）于四海：敷，分布，治理。四海，即指天下四方。

④祗（zhī）承于帝：祗，恭敬。帝，上帝。

⑤后克艰厥后：后，即君王，上古及三代的部落联盟首领或君主皆称为后。克，能。艰，艰难。厥，那个。

⑥乂（yì）：治理。

⑦黎民敏德：黎民，庶民，百姓。敏，勉力。德，修德。

译 文

考察古代传说，大禹名文命，他将文德教化广布于四海，恭敬地秉承上帝的旨意。大禹说道："君主能够认识到当君主的艰难，臣下能够认识到当臣下的不易，政事就能得到很好的治理，民众就会勉力修德。"

帝曰："俞！允若兹①，嘉言罔攸伏②，野无遗贤，万邦咸宁③。稽④于众，舍己从人，不虐无告⑤，不废困穷⑥，惟帝时克⑦。"益曰："都⑧！帝德广运⑨。乃圣乃神⑩，乃武乃文⑪；皇天眷命⑫，奄有四海⑬，为天下君。"

注 释

①允若兹：允，的确。若，像。兹，代词，这样，如此。

②嘉言罔攸(yōu)伏：嘉言，善言，好的言论。罔，无。攸，所。伏，隐伏，遮藏。

③野无遗贤，万邦咸宁：野，古有国野之分，国即指国都，野即指民间、乡村。万邦，指天下四方氏族部落。

④稽：考察。

⑤不虐无告：虐，虐待。无告，即指孤苦无依，无处言告的鳏寡老人。

⑥不废困穷：废，丢弃。困穷，指困苦贫穷之人。

⑦惟帝时克：帝，这里指尧帝。时，通"是"。克，能够做到。

⑧都：表示赞叹的语气词。

⑨帝德广运：帝，这里指尧帝。广，大。运，远。

⑩乃圣乃神：乃，语气助词，如此。圣，圣明。神，神妙。意指通知众事，神妙无方。

⑪乃武乃文：《礼记·谥法》云："经纬天地曰文，克定祸乱曰武。"

⑫皇天眷命：皇天，天帝。眷，眷顾，顾念，垂爱。命，任命，赋予重任。

⑬奄有四海：奄，尽。奄有，覆盖，包括。

译 文

舜帝说："是啊！若真是这样，善言不被埋没，贤德之人没有被遗弃于民间，天下四方就会太平安乐。倾听众人的呼声，抛弃自己错误的言论，采纳大家正确的意见。不虐待无依无靠的人，不遗弃困苦贫穷的人，只有尧帝能够做到。"伯益说："啊！

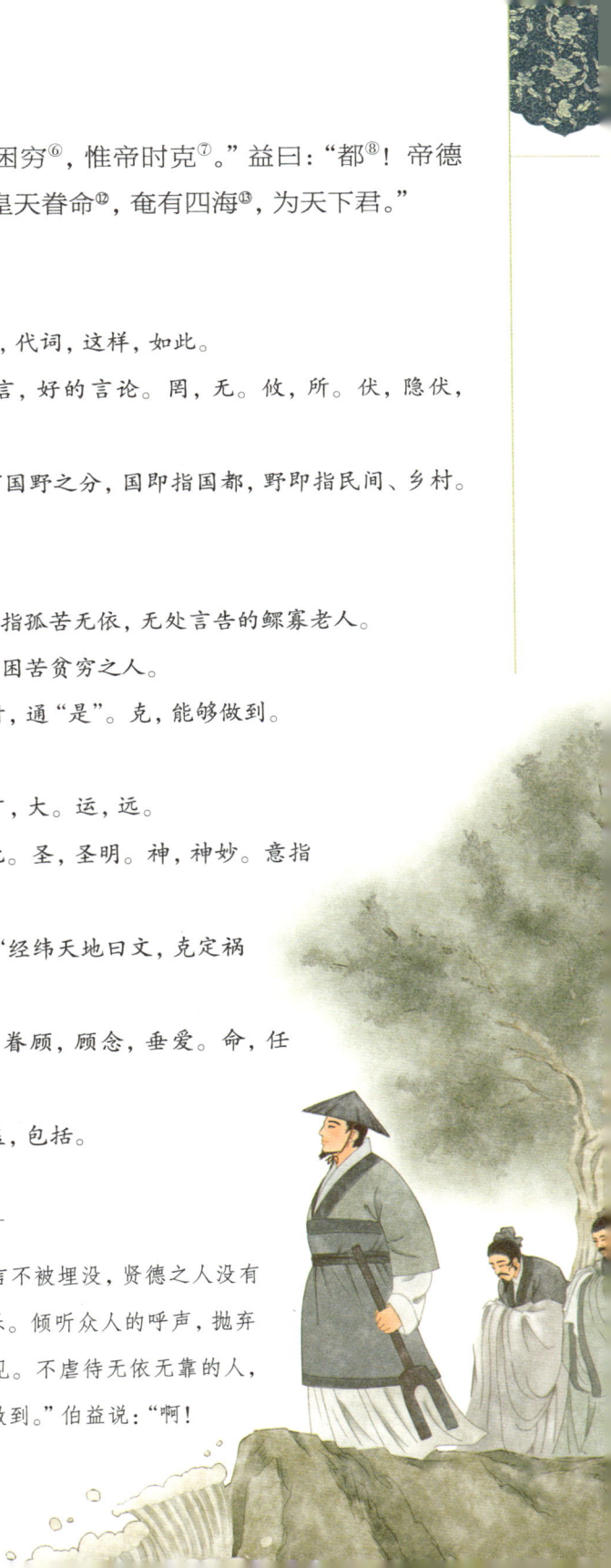

尧帝的圣德，广大而深远，圣明而通达，神妙而无方。治国安邦、平定祸乱；皇天垂爱赋予重命，使他拥有四海，成为天下的君王。"

禹曰："惠迪吉，从逆凶^①，惟影响^②。"益曰："吁^③！戒哉！儆戒无虞，罔失法度^④，罔游于逸，罔淫于乐^⑤。任贤勿贰，去邪勿疑^⑥，疑谋勿成，百志惟熙^⑦。罔违道以干^⑧百姓之誉，罔咈^⑨百姓以从己之欲。无怠无荒，四夷来王^⑩。"

注 释

①惠迪吉，从逆凶：惠，顺。迪，道。逆，悖逆、反叛。

②惟影响：影，影子。响，回声。意指君王要顺应天道、敬畏天命，精诚致一，中道而行。

③吁：叹词。

④儆（jǐng）戒无虞，罔失法度：儆，警惕、戒备。虞，失误。罔，勿，不要。法度，法则制度。

⑤罔游于逸，罔淫于乐：逸，放纵。淫，过分。

⑥任贤勿贰，去邪勿疑：孔传："一意任贤，果于去邪，疑则勿行，道义所存于心，日以广矣。"《书集传》："任贤以小人间之谓之贰，去邪不能果断谓之疑。"

⑦疑谋勿成，百志惟熙：成，完成，实现。熙，广，宽广。

⑧干：求。

⑨咈（fú）：逆，违背。

⑩无怠无荒，四夷来王：孔传："言天子常戒慎，无怠惰荒废，则四夷归往之。"

译 文

大禹说："遵循善道就吉祥，顺从恶道就凶险。吉凶善恶的关系，就如同影子离于形体，回响出于声音一样。"伯益说："啊！要警戒呀！高度地警惕不要出现失误，不要违背法则制度，不要游荡放纵，不要过度享乐。任用贤才不生二心，去除奸邪果断坚决，意志不定终难成功，各种政事的谋划都需要集思广益。不要悖逆常道以谋求百姓

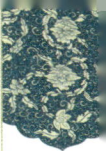

的称誉，不要违背民意去满足自己的私欲。倘若能够持之以恒，不懈怠、不荒废，天下四方的氏族部落都会归顺臣服，从各地来觐见君主，并称臣纳贡，岁岁朝见。"

禹曰："於①！帝②念哉！德惟善政，政在养民。水、火、金、木、土、谷惟修③，正德、利用、厚生惟和④，九功惟叙⑤，九叙惟歌⑥。戒之用休，董之用威，劝之以九歌，俾勿坏⑦。"帝曰："俞！地平天成⑧，六府三事允治⑨，万世永赖⑩，时乃功⑪。"

注 释

①於（wū）：叹词。

②帝：这里指舜帝。

③水、火、金、木、土、谷惟修：六府即"水、火、金、木、土、谷"。修，治理。

④正德、利用、厚生惟和：正德，使百姓的德行正当，即修正百姓的德行。德，一说谓古代伦理之道的"六德"，即父慈、子孝、兄友、弟恭、夫义、妇听。利用，使财物充分富足，以保障百姓的供给和使用。厚生，使百姓的生计丰厚，衣食充足。正德、利用、厚生即下文所说"三事"。

⑤九功惟叙：九功，"六府三事"并为九功。叙，次序，引申为安排。

⑥九叙惟歌：九叙，指上述九功各顺其理，不乱常法。

⑦戒之用休，董之用威，劝之以九歌，俾勿坏：用，以。休，美道。董，督察。威，古文谓"畏"。劝，劝勉，鼓励。俾，使。坏，败坏。俾勿坏，指使德政不致败坏。

⑧地平天成：平，指水土得到治理。

⑨允治：得到恰当治理。

⑩赖：利。

⑪时乃功：时，通"是"。乃，你的。功，功绩。

译 文

大禹说："唉！舜帝你要深思啊！德教就是善于治理政事，治理政事就在于教养百姓。水、火、金、木、土、谷六府之事要经营好。修正百姓的伦理之德,便利百姓的财物之用,丰厚百姓的衣食生计,这三件事要协调和合。六府三事要理顺次序,不乱章法,六府三事处置妥当了,百姓就会歌颂君王的德政。用美好的德教来劝诫百姓,用令人畏惧的刑罚来惩诫百姓,用九歌来劝勉百姓,使德政不致败坏。"舜帝说:"啊!水土得到治理,万物得以成长,六府三事得到妥善治理,这造福千秋万代的功业,是你的功绩啊!"

帝曰:"格①,汝禹!朕宅帝位②,三十有三载,耄期倦于勤③。汝惟不怠,总朕师④。"禹曰:"朕德罔克⑤,民不依。皋陶迈种德⑥,德乃降⑦,黎民怀之⑧。帝念哉!念兹在兹,释兹在兹⑨,名言兹在兹,允出兹在兹⑩。惟帝念功!"

注 释 ————

①格:来。

②朕宅帝位:朕,我。宅,居。

③耄(mào)期倦于勤:耄期,年老。期(jī),一百岁称期。倦,困倦、疲倦。勤,辛劳。

④汝惟不怠,总朕师:怠,懈怠。总,总领、统率,这里有摄政之意。师,众。

⑤朕德罔克:罔克,即不能胜任。

⑥皋陶(gāo yáo)迈种德:迈,勇往力行。种,广布,施行。

⑦德乃降:乃,就。降,下。指德教教化能够化及百姓。

⑧黎民怀之:怀,《尔雅·释诂》:"怀,至也。"这里是归附的意思。

⑨念兹在兹,释兹在兹:念,考虑。兹,这,此。释,通"怿"喜

悦，欢欣。第一个兹指德。第二个兹指皋陶。

⑩名言兹在兹，允出兹在兹：名言，名言于口。允，诚信。出，发出，推行。

译文

舜帝说："往前来，大禹啊！我居帝位三十三年了，现在年近百岁，因为勤劳治政，日理万机，深感疲惫。你做事勤勉毫无懈怠，就统率我的百官族众吧！"大禹说："我德行浅薄难以胜任，百姓不会依附。皋陶勇往力行，广施仁德，恩德泽及百姓，百姓纷纷归附。帝主您要慎重考虑啊！念念于德的是皋陶，欣欣于德的是皋陶，宣传仁德的是皋陶，推行仁德的也是皋陶。帝主您要慎重考虑皋陶的功绩啊！"

帝曰："皋陶！惟兹臣庶，罔或干予正①，汝作士②，明于五刑③，以弼五教，期于予治④。刑期于无刑，民协于中⑤。时乃功，懋哉⑥！"皋陶曰："帝德罔愆⑦。临下以简，御众以宽⑧；罚弗及嗣，赏延于世⑨；宥过无大，刑故无小⑩；罪疑惟轻，功疑惟重⑪；与其杀不辜，宁失不经⑫。好生之德，洽于民心，兹用不犯于有司⑬。"

注释

①惟兹臣庶，罔或干予正：或，有人。干，干犯、冒犯。正，通"政"。

②士：官名，主管刑狱的士师。

③五刑：指墨、劓、剕、宫、大辟。

④以弼五教，期于予治：弼，辅助，辅佐。五教，指君臣、父子、夫妇、长幼、朋友五种伦常。

⑤刑期于无刑，民协于中：协，服从。中，中正之道。意指起初用刑，是期望以后不必用刑，最终使百姓都服从于中正之道。

⑥时乃功，懋（mào）哉：时，通"是"。懋，劝勉、鼓励。

⑦帝德罔愆（qiān）：罔，无。愆，过失。指舜帝的德行毫无过失。

⑧临下以简，御众以宽：临，从上往下看，这里意指面对。简，简易，不烦琐。御，驾驭、控制。宽，宽厚。

⑨罚弗及嗣，赏延于世：嗣，后嗣，子孙后代。延，延续，远及。

⑩宥过无大，刑故无小：宥，宽恕，饶恕。过，过失。这里指无意之过，不识而犯。故，故意，明知故犯的过失。

⑪罪疑惟轻，功疑惟重：意指定罪之后，可以轻判也可以重判的，就从轻量刑；赏赐可以轻赏也可以重赏的，就从重赏赐。

⑫与其杀不辜，宁失不经：不辜，无罪。不经，不遵守常法。

⑬好生之德，洽于民心，兹用不犯于有司：好生，爱惜生灵，不恃杀戮。洽，和谐。这里指深得民心。有司，官府，官吏。古代设官，各官各司专职，故称有司。

译文

舜帝说："皋陶！这些群臣众庶，没有人冒犯我的德政。你掌管刑狱，明白用五刑来辅助五教，合于政体统治。施用五刑的目的正是期望以后不再使用五刑，使百姓都归于中正之道。这都是你的功劳，应当值得勉励啊！"皋陶说："您仁德圣明，没有过失。您对待臣下简易不烦，统治百姓宽厚不严。惩罚不株连子孙，奖赏能延及后世。若是无心之过，无论多大，都能得到宽恕；若是明知故犯，无论多小，都要施以刑罚。罪行处罚可轻可重时，就从轻量刑；功绩奖赏可轻可重时，就从重奖赏。与其误杀无罪之人，执法者宁可承担不依法行事的责任。帝主您爱惜生命、仁厚宽大的德政深得民心，所以百姓不去冒犯他们的上司。"

帝曰："俾予从欲以治①，四方风动②，惟乃之休③。"

注释

①俾予从欲以治：俾，使。予，我。从欲以治，如心之愿而治理国家，即指民不犯法，官不用刑，以德和谐而治。

②四方风动：指四方像风吹草伏一样鼓动响应。

③惟乃之休：乃，你的。休，美德。

舜帝说："使我如愿以偿地治理国家，四方百姓风起响应，这都是你的美德所致啊。"

帝曰："来，禹！降水儆予①，成允成功②，惟汝贤；克勤于邦③，克俭于家④，不自满假⑤，惟汝贤。汝惟不矜⑥，天下莫与汝争能；汝惟不伐⑦，天下莫与汝争功。予懋乃德⑧，嘉乃丕绩⑨。天之历数在汝躬⑩，汝终陟元后⑪。人心惟危，道心惟微，惟精惟一，允执厥中⑫。无稽之言勿听，弗询之谋勿庸⑬。可爱非君⑭？可畏非民⑮？众非元后，何戴？后非众，罔与守邦⑯。钦哉！慎乃有位⑰，敬修其可愿⑱。四海困穷，天禄永终⑲。惟口出好兴戎，朕言不再⑳。"

注 释

①降水儆予：降水，即洪水、大水。儆，警告。

②成允成功：允，信。功，功业。

③克勤于邦：指治水能够竭尽全力。

④克俭于家：指饮食低劣，居住简陋，生活节俭。

⑤不自满假：满，自满。假，夸大。

⑥矜：自我夸耀。

⑦伐：孔传："自功曰伐。"

⑧予懋（mào）乃德：懋，通"楙""茂"，盛大、褒奖。

⑨嘉乃丕绩：嘉，嘉奖、赞美。丕，大。绩，功绩。

⑩天之历数在汝躬：历数，历运之数。帝王相继传承的次序。躬，自身。

⑪汝终陟（zhì）元后：陟，登上、升任。元，大。后，帝王。

⑫人心惟危，道心惟微，惟精惟一，允执厥中：危，人心易私而难公，故危。微，道心难明而易隐，故微。精，精诚，精心。一，专一。允，信实。执，实行。厥，其。中，大中至正，中正、中庸之道。

⑬无稽之言勿听，弗询之谋勿庸：稽，考察、验证。询，咨询、询问。庸，用。意指没有考证的言论不要轻信，没有咨询众臣的谋略就不可轻用。

⑭可爱非君：爱，爱戴。意指百姓所爱戴的不是君主吗？

⑮可畏非民：畏，畏惧。意指君主所畏惧的不是百姓吗？

⑯众非元后，何戴？后非众，罔与守邦：元后，帝主、君王。戴，拥戴。意指百姓若无君主去拥戴谁呢？君主除了百姓，和谁一起安定国家呢？

⑰钦哉！慎乃有位：钦，敬。慎乃有位，谨慎你的职守。

⑱可愿：即可欲。百姓所希望的道德美善。

⑲四海困穷，天禄永终：四海，天下四方。困穷，指百姓困苦遭难。天禄，上天所赐的福禄。终，终止、完结。意指天下百姓困苦遭难，上天所赐的福禄就会永远终止。

⑳惟口出好兴戎，朕言不再：出好，说出善言。兴戎，引起战争。再，第二次。朕言不再，我的话不说第二次。

译文

　　舜帝说："往前来！大禹！洪水向我们发出警告，你信守承诺，完成治水的功业，只有你贤能；为国事不辞辛劳，居家生活俭朴，不自高自大，只有你贤能。你虽不自以为贤，但天下没有人与你争能；你虽不自我夸耀，但天下没有人可与你争功。我褒奖你的美德，嘉许你的功绩。上天赐命继任的帝位落到你身上，你终究要登上君主的大位。人心自私危险，道心幽昧难明，只有精诚专一，真正地遵从中正之道。没有验证的言论不要轻信，没有征询众臣的谋略不可轻用。百姓所爱戴的不是君王吗？君王所畏惧的不是百姓吗？百姓若无君王还去拥戴谁呢？君王若无百姓，谁来守卫国家呢？恭敬啊！谨慎地忠于你的职守，恭敬地施行百姓所希望的道德美善。如果天下百姓困苦遭难，上天所赐给你的福禄就会永远终结。言出于口，口为赏善、伐恶的门户，要深思熟虑之后再说，我的话就不再重复了。"

　　禹曰："枚卜功臣，惟吉之从①。"帝曰："禹！官占，惟先蔽志②，昆命于元龟③。朕志先定，询谋佥同④，鬼神其依，龟筮协从⑤，卜不习吉⑥。"禹

拜稽首，固辞⑦。帝曰："毋！惟汝谐⑧。"正月朔旦⑨，受命于神宗⑩，率百官若帝之初⑪。

注 释

①枚卜功臣，惟吉之从：枚卜，占卜，即逐个占卜。古代以占卜法选官。禹请求逐个占卜有功的臣子，吉者入选。

②官占，惟先蔽志：官占，即占卜的方法。蔽，断定。蔽志，断定志向。

③昆命于元龟：昆，后。命，占卜。元龟，大龟，占卜大事时所用。

④朕志先定，询谋佥同：朕志，舜帝欲禅让帝位于大禹的志向。定，坚定、确定。询谋，询问众人的谋略。佥，皆，都。

⑤鬼神其依，龟筮协从：依，依从，依顺。龟筮，龟为龟甲，筮即蓍草，皆古代用于占卜的灵物。用龟甲经火灼烧之后显示裂纹图像以测吉凶曰卜；用蓍草奇偶多少以测吉凶曰筮。

⑥卜不习吉：习，重复、反复。习吉，即重复出现吉兆。

⑦固辞：再三推辞，坚决推辞。

⑧毋！惟汝谐：毋，勿，不要。谐，适合。

⑨正月朔旦：即指阴历正月初一的清晨。朔，阴历每月初一。

⑩受命于神宗：神宗，指尧帝宗庙。

⑪率百官若帝之初：率领百官就像当初舜帝接受尧帝的禅让礼仪一样。

译 文

大禹说："还是请逐一占卜功臣，让吉祥的臣子来继任您的帝位吧！"舜帝却说："官占的方法是先断定志向，然后才用大龟占卜。我的志向先已确定，询问众臣的建议，不谋而合，这样鬼神依顺，龟卜和占筮的结果都会协和依从，况且占卜的方法，不可重复地出现吉兆。"大禹跪拜叩头，坚决推辞。舜帝说："你就不要推辞了，只有你适合继承帝位。"

正月初一的清晨，大禹在尧帝的宗庙继承了帝位，就如同舜帝继承尧帝的帝位一样，率领百官恭行禅让大礼。

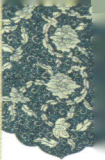

帝曰："咨，禹！惟时有苗弗率^①，汝徂^②征！"禹乃会群后^③，誓于师，曰："济济^④有众，咸听朕命！蠢兹有苗，昏迷不恭^⑤。侮慢自贤，反道败德^⑥。君子在野，小人在位。民弃不保，天降之咎^⑦。肆予以尔众士，奉辞伐罪^⑧。尔尚一乃心力，其克有勋^⑨。"

🟢 注 释 ————————

①惟时有苗弗率：有苗，古代的三苗，即古代南方少数民族。弗率，不遵从。

②徂(cú)：往。

③群后：指四方氏族部落首领。

④济济：形容兵士众多且整齐的样子。

⑤蠢兹有苗，昏迷不恭：蠢，动，指无知妄动。昏，暗。迷，惑。不恭，不敬。

⑥侮慢自贤，反道败德：侮慢，轻慢、怠慢。自贤，妄自尊大。反，悖逆、违背。败，败坏。

⑦民弃不保，天降之咎：弃，被弃。保，安。咎，灾祸、灾殃。

⑧肆予以尔众士，奉辞伐罪：肆，故，因此。辞，言辞，指上文舜帝所言："惟时有苗弗率，汝徂征。"

⑨尔尚一乃心力，其克有勋：尚，庶几、差不多。这里指期望。一，统一，整齐划一。其，代指"尔众士"。克，能够。勋，功绩。

🟡 译 文 ————————

舜帝说："唉！大禹啊！三苗不遵从教命，你前去讨伐他们。"大禹便召集四方诸侯，率领大家誓师道："众位将士，都听从我的命令！蠢动的三苗，昏暗迷惑，不恭不敬。轻狂怠慢，妄自尊大，悖逆正道、败坏德义。遗弃贤能，重用奸佞。抛弃民众而不顾，上天降下灾殃。因此，我率领你们诸位将士，恭奉舜帝的敕令，征讨有罪的三苗，希望你们能够同心协力，祈求建立功勋。"

三旬，苗民逆命^①。益赞于禹^②曰："惟德动天，无远弗届^③。满招损，谦受益，时乃天道^④。帝初于历山^⑤，往于田，日号泣于旻天^⑥，于父母，

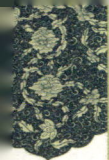

负罪引慝⑦。祗载见瞽瞍⑧，夔夔斋栗⑨。瞽亦允若⑩。至诚感神，矧兹有苗⑪？"禹拜昌言⑫曰："俞！"班师振旅⑬，帝乃诞敷文德⑭，舞干羽于两阶⑮，七旬，有苗格⑯。

注 释

①三旬，苗民逆命：三旬，即三十天。逆命，违逆舜帝的敕命。

②益赞于禹：益，即伯益。赞，辅佐，辅助；古代助祭之人叫赞佐，故赞有辅佐之意。

③惟德动天，无远弗届：届，至，到达。

④满招损，谦受益，时乃天道：时，通"是"。天道，天之常道，即自然规律。

⑤帝初于历山：历山，地名，相传为舜耕作之处，今实无从考。意指舜帝当初在历山耕种之时。

⑥往于田，日号泣于旻天：日，每天。号，大声喊叫。泣，哭泣。旻天，上天。仁覆愍下谓之旻天。

⑦于父母，负罪引慝：于父母，舜帝对于他的父母。负罪，自负其罪，即自己承担罪名。引，取得，招来。慝，邪恶。

⑧祗载见瞽瞍（gǔ sǒu）：祗，恭敬。载，事，引申为侍奉、服侍。瞽瞍，人名，舜的父亲。

⑨夔夔（kuí）斋栗：夔夔，敬惧的样子。斋栗，庄敬战栗。

⑩允若：信任，和顺。若，温顺，不发怒。

⑪至诚感神，矧兹有苗：至诚，精诚、至和。矧，况且，何况。

⑫昌言：美言。

⑬班师振旅：班，通"搬"，还。班师，军队返回。振，整顿。振旅，整顿士卒。

⑭帝乃诞敷文德：诞，大。敷，宣布。

⑮舞干羽于两阶：干，古代盾牌一类的防御性兵器。羽，翳，即用羽毛装饰的舞蹈时所持的道具。两阶，宾主之阶。

⑯格：来。

　　三十天过去了，三苗还是违抗舜帝的命令。伯益前往辅佐大禹说："只有仁德至诚才可感动上天，仁德广布，无论多么远的四方氏族部落都能前来归附。自满招致损害，谦虚得到裨益，这是天之常道。当初，舜帝在历山躬耕，往来于田间，天天向上帝号啕哭泣，对于父亲和继母，宁可自己背负着不孝的罪名，招来邪恶的名声。舜帝恭敬地侍奉父亲瞽瞍，拜见父亲时，总是庄重而又敬畏。瞽瞍也变得信任和顺了。至诚之心可以感动神灵，何况是三苗呢？"大禹拜谢了伯益的美言，说："是啊！"于是，就整顿军队，班师回朝。舜帝于是广布文教德政，让大家放下武器，拿起木盾和翟羽在宫廷的台阶前跳舞，过了七十天，三苗主动前来归顺。

尚书·礼记◎尚书

夏 书

五子之歌

　　太康尸位①，以逸豫，灭厥德，黎民咸贰②。乃盘游无度，畋于有洛之表，十旬弗反③。有穷后羿因民弗忍，距于河④。厥弟五人，御其母以从⑤，徯于洛之汭⑥。五子咸怨，述大禹之戒以作歌⑦。

注 释 ———————————————————

　　①太康尸位：太康，夏王启之子。尸位，意指在其位而不尽其职。尸，这里指太康像宗庙中的尸一样，不执行实际的政事。

　　②以逸豫，灭厥德，黎民咸贰：逸豫，闲适安乐。逸，安逸。豫，欢乐。厥，其。黎民，百姓，民众。咸，皆，都。贰，有二心。

　　③乃盘游无度，畋于有洛之表，十旬弗反：盘，享乐。游，游逸。度，法度，节制。畋，打猎。洛之表，这里指洛水的南面。十旬，十日为一旬，一月是三旬，十旬即一百天。反，通"返"。意指太康骄奢淫逸、荒淫无度，不思理政，乐而忘返。

　　④有穷后羿因民弗忍，距于河：有穷，即有穷氏部落，位于东方。"有"用在国名前，无实义。后羿，又名"夷羿"，相传为有穷氏的首领，善射箭。古代称君王为"后"，"后"即指国君、君主。这里的后羿并不是尧帝之时的羿，或为善射神技，慕大羿之名而称之。后羿因夏王朝的百姓不堪忍受太康的荒淫，便乘太康畋猎之际，拒太康于黄河以北，使之不得返国，废太康而立仲康，实操权柄，但后羿复步太康后尘，荒淫无度，"寒浞"与后羿之妃纯狐私通，二人巧设密谋，杀死后羿，夺位称王。尧帝之时，大羿善射，射十日，杀凶兽，被奉为"箭神""太阳神"，此便为"后羿射日"，后羿当为"大羿"之误。嫦娥乃大羿之妻，即纯狐，大羿自西王母处取得不死之药，嫦娥食之而奔月成仙，古代传说"嫦娥奔月"即指此也。逢蒙乃大弈之

徒，奸诈刁钻、心术不正。

⑤厥弟五人，御其母以从：厥，其。御，侍奉。

⑥徯（xī）于洛之汭（ruì）：徯，等待。汭，这里指洛水的弯曲处。

⑦述：追述。

译文

太康身居王位却不理朝政，贪图安逸，耽于享乐，败坏伦常，丧失德行，百姓都怀有二心。然而，他竟然还纵情游乐，没有节制。他到洛水的南岸去打猎，荒度时日，整整一百天，都不返回国都。有穷氏的国君后羿因为百姓不堪忍受太康荒淫无度的行为，就据守在黄河北岸，阻遏太康返回。太康的五个弟弟侍奉母亲跟随打猎，在洛水的弯曲处等候他。五个弟弟咸生怨心，追述大禹的训诰作诗歌以告诫太康。

其一曰："皇祖有训①，民可近，不可下②。民惟邦本，本固邦宁③。予视天下，愚夫愚妇，一能胜予④。一人三失，怨岂在明？不见是图⑤。予临兆民，懍乎若朽索之驭六马⑥；为人上者，奈何不敬⑦？"

注释

①皇祖有训：皇，大。皇祖，即大禹，太康与五位弟弟的祖父，夏启的父亲，夏朝的开创者。训，训诫。

②民可近，不可下：近，亲近、接近。下，卑下、轻视。这里意指疏远、低看。

③民惟邦本，本固邦宁：意指百姓是国家的根基，根基牢固，国家才能安定。

④予视天下，愚夫愚妇，一能胜予：予，此处即大禹自称。一，皆、都。

⑤一人三失，怨岂在明？不见是图：三，即多。三失，即指过失甚多，德行有损。明，彰显。见，显现。图，图度。不见是图，意指图谋于微细不见之处的过失。全句话意谓：一个人有诸多过失，岂可等到民心有二之时才察觉呢？应当早先图谋，谨慎防范，在过失还没有彰显露形之时，就能察觉到。

⑥予临兆民，懔（lǐn）乎若朽索之驭六马：临，面临。兆民，极言民众之多。懔，恐惧、害怕。朽索，即腐烂的绳索。驭，驾驭。

⑦为人上者，奈何不敬：敬，谨慎。

译文

第一首诗歌唱道："我们伟大的祖先大禹有训诫，百姓只能亲近，不可以疏远、低看。百姓是立国的根基，根基牢固，国家才能安定。我认为天下的愚夫愚妇都可以胜过我。一个人有诸多过失，民心的向背，岂可等到显现之后才能察觉呢？应当在过失还没有彰显露形之时，就早先图谋，谨慎防范，细微觉察。我面对着亿万的百姓，就像用腐烂的绳索驾驭着六匹马一样，令人恐惧不安。高居百姓之上的君王，怎么能不谨慎呢？"

其二曰："训有之：内作色荒①，外作禽荒②。甘酒嗜音③，峻宇雕墙④。有一于此，未或⑤不亡。"

注释

①内作色荒：作，兴。色，女色。荒，迷惑、迷乱。

②外作禽荒：禽，禽兽，这里指畋猎。禽荒，即指耽于游猎，游乐无度。

③甘酒嗜音：甘与嗜皆是同义，都指沉迷、贪好。甘酒，即沉溺美酒。嗜音，即嗜好乐曲，荒淫无度，毫无节制。

④峻宇雕墙：峻，高大。宇，栋宇。雕，彩饰。

⑤未或：没有什么人。

译文

第二首诗歌唱道："大禹的训诫有言道：在内贪恋女色，在外沉迷畋猎，纵情饮酒不知节制，沉迷歌舞，好乐无度，身居高宇广厦，绘饰宫墙，生活奢侈。这几种过失，即使只染上了一种，也没有人不亡国的。"

其三曰："惟彼陶唐^①，有此冀方^②。今失厥道，乱其纪纲^③。乃厎^④灭亡。"

注 释 ————————

①惟彼陶唐：惟，发端词，无实义。陶唐，指尧帝。

②有此冀方：冀方，冀州之地。尧帝之时，建都平阳，舜帝之时建都蒲坂，大禹之时都在安邑，三个时期建都皆在古冀州。这里借举冀州而统指全国。

③今失厥道，乱其纪纲：道，大道，天道。纪纲，法度。

④厎（zhǐ）：致。

译 文 ————————

第三首诗歌唱道："陶唐帝尧，建都古冀州，统治四方。现在太康丧失了尧帝的治国之道，扰乱了尧帝的法度纲纪，才招致灭亡。"

其四曰："明明我祖，万邦之君^①。有典有则，贻厥子孙^②。关石和钧，王府则有^③。荒坠厥绪，覆宗绝祀^④。"

注 释 ————————

①明明我祖，万邦之君：明明，明而又明，即指非常圣明。万邦，泛指天下的各个诸侯国。

②有典有则，贻厥子孙：典，典章、经籍。则，法则。贻，遗留。

③关石和钧，王府则有：关，这里为互通有无之意，引申为交换。石，即金铁。这里指供民器用的金铁。全句意指交

换器用，互通有无，民用不缺，使之均和平等，王府也很充实富有。

④荒坠厥绪，覆宗绝祀：荒，荒废、废弃。坠，失落、丢弃。绪，前人所留下的功业。覆，覆灭。绝，断绝。

译文

第四首诗歌唱道："圣明的祖先大禹，是各个诸侯国的帝王。你有治国的典章、法则，遗留给后世子孙。交换器物，互通平均，民用不乏，府库充实。现在却荒废、丧失了前人留下来的功业，覆灭了宗祖，断绝了祭祀。"

其五曰："呜呼！曷归①？予怀之悲。万姓仇予②，予将畴③依？郁陶④乎予心，颜厚有忸怩⑤。弗慎厥德，虽悔可追⑥？"

注释

①曷归：曷，通"何"。曷归，即"归曷"，归向何方。

②万姓仇予：万姓，泛指天下各个诸侯国的百姓。仇，怨，怨恨。

③畴：谁。

④郁陶：忧愁、哀思。

⑤颜厚有忸怩：颜厚，面带羞愧之色。忸怩，内心惭愧。

⑥弗慎厥德，虽悔可追：慎，注重。虽，即使。追，补救、挽救。

译文

第五首诗歌唱道："哎呀，我们归向哪里呢？一想到此我们内心就悲伤不已。天下的百姓都会怨恨我们，我们还能依靠谁来复国呢？我的神情抑郁忧愁，羞愧于色，内疚于心。平时不注重自己的道德修养，即使现在想悔改，还来得及挽救吗？"

胤 征

惟仲康肇位四海①，胤侯命掌六师②。羲和废厥职，酒荒于厥邑③。胤后承王命徂征④。

注 释

①惟仲康肇（zhào）位四海：仲康，夏启之子，太康之弟。肇，开始。位，通"莅"，临朝治理政事。

②掌六师：即掌管六军为大司马。

③羲和废厥职，酒荒于厥邑：羲和，即羲氏与和氏，掌管天文历法的家族。废，荒废，懈怠。酒荒，嗜酒迷乱。邑，城邑，所居之地。

④胤后承王命徂（cú）征：胤后，蔡沈《书集传》："曰胤后者，诸侯入为王朝公卿，如禹稷伯夷谓之后也。"徂，往。

译 文

仲康开始治理天下之时，命令胤侯为大司马掌管六军。羲氏与和氏懈怠职守，废弃王命，在自己的封地寻欢作乐、嗜酒迷乱，胤国国君遵奉仲康的命令前去征讨。

告于众曰："嗟！予有众。圣有谟训，明征定保①。先王克谨天戒，臣人克有常宪②，百官修辅，厥后惟明明③。每岁孟春，遒人以木铎徇于路④，官师相规，工执艺事以谏⑤，其或⑥不恭，邦有常刑。

"惟时羲和，颠覆厥德⑦，沉乱于酒，畔官离次⑧，俶扰天纪，遐弃厥司⑨。乃季秋月朔，辰弗集于房⑩，瞽奏鼓，啬夫驰，庶人走⑪。羲和尸⑫厥官，罔闻知，昏迷于天象，以干先王之诛⑬。《政典》⑭曰：'先时⑮者杀无赦，不及时者杀无赦⑯。'

尚书·礼记 尚书

①圣有谟训，明征定保：谟，谋略。训，训诫。明，明白。征，验证、应验。保，安。定保，定安。

②先王克谨天戒，臣人克有常宪：克，能。谨，恭敬。天戒，上天的告诫。古人认为出现诸如日食、月食之类的天象即是对君王的警诫，或为天降灾祸的征兆。常宪，常规的法则、典章。

③百官修辅，厥后惟明明：修辅，即忠于职守，恪尽职责，辅佐君主。明明，明而又明，极其圣明。

④道（qiú）人以木铎（duó）徇于路：道人，古代宣布政教法令的官员。木铎，即以铜为铃，以木为舌。徇，通"巡"，巡行。徇于路，即沿途巡行振铎以引起百姓的注意，既宣布政令教化，又采风观俗。

⑤官师相规，工执艺事以谏：师，即众。官师，即众多官员。规，规谏。相规，即相互规劝。工，百工，这里指手工业的工匠艺人。全句意指工匠们以工艺技术之中蕴含的道理、法规来规劝、进谏。

⑥或：有，有人。

⑦惟时羲和，颠覆厥德：孔传："颠覆言反倒。将陈羲和所犯，故先举孟春之令，犯令之诛。"

⑧沉乱于酒，畔官离次：沉，沉溺、沉湎。畔，通"叛"，悖逆。次，职位。

⑨傲扰天纪，遐弃厥司：傲，开始。扰，扰乱。遐，远。弃，废弃、荒怠。司，司掌的职务。

⑩乃季秋月朔，辰弗集于房：季秋，即秋天的最后一个月，是阴历九月。朔，每月初一。辰，太阳月亮相会。房，房宿，指太阳、月亮相会的地方。

⑪瞽奏鼓，啬夫驰，庶人走：瞽，本义指盲人，这里指乐官。啬夫，小臣，掌管布帛货币的官员。庶人，担任役事之人。

⑫尸：主管，掌理。

⑬先王之诛：先王所制定的律法、典章。

⑭政典：孔传："政典，夏后为政之典籍。若《周官》六卿之治典。"

⑮先时：早于时令节气。

⑯不及时者杀无赦：不及时，即没有赶上时令节气。晚于时令节气，违制失时都在诛杀的刑律之中。

译文

胤侯向众将士宣告："啊！诸位将士们：圣人有谋略，有训诫，这些谋略训诫很明白地证明了可以安邦定国。先王能够谨慎地对待上天的警诫，臣下能够奉公守法，百官能够恪尽职守，辅佐君王，这样君主才能十分贤明。每年初春，宣布君主政教法令的官员，便沿途巡行，摇铃振鸣，宣布教化。诸位官员都相互规劝，工匠们则以技艺的法规规劝、进谏。倘若以上人等有不忠于职守、尽心进谏的，国家将按照律法对他们施加刑罚。

"羲氏与和氏败坏先王的德教，耽溺酒乐、玩忽职守、背离职位，开始扰乱天时历法，远远地废弃了所负责的职务。于是，在农历九月初一，太阳和月亮相会之地偏离房宿，发生了日食，乐官击鼓、啬夫驰驱、庶人奔走，都为救助太阳而出力。羲氏、和氏身居官位司掌天地四时，却不理天时，不知发生了日食，昏乱迷惑不明天象，先王的政典规定：对于所定的历法比天时出现早的，应当诛杀不可赦免；对于所定的历法比天时出现较晚的，也应当诛杀不可赦免。

"今予以尔有众，奉将天罚①。尔众士，同力王室②，尚弼予③，钦承天子威命！火炎昆冈，玉石俱焚④；天吏逸德⑤，烈于猛火。歼厥渠魁⑥，胁从罔治；旧染污俗，咸与惟新⑦。

"呜呼！威克厥爱，允济⑧；爱克厥威，允罔功⑨。其尔众士，懋戒哉⑩！"

注释

①今予以尔有众，奉将天罚：奉，尊奉。将，行将、即将。天罚，上天的惩罚。

②尔众士，同力王室：尔众士，即你们众将士。同力，同心协力。王室，即帝王宗室，或代指朝廷。

③尚弼予：尚，庶几。弼，辅佐、辅助。

④火炎昆冈，玉石俱焚：昆冈，昆山，古代盛产美玉之地。冈，即山脊。

⑤天吏逸德：天吏，即掌管天文历法的官员。逸德，过错、过失，过恶之德。

⑥歼厥渠魁：歼，全部杀掉。渠，大。魁，首领、统帅。

⑦旧染污俗，咸与惟新：俗，习俗。与，允许，这里有赦免之意。咸与惟新，意指皆可赦免而允许改过自新。

⑧呜呼！威克厥爱，允济：威，威严。克，战胜。爱，这里指姑息纵容之意。意指倘若以威严的刑罚战胜姑息纵容的私惠，就能够成功。

⑨爱克厥威，允罔功：孔传："以爱胜威，无以济众，信无功。"

⑩其尔众士，懋戒哉：懋，勉力。戒，戒惧、谨慎。

译 文

"现在我统率诸位将士们，奉行上天的惩罚。你们众将士要同心协力匡扶朝廷。希望能辅助我恭敬地秉承天子的威严敕命！熊熊烈火燃烧昆仑山，美玉与顽石一起被焚烧。司掌天文历法的官员，其过失之恶比猛火都要剧烈。诛杀罪魁祸首羲氏、和氏，而对于被迫跟随作恶的从犯可以不予追究、惩治。对过去染上污秽习气的人，都准许他们弃恶从善、改过自新。

"啊！倘若以威严的刑罚来克制姑息的私惠，就能够成功；倘若纵容的私惠强过威严的刑罚，那就不能成功。你们诸位将士们，要勉力、谨慎、戒惧啊！"

商 书

仲虺之诰

成汤放桀于南巢，惟有惭德①。曰："予恐来世以台为口实②。"

仲虺乃作诰③，曰："呜呼！惟天生民有欲，无主乃乱④，惟天生聪明时乂⑤。有夏昏德，民坠涂炭⑥；天乃锡王勇智，表正万邦，缵禹旧服⑦。兹率厥典，奉若天命⑧！

注 释

①成汤放桀于南巢，惟有惭德：桀，夏桀，夏朝末代暴君。放，流放、放逐。南巢，一说在今安徽巢县东北。惟，思。惭，惭愧、内疚。

②予恐来世以台（yí）为口实：来世，后世、后代。台，第一人称代词，我。口实，借口、话柄。

③仲虺（huǐ）乃作诰：仲虺，姓任，名莱朱，又名中垒，商汤时大臣，为奚仲后裔，薛国国君。诰，告诉，于众会之所，宣言相告。

④惟天生民有欲，无主乃乱：欲，欲望、欲念。主，君主、治理者。

⑤惟天生聪明时乂：时，通"是"。乂，整治、治理。意指唯有上天生就圣明仁德、智慧卓绝的君王来治理百姓，安定天下。

⑥有夏昏（hūn）德，民坠涂炭：昏，昏聩、迷乱。坠，陷落。涂，泥。炭，火。涂炭，本义指泥淖和炭火。比喻灾难和困苦。民坠涂炭，即指百姓困苦不堪，陷入灾难之中。

⑦天乃锡王勇智，表正万邦，缵禹旧服：锡，通"赐"，赏赐、赐予。王，即商汤。勇智，即勇武和智慧。表正，使……为表，使……为正。表，表率、仪表。正，模范、法式。缵，继承、延续。服，使用、实行。

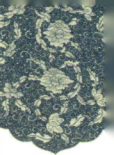

⑧兹率厥典，奉若天命：率，遵循。典，典章、法则。奉，遵奉、依从。

成汤讨伐夏桀，把夏桀流放到了南巢一带，想到以暴制暴，内心感到惭愧，说："我恐怕后世的人们以我的行为作借口。"

仲虺于是在众会之所，宣言相告，说："啊！上天生下的芸芸众生，充斥着七情六欲，倘若没有贤明的君主来统率治理的话，社会就会出现混乱。上天唯有生就圣明仁德、智慧卓绝的君王方可治理百姓，安定天下。夏桀昏乱失德，使百姓陷入水深火热之中。上天赐给您勇武和智慧，使您做天下四方诸侯国的表率和楷模，继承大禹的功业。您遵循大禹留下来的典章法则，也就等于尊奉顺从上帝的天命，没有什么可惭愧的。"

"夏王有罪，矫诬上天，以布命于下①。帝用不臧，式商受命，用爽厥师②。简贤附势，寔繁有徒③。肇我邦，于有夏④，若苗之有莠，若粟之有秕⑤。小大战战，罔不惧于非辜⑥；矧予之德，言足听闻⑦？

"惟王不迩声色，不殖货利⑧；德懋懋官，功懋懋赏⑨；用人惟己，改过不吝⑩；克宽克仁，彰信兆民⑪。乃葛伯仇饷，初征自葛⑫。东征，西夷怨，南征，北狄怨⑬。曰：'奚独后予⑭？'攸徂之民，室家相庆⑮。曰：'徯予后，后来其苏⑯。'民之戴商，厥惟旧哉⑰！

①夏王有罪，矫诬上天，以布命于下：夏王，夏朝末代暴君，夏桀。矫，假借。诬，欺诈、冤枉。布，宣告。

②帝用不臧，式商受命，用爽厥师：用，因为，由于。臧，善。式，用。爽，丧失。师，众庶。

③简贤附势，寔（shí）繁有徒：简，轻视、怠慢之意。附，依附。势，

具有势力之人。寔，通"实"。繁，繁多。

④肇我邦，于有夏：肇，开始。我邦，商人自称。于有夏，即在夏朝的统治之下。

⑤若苗之有莠，若粟之有秕（bǐ）：莠，即生长在禾苗之间的杂草。粟，谷子，俗称"小米"。秕，空壳的谷子。

⑥小大战战，罔不惧于非辜：战战，恐惧战栗、惴惴不安的样子。非辜，即无辜，无罪。

⑦矧（shěn）予之德，言足听闻：矧，何况。足，能够。

⑧惟王不迩声色，不殖货利：迩，近。殖，聚敛。

⑨德懋懋官，功懋懋赏：第一个懋，繁茂之意；第二个懋，勉力。

⑩用人惟己，改过不吝：吝，吝惜。孔传："用人之言，若自己出；有过则改，无所吝惜，所以能成王业。"

⑪克宽克仁，彰信兆民：克，能够。彰，昭明。

⑫乃葛伯仇饷，初征自葛：葛伯，葛国国君。葛国是夏朝的属国。仇，仇视、敌对。饷，本义为给田间劳动的人送饭。相传，成汤与葛伯为邻，葛伯无牛羊、谷物以作祭祀，汤馈赠牛羊，葛伯食之。汤遣百姓助葛伯耕种，老弱儿童送饭田间，葛伯抢夺饭食而杀人，这就是所谓的"葛伯仇饷"。

⑬东征，西夷怨，南征，北狄怨：夷，古代东部的少数民族。狄，古代北方的少数民族。怨，埋怨、抱怨。

⑭奚独后予：奚，疑问代词，相当于"为什么"。予，我，诸侯方国自称。奚独后予，乃"奚独予后"的倒装。意指为什么唯独最后攻打我们这里呢？

⑮攸徂之民，室家相庆：攸，所。徂，往，指商汤征讨所到之处。室家，妻室儿女。

⑯徯（xī）予后，后来其苏：徯，等待。苏，死而复生。

⑰民之戴商，厥惟旧哉：戴，拥戴、爱戴。旧，久，非一日。

译 文

"夏桀有罪，他欺骗上天，假托上帝的旨意，向百姓发号施令。上帝因为夏桀不善，

由商来代受天命，治理天下，因此，夏桀丧失自己的臣民百姓。无道之世，轻慢贤德之人，依附权贵之势，这样的徒众实属不少。从我们在夏朝立国开始，酒杯看作是禾苗中的杂草，粟米中的秕壳。没有一时不惶恐战栗、惴惴不安的，生怕无罪而遭到刑戮、绝灭。更何况在这样昏君无道之世，我们商人的美德善言又怎么能被众知广闻呢？

"大王您不亲近声娱女色，不聚敛财物金钱。德高望尊的人，您用官职来勉励他；功勋卓著的人，您用嘉奖来勉励他。您采纳别人的善言，就像自己的见解一样，听从照做，深信不疑；您改正自己的过错，毫不吝惜。能够宽厚，能够仁爱，向天下的百姓昭示自己的诚信。葛伯仇视给耕种之人送饭，他抢夺酒食，杀死送饭人，您征讨不义，最初从葛伯开始。您征讨东方，西方的戎族就抱怨，您征讨南方，北方的狄族就抱怨，都埋怨地说：为什么唯独最后攻打我们这里呢？您所征讨之处的百姓，都举家欢庆，欢喜地言道：'等待我们的君王吧！君王来了我们就可以死里求生了。'百姓拥戴商王汤（竟然到了如此地步），绝非一日的归顺和敬服吧！

"佑贤辅德，显忠遂良①；兼弱攻昧，取乱侮亡②。推亡固存，邦乃其昌③。

"德日新，万邦惟怀④；志自满，九族乃离⑤。王懋昭大德，建中于民⑥，以义制事，以礼制心，垂裕后昆⑦。予闻曰：'能自得师者王⑧，谓人莫己若者亡⑨，好问则裕，自用则小⑩。'

"呜呼！慎厥终⑪，惟其始。殖有礼，覆昏暴⑫。钦崇天道，永保天命⑬。"

①佑贤辅德，显忠遂良：佑、辅，皆是辅佐、辅助之意。显，显扬。遂，进用。

②兼弱攻昧，取乱侮亡：兼，兼并、吞并。弱，指势力稍弱的诸侯国。攻，进攻、攻打。昧，昏乱、愚昧。乱，动乱。侮，轻慢、怠慢。

③推亡固存，邦乃其昌：孔传："有亡道，则推而亡之；有存道，则辅而固之。王者如此，国乃昌盛。"

④德日新，万邦惟怀：德日新，即德行一日比一日进步。万邦，泛指天下的诸侯国。怀，来归。

⑤志自满，九族乃离：志，心志。满，满足。九族，指与自己有较近血缘关系的部族。离，分离、背离。

⑥王懋昭大德，建中于民：懋，勉力。昭，昭明、彰显。建，建立。中，中道，中庸之道。

⑦以义制事，以礼制心，垂裕后昆：制，裁夺、裁制。垂，传承、流传。裕，宽裕。后昆，后代、后裔。

⑧王：称王，统治天下。

⑨谓人莫己若者亡：孔传："自多足，人莫之益，亡之道。"

⑩好问则裕，自用则小：裕，这里指多得、充实、广博。自用，自以为是。小，渺小。

⑪慎：谨慎。

⑫殖有礼，覆昏暴：殖，扶植，推崇。覆，覆没、灭亡。

⑬钦崇天道，永保天命：钦，敬畏。崇，崇敬、尊奉。天道，大道。天命，上天的使命。

译　文

"辅助贤能的人，辅佐仁德的人，显扬忠诚的人，进用良善的人；兼并弱小的国家，攻打昏庸的诸侯，夺取动乱的政权，怠慢亡国之君。岌岌可危的国家就加速其灭亡，坚如磐石的诸侯就巩固其政权。能如此做，国家才能兴旺昌盛。

"使自己的德行一日比一日达到高超的境界，万国都会前来归顺。心志自满，亲族

也会背离。君王要能够昭示至仁至德，为百姓建立中庸大道，不偏不倚，用公平正义去评判事务（使事事各得其宜）；用礼制约束内心（念念心得其正）。把治理天下的中庸大道流传后世（福荫子孙）。我听说：'能够屈尊求贤、礼贤下士的人，就能够得贤人相助而称王天下。认为别人都不如自己的人，就自取灭亡。谦虚好问的人就会广闻多得，刚愎自用的人，自然狭窄渺小。'

"啊！只有在结尾和刚开始时一样谨慎戒惧，才会结局圆满。扶植推崇礼仪贤明的君主，覆灭推翻昏乱无道的暴君。敬奉上帝的大道，才能长久地保有上天的使命。"

汤　诰

王归自克夏，至于亳，诞告万方①。

王曰："嗟！尔万方有众，明听予一人②诰。惟皇上帝，降衷于下民③。若有恒性，克绥厥猷惟后④。夏王灭德作威，以敷虐于尔万方百姓⑤。尔万方百姓，罹⑥其凶害，弗忍荼毒，并告无辜于上下神祇⑦。天道福善祸淫，降灾于夏，以彰厥罪⑧。肆台小子，将天命明威，不敢赦⑨。敢用玄牡，敢昭告于上天神后，请罪有夏⑩。聿求元圣⑪，与之戮⑫力，以与尔有众请命。

注释

①王归自克夏，至于亳，诞告万方：自，从。克，战胜，攻破。亳，商朝的国都。一说故址在今河南商丘一带。诞，大。

②予一人：汤王自称。

③惟皇上帝，降衷于下民：皇，大。衷，善。

④若有恒性，克绥厥猷惟后：若，顺从。恒性，常性、常道。克，能。绥，安定。厥，其。猷，教导。后，君王。

⑤夏王灭德作威，以敷虐于尔万方百姓：威，威刑。敷，布，施行。虐，虐政，即暴政。

⑥罹（lí）：遭遇。

⑦上下神祇（qí）：天神地祇。

⑧天道福善祸淫,降灾于夏,以彰厥罪:天道,大道,即自然规律。福善,即给善良有德的人降幅。祸淫,即给邪恶淫乱的人降祸。彰,彰显、昭明。

⑨肆台小子,将天命明威,不敢赦:肆,故。台小子,汤王自称,与上文"余一人"相似。将,奉行。天命,上天的使命。明威,公开地惩罚。

⑩敢用玄牡,敢昭告于上天神后,请罪有夏:玄,黑色。牡,公牛。神后,即后土。罪,降罪,惩罚。

⑪聿(yù)求元圣:聿,遂。元圣,大圣人。古代汤王之时,称伊尹为元圣。

⑫戮:戮力、勉力。

译文

汤王从攻灭夏朝之后回来,到达国都亳地,大告天下众诸侯。王说:"啊,你们四方的众将士们,请听清楚我的告诫。圣明伟大的上帝,赐福给我们百姓。顺从人之所固有的天性,能够使他们稳妥地走上中庸之道,这是做君王的使命。夏王桀灭绝道德,专制酷刑,以此对天下万方的百姓实行暴政。你们万方的百姓,惨遭夏朝凶恶的残害。不堪忍受毒害之苦,并不断地向天帝神灵申诉自己无罪所遭受的冤苦。自然的法则就是给善良之人降福,给邪恶之人降祸,因此,上天给夏王朝降下灾祸,以昭示它所犯下的罪恶。"所以,成汤我奉行上天的命令对夏桀进行公开惩罚,不敢有丝毫的宽赦。我斗胆用黑色的公牛来做祭品,斗胆明确地告诉天地神灵,请天地诸神降罪于夏桀。于是,我便请求伊尹这位大圣人,和我们同心协力,一起替你们众人请求神灵保全性命,解除疾苦。

"上天孚佑下民,罪人黜伏①。天命弗僭,贲若草木,兆民允殖②。俾予一人,辑宁尔邦家③,兹朕未知获戾于上下④,栗栗危惧,若将陨于深渊⑤。凡我造邦⑥,无从匪彝,无即慆淫⑦,各守尔典,以承天休⑧。尔有善,朕弗敢蔽⑨;罪当朕躬,弗敢自赦⑩,惟简⑪在上帝之心。其⑫尔万方有罪,在予一人;予一人有罪,无以尔万方⑬。

"呜呼!尚克时忱,乃亦有终⑭。"

①上天孚佑下民，罪人黜伏：孚，允，相信。佑，保佑、辅助。罪人，即指夏桀暴君。黜伏，逃窜屈服。

②天命弗僭（jiàn），贲（bì）若草木，兆民允殖：僭，差错。贲，饰。允，的确、确实。殖，繁殖。

③俾（bǐ）予一人，辑宁尔邦家：俾，使。辑，和睦。

④兹朕未知获戾（lì）于上下：兹，此。朕，我，古人自称。戾，罪。上下，即天地。

⑤栗栗危惧，若将陨于深渊：栗栗，形容恐惧不安的样子。若，好像、似乎。陨，陨落、坠降。

⑥凡我造邦：造邦，建立新的国家。意指夏朝已亡，商朝已立，诸众诸侯与之更新，同为商朝之诸侯国。

⑦无从匪彝，无即慆（tāo）淫：无，通"毋"，不要。匪，非。彝，常法、常道。即，接近、靠近。慆，怠慢、轻慢。淫，纵欲过度。

⑧各守尔典，以承天休：典，典章、常法。休，美善。

⑨蔽：遮蔽、隐藏。

⑩罪当朕躬，弗敢自赦：躬，自身。赦，赦免，宽宥。

⑪简：检阅、考察。

⑫其：倘若、如果。

⑬予一人有罪，无以尔万方：无，通"毋"，不要。以，用。

⑭尚克时忱，乃亦有终：尚，表推测，大概、希望。克，能。时，通"是"，这。忱，诚信。终，良好的结局。

"上帝信任并护佑天下众生，放逐废黜罪人夏桀。上帝的大命丝毫不爽，亦如旺盛的草木，繁茂丛生，亿万百姓都真正地得到生息繁衍。上帝派遣我来治理天下，使你们的国家和睦安宁。这次征讨暴君夏桀，我不知是否获罪于天地神明，因此内心非常地

恐惧不安，就好像要坠入深渊一样。凡是归顺我商朝的诸侯方国，不要不遵从常法，不要放纵欲望，过度享乐。要各自遵从你们的常道，以承受上天恩赐的福命。你们有善德懿行，我不敢隐瞒遮盖；倘若我自己有了罪过，也绝不敢私自宽恕，因为上帝都考察得清清楚楚。倘若你们各方诸侯有了罪责，罪都在我一个人身上；倘若我一个人有了罪过，就不要累及你们各方诸侯。

"啊！但愿我能够如此真诚笃实，也有一个好的结果。"

伊 训

惟元祀十有二月乙丑，伊尹祠于先王^①，奉嗣王祗见厥祖^②。侯甸群后咸在^③，百官总己以听冢宰^④。伊尹乃明言烈祖之成德，以训于王^⑤。

注 释 ————————

①惟元祀十有二月乙丑，伊尹祠于先王：有，通"又"，用于整数与零数之间。元祀，即元年。伊尹，姓伊，名挚，小名阿衡，"尹"非名，右相之意。夏末生于空桑，原为商汤妃子有莘氏之媵臣，深受汤王赏识，佐汤除暴，开创夏朝。他"以鼎调羹""调和五味"之道治理天下，先后辅佐成汤、外丙、仲壬、太甲、沃丁五代君主五十余年，是商初著名贤相、政治家、思想家，被后人奉祀为"商元圣"，也是中华厨祖。祠，祭祀。先王，指商汤。

②奉嗣王祗（zhī）见厥祖：奉，奉持、侍奉。嗣王，继承王位之人，即太甲。祗，恭敬。祖，祖先。

③侯甸群后咸在：侯甸，即侯服和甸服。古代天子把国都之外按远近划分为九等，谓之九服。方圆千里为王畿之地，其外方五百里谓侯服，又其外方五百里谓之甸服。群后，泛指天下四方的诸侯。咸，皆、都。

④百官总己以听冢宰：总己，即总己之职，统领自己的属官。冢，大。宰，治。冢宰，大宰，即百官之长。这里指伊尹。

⑤伊尹乃明言烈祖之成德，以训于王：烈，事业、功绩。烈祖，指建立功业的先祖，这里指开创基业的帝王成汤。训，训诫。

太甲元年十二月乙丑这一日，伊尹祭祀先王成汤，侍奉继任的商王太甲恭敬地叩拜先祖的神主。侯服、甸服的各方诸侯都参加了这次祭祀大典，百官皆统领自己的属官，听从百官之长伊尹的号令。伊尹就公开地阐明成汤建立丰功伟绩的大德，以此来教导商王太甲。

曰："呜呼！古有夏先后①，方懋厥德，罔有天灾②，山川鬼神，亦莫不宁③，暨鸟兽鱼鳖咸若④。于其子孙弗率⑤，皇天⑥降灾，假手于我有命。造攻自鸣条，朕哉自亳⑦。惟我商王，布昭圣武⑧，代虐以宽，兆民允怀⑨。今王嗣厥德，罔不在初⑩！立爱惟亲，立敬惟长⑪，始于家邦，终于四海。

①古有夏先后：先后，偏义复词，这里指先前。意指夏朝的先代君王。联系上下文可知，先后当指夏朝大禹。

②方懋厥德，罔有天灾：方，大。懋，勉力。

③山川鬼神，亦莫不宁：夏朝人敬畏天命，崇尚鬼神，因此祭祀山川。莫，没有。宁，安。

④暨鸟兽鱼鳖咸若：暨，和、同。咸，皆、都。若，这样。

⑤率：遵守。

⑥皇天：昊天上帝。

⑦造攻自鸣条，朕哉自亳：造，开始。鸣条，地名，一说在今陕西省夏县一带。哉，开始。

⑧布昭圣武：布，敷，宣布。昭，昭明，显示。圣武，武德。

⑨兆民允怀：兆民，亿万的百姓。允，信，的确，确实。

⑩初：即位之初。

⑪立爱惟亲，立敬惟长：立，植，树立。意指树立爱敬之道当从亲近人开始，从年长者开始。

伊尹说："啊！古代夏朝的祖先大禹，努力地施行德政，因而上天没有降下天灾，山川鬼神，也没有不安宁的，甚至连同鸟兽鱼鳖等诸众生物也都孳长繁衍了起来。遗憾的是到了他的子孙夏桀这一代不能遵循祖先的常道，因此上天降下灾祸，上天授天命于成汤，假借成汤之手，从鸣条开始征伐夏桀暴君，从亳邑开始施行德政教化。我们的商王成汤，圣明神武昭示于天下，以仁厚的德政教化替代残暴凶顽的虐政，广大的天下百姓都真的很信任怀念成汤。当今的执政者继承先王的美德，没有哪一个不是从即位之初就开始的。树立仁爱之道当从亲近之人做起，培养恭敬之心当从年长者做起。从齐家、治国开始，最终使仁道德政推广到全天下。

"呜呼！先王肇修人纪①，从谏弗咈，先民时若②；居上克明，为下克忠③；与人不求备，检身若不及④。以至于有万邦⑤，兹惟艰哉！

①先王肇修人纪：肇，开始。人纪，为人之纲纪。

②从谏弗咈（fú），先民时若：咈，背离，违背。先民，指前代的有德之人。时，通"是"，这。若，顺从。意指顺从前辈贤人的教诲。

③居上克明，为下克忠：居上，高临君位。克，能。明，明察。为下，身居臣位。忠，忠诚、中心。

④与人不求备，检身若不及：与人，指待人接物，为人处事，交结相处。与，交结。备，完备，周全。检身，约束自身，反省自我。若不及，恐怕赶不上别人。

⑤有万邦：拥有天下。这里指继嗣为王。

"啊！先王成汤开始潜修人伦纲纪，听从臣民的规劝，不加违背，顺从先辈贤人的

教诲。身居王位能够明察下情，职为臣下，能够竭诚事上。与人交结，不求全责备；反省自身，唯恐赶不上别人。如此这般勤苦修为方能拥有天下，继任为王，这是多么艰难啊！

"敷求哲人，俾辅于尔后嗣①，制官刑，儆于有位②。曰：'敢有恒舞于宫、酣歌于室，时谓巫风③。敢有殉于货色、恒于游畋，时谓淫风④。敢有侮圣言、逆忠直⑤、远耆德、比顽童⑥，时谓乱风⑦。惟兹三风十愆⑧，卿士有一于身，家必丧⑨；邦君有一于身，国必亡⑩。臣下不匡，其刑墨，具训于蒙士⑪。'

注释

①敷求哲人，俾辅于尔后嗣：敷，普遍，广泛。哲人，德才兼备的贤人。俾，使。后嗣，后代继承王位的子孙。

②制官刑，儆（jǐng）于有位：官刑，整顿吏治的刑法。儆，警告、警惕。有位，身居官位之人。

③敢有恒舞于宫、酣歌于室，时谓巫风：恒，经常。酣，酒喝得很畅快。时，通"是"，这，此。巫风，风，风气、风俗。孔传："常舞则荒淫。乐酒曰酣，酣歌则废德。事鬼神曰巫。言无政。"

④敢有殉于货色、恒于游畋（tián），时谓淫风：殉，贪求。货，财货。色，女色。游，游乐。畋，打猎。淫，纵欲过度曰淫。

⑤敢有侮圣言、逆忠直：侮，狎侮、侮慢。逆，拒绝、排斥。忠直，忠诚正直的规劝、教导。

⑥远耆（qí）德、比顽童：远，远离、疏远。耆，年老有德之人。比，亲近、亲昵。顽，愚顽。

⑦时谓乱风：乱，荒乱，悖谬。

⑧惟兹三风十愆：孔颖达疏："谓巫风二：舞也、歌也；淫风四：货也、色也、游也、畋也；与乱风四，为十愆也。"

⑨卿士有一于身，家必丧：孔疏："此三风十愆，虽恶有大小，但有一于身，皆

丧国亡家。"孔传："有一过则德义废，失位亡家之道。"

⑩邦君有一于身，国必亡：孔传："诸侯犯此，国亡之道。"

⑪臣下不匡，其刑墨，具训于蒙士：匡，匡正，即臣子纠正君主的错误。墨，墨刑，古代刑罚，又叫黥面。在脸上刺字而后染成墨色。具，详悉、全部。蒙士，一说为卑下之士，一说为稚幼蒙昧之童。

译文

"广泛地征求贤能有德之人，让他们来辅佐你的后代子孙，制定惩治官吏犯法的刑法，警诫百官，说道：'胆敢有在宫室中纵情饮酒，歌舞狂欢的，这就是巫风；胆敢有贪图财物，沉湎女色，耽于游乐，沉溺畋猎的，这就是淫风；胆敢有侮慢圣贤的言论，排斥忠诚正直的规劝，疏远德劭年迈的老者，亲昵愚顽幼稚的鄙人，这就是乱风。以上这三种风俗、十种过错，卿士大夫如果沾染上其中的一种，他的田邑必然会丧失。诸侯国君如果沾染上其中的一种，他的国家灭亡。身为臣下，倘若不能匡正国君的过失，就要处以黥面的刑罚，这些道理从下士开始就要详悉地教训。'

"呜呼！嗣王祗厥身，念哉①！圣谟洋洋，嘉言孔彰②！惟上帝不常③，作善，降之百祥；作不善，降之百殃④。尔惟德罔小⑤，万邦惟庆；尔惟不德罔大，坠厥宗⑥。"

注释

①嗣王祗厥身，念哉：祗，恭敬。念，顾念。

②嘉言孔彰：嘉，美。言，言论，这里指圣人的训导、教诲。谟，谋。孔，甚。彰，彰明。

③惟上帝不常：意谓天道福善祸淫，本无常规。天命本不常有，福命祸殃，善则得之，不善则失之，此皆以人之所作所为而定。天道本常，穷久不移，万劫不改，然而人道嬗变无常，损益不穷，顺乎天道则福善绵长，悖逆天道则祸患无穷，自然之理。

④作善，降之百祥；作不善，降之百殃：孔传："祥，善也。天之祸福，惟善恶

所在，不常在一家。"

⑤尔惟德罔小：德，积德累善。罔，无，没有。小，小德。

⑥尔惟不德罔大，坠厥宗：大，大恶。坠，丧失。宗，宗庙，这里指王位、国家。

译文

"啊！继任的君王要谨慎戒惧、主敬存诚，念念不忘啊！圣人的谋略尽善尽美，那些金玉良言写得清清楚楚！上帝福善祸淫，本无定法，对于行善，就会赐予种种吉祥；对于作恶的，就会降下种种的灾难。你积善累德，不要害怕德行渺小，即使是小小的善行，天下人也会感到庆幸；你恣肆行恶，不要因为恶行微少，即使有一丁点儿的恶行，也很有可能导致亡国。"

太甲上

惟嗣王不惠于阿衡①，伊尹作书曰："先王顾諟天之明命，以承上下神祇②、社稷宗庙，罔不祗肃③。天监厥德，用集大命，抚绥万方④。惟尹躬克左右厥辟宅师⑤，肆嗣王丕承基绪⑥。惟尹躬先见于西邑夏，自周有终，相亦惟终⑦；其后嗣王罔克有终，相亦罔终⑧。嗣王⑨戒哉！祗尔厥辟，辟不辟，忝厥祖⑩。"

注释

①惟嗣王不惠于阿衡：惟，考虑。惠，恭顺、顺从。阿衡，指商朝大臣伊尹。"阿衡"乃伊尹小名。

②先王顾諟（shì）天之明命，以承上下神祇：先王，这里指成汤。顾，瞻顾，注目。諟，同"是"，此。明命，即天命。明者，言天命之朗然彻照，通晓明达，明烛万物。神祇，指天神地祇，泛指天地神灵。

③社稷宗庙，罔不祗肃：祗，恭敬。肃，庄重、严肃。

④天监厥德，用集大命，抚绥万方：监，明察，瞻视。用，以。集，降下。大

命，即天命。大者，言天命之重，当庄严审慎，敬之畏之。抚绥，安抚、安定。万方，天下四方，极言地之广阔，国之众多。

⑤惟尹躬克左右厥辟宅师：惟，发端词，用于句首，无实义。尹，伊尹。躬，亲身。克，能。左右，辅佐、辅助。厥，其，代词。辟，君主，这里指成汤。宅，安居，安定，使动用法，使……安居，使……安定。师，民众、百姓。

⑥肆嗣王丕承基绪：肆，故，因此。丕，大。基绪，基业的统治延续，这里指国家政权，社稷宗庙。

⑦惟尹躬先见于西邑夏，自周有终，相亦惟终：西邑夏，即夏王朝。自，用。周，忠信。有终，即善终。相，指辅助的大臣。

⑧其后嗣王罔克有终，相亦罔终：后嗣王，指大禹后世的嗣王，诸如太康、夏桀等不肖子孙，不能恪守祖训、敬奉天命，而为昏君、暴君。

⑨嗣王：继任王位之人，这里指太甲。

⑩辟不辟，忝厥祖：辟，君主。辟不辟，即君不君，为君不尽君道。忝，忝辱，羞辱。

译文

考虑到继任的商王太甲不听从伊尹的劝诫，伊尹便上书说："先王成汤常常注目于上帝朗然彻照的天命，因此，承奉天地神灵、社稷宗庙，无不恭敬肃穆。上帝明察到他的圣德，因而就降给他重大的使命，要他治理天下，安定四方。我伊尹能够亲身辅佐君王，使天下百姓安居乐业，因此，后继的君王才能继承先王的伟大基业。我伊尹先前就亲身看到夏朝的君王，自始至终讲求忠信，辅佐的大臣也能讲求忠信因而善终；他们后继的君王不能自始至终讲求忠信，辅佐的大臣也不能讲求忠信而得善终。后继的君王，你可要警惕啊！恭敬地遵

守为君之道，为君不行君道，那就会辱没你的祖先。"

王惟庸罔念闻^①。伊尹乃言曰："先王昧爽丕显，坐以待旦^②。旁求俊彦，启迪后人^③。无越厥命以自覆^④。慎乃俭德，惟怀永图^⑤。若虞机张，往省括于度，则释^⑥；钦厥止，率乃祖攸行^⑦！惟朕以怿，万世有辞^⑧。"

注 释 ————————

①王惟庸罔念闻：庸，平常、平时。罔，不。念闻，顾念，听闻。

②先王昧爽丕显，坐以待旦：昧爽，即指天将亮而未亮之时。昧，晦，昏暗。爽，明亮。丕显，大明，谓之大明其德。旦，早晨，清晨。坐以待旦，坐等天亮，意谓为国事操劳。

③旁求俊彦，启迪后人：旁求，广泛地访求。俊彦，才智出众的贤人。启迪，启发，开导。后人，后代子孙。

④无越厥命以自覆：无，通"毋"，不要。越，坠失。命，天命。覆，颠覆、覆亡。

⑤慎乃俭德，惟怀永图：慎，谨慎、慎重。俭，节省。俭德，勤俭节约的美德。怀，思考。永图，深谋远虑。

⑥若虞机张，往省（xǐng）括于度，则释：若虞，就像，如同。虞，虞人，古代指掌管山泽苑囿畋猎的官职。机，指发射弓箭的机关。省，检查，查看。括，通"栝"，箭末扣弦处。度，规范，这里指要领。释，放。

⑦钦厥止，率乃祖攸行：钦，钦敬，恭谨。止，仪态举止。率，遵循。乃，你的。攸，所。

⑧惟朕以怿（yì），万世有辞：朕，我。怿，喜悦。辞，赞美的言辞，美好的声誉。

译 文 ————————

商王太甲仍然和平常一样，毫不顾念听从伊尹的劝诫。伊尹就说："先王成汤在天

色未明之时就思考如何光明德行，坐着一直等到天亮。广泛地访求贤能的才人，以便开导后人。不要丧失商朝的天命，而自取灭亡。你要谨慎戒惧地保持勤俭的美德，要考虑长远的大计。就像虞人射箭，弓弩拉开了，一定要查看箭矢的末端是否合乎法度，然后释放箭矢，才能射中目标。要使你的仪态举止严肃恭谨，要遵循你先祖的行为法则。倘若能够如此实行，我就会欣悦欢喜，你也会被千秋赞誉，万代流芳。"

王未克①变。伊尹曰："兹乃不义。习与性成②，予弗狎于弗顺。营于桐宫③，密迩先王其训，无俾世迷④。"王徂桐宫，居忧⑤，克终允德⑥。

注 释

①未克：不能，不能够。

②兹乃不义。习与性成：兹，这，此。这里指太甲的所作所为。习，习气、禀性。性，品性、性情。

③予弗狎于弗顺。营于桐宫：弗，不。狎，亲近。弗顺，谓不能遵循义理而行。营，营造。桐宫，离宫，指在成汤墓地的附近所建造的行宫。

④密迩先王其训，无俾世迷：密迩，亲近。密，亲密。迩，近。俾，使。世，一世，终生。迷，迷惑不醒悟。

⑤王徂桐宫，居忧：徂，往。居忧，替父母守丧。

⑥克终允德：克，能。终，成。允，诚信。

译 文

商王太甲仍然不能改变自己旧的恶习。伊尹说："这就是你的不义，不良的习气、禀性养成了，像天性一般。我不能亲近你这种不遵循道义而行的人。在商汤的墓地营造行宫，使你亲近先王，领受遗训，不能使你一辈子迷惑不醒。"商王太甲前往桐宫，居忧服丧，幡然醒悟，最终能听信德教，成就美德。

太甲中

惟三祀十有二月朔①，伊尹以冕服，奉嗣王归于亳②。作书曰："民非后，罔克胥匡以生③；后非民，罔以辟④四方。皇天眷佑有商⑤，俾⑥嗣王克终厥德，实万世无疆之休⑦！"

译 文 ————————————

太甲被放逐桐宫的第三年十二月初一，伊尹呈上君王的礼服、礼冠，奉迎在位的太甲返回到国都亳邑。伊尹上书说："百姓没有君王，就不能相互扶助而生存下去；君王没有百姓，也不能统治天下，管理四方。伟大的上帝眷顾保佑我们殷商，使后继的君王最终能够成就美德，这实在是千秋万代的美事！"

王拜手稽首①，曰："予小子不明于德，自厎不类②。欲败度，纵败礼，以速戾于厥躬③。天作孽，犹可违；自作孽，不可逭④，既往背师保之训，弗克于厥初⑤，尚赖匡救之德，图惟厥终⑥。"

注 释

①王拜手稽首：王，这里指太甲已经从桐宫归返亳都，恢复王位。拜手稽首，孔传："拜手，首至手。"

②予小子不明于德，自底（zhǐ）不类：予小子，太甲自谦之词。底，致，导致。不类，不善、不肖。

③欲败度，纵败礼，以速戾于厥躬：欲，贪欲、欲望。败，败坏、损害。度，法度。纵，放荡、放纵。礼，礼仪。速，招致。戾，罪。躬，自身。

④天作孽，犹可违；自作孽，不可逭（huàn）：孽，灾祸。违，避免。逭，逃避。

⑤既往背师保之训，弗克于厥初：既往，以往。师保，古代负责教导贵族子弟的官职，有"太师、太傅、太保"，有"少师、少傅、少保"，这里指辅佐君王的重臣伊尹。弗克，不能。

⑥尚赖匡救之德，图惟厥终：尚，还，犹。赖，依赖。匡救，匡扶救助。图，谋。终，善终。

译 文

商王太甲行跪拜叩头之礼，说："我小子昏庸糊涂，以致自导不善。贪欲败坏法度，放纵败坏礼仪，因而很快给自身招来罪过。上天降下的灾祸，可以逃避；自己造成的灾祸，不可逃避。过去我违背了老师您的教导，没有在即位之初就注重自身的修养，还要依赖您匡救扶助的恩德，才谋求得到一个好的结果。"

伊尹拜手稽首，曰："修厥身，允德协于下，惟明后①。先王子惠困穷，民服厥命，罔有不悦②。并其有邦③，厥邻乃曰：'徯我后，后来无罚④。'王懋乃德，视乃厥祖，无时豫怠⑤。奉先思孝，接下思恭⑥。视远惟明，听德惟聪⑦。朕承王之休无斁⑧。"

注 释

①修厥身，允德协于下，惟明后：允德，诚信之德。允，信实，的确。协，和

尚书·礼记 尚书

洽。明后，英明的君主。

②先王子惠困穷，民服厥命，罔有不悦：惠，恩惠、仁爱。困穷，贫困穷苦之人。悦，欣悦、欢喜。

③并其有邦：并，并立于。有邦，指诸侯国。

④徯我后，后来无罚：徯，等待。后，君主，这里指成汤。罚，惩罚、遭罪，这里指夏桀之时酷刑的惩罚。

⑤王懋乃德，视乃厥祖，无时豫怠：懋，勉力。豫怠，安逸怠惰。

⑥奉先思孝，接下思恭：奉先，遵奉先祖。思，念。接下，对待臣子。恭，恭敬。

⑦视远惟明，听德惟聪：孔传："言当以明视远，以聪听德。"

⑧朕承王之休无斁(yì)：朕，我。承，承继、承顺。休，美善、福禄。斁，厌倦、懈怠。

译文

伊尹行跪拜叩头之礼，说："注重自身的修养，具备了诚信的美德，从而使臣下和谐融洽，这才是英明的君主。先王成汤像爱护子女一样施惠于贫穷困苦的众百姓，百姓都服从他的命令，没有一个不感到欢喜欣悦的。先王和邻国诸侯并立之时，邻国的百姓拥戴他，就说：'等待我们的君王成汤吧，君王成汤来了，我们就不会遭罪了。'君王您要勉力加强自己的修养，看一看您那建立功业的先祖，无论何时都不能安逸怠惰。遵奉先祖的遗训要想到孝顺；接待臣民，要想到谦恭。能够看到远处，便是目明，能够听从善言，便是耳聪。您倘若能够如此去做，我将承继君王您的美德，永不厌弃。"

太甲下

伊尹申①诰于王曰："呜呼！惟天无亲，克敬惟亲②；民罔常怀，怀于有仁③；鬼神无常享，享于克诚④。天位⑤艰哉！

"德惟治，否德乱⑥。与治同道罔不兴⑦；与乱同事⑧，罔不亡。终始慎厥与，惟明明后⑨。

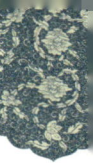

①申：重复，一再。

②惟天无亲，克敬惟亲：无亲，没有亲疏远近之别。克，能。敬，恭敬。

③民罔常怀，怀于有仁：怀，归往。仁，仁政或谓有仁德之人。

④鬼神无常享，享于克诚：享，指鬼神享用祭品，引申为保佑、护佑之意。诚，真诚，信实。

⑤天位：指上帝赐予的君主之位。

⑥德惟治，否德乱：治，治理。否，表否定。

⑦与治同道罔不兴：与，交结。同道，当谓上文所指"德惟治"。

⑧同事：指"否德乱"之事。

⑨惟明明后：明，第一个明，明白之意；第二天明，明智之意。明而又明，表贤明之意。

译 文 ————

伊尹再三告诫商王太甲说："啊！上帝没有亲疏远近之别，不偏不倚，能够恭敬地侍奉上帝的人，上帝就会爱护他。百姓不会永远地感念拥戴谁，只归顺有仁德的君王。鬼神不会固定不变地只享受某一个人的祭祀，只享受那些真诚恭敬之人的祭祀。保守住上帝赐予的君位，真的很难啊！

"推行德政教化就会天下大治，不推行德政教化，就会天下大乱。采取与治世之道一致的德政，没有不兴盛的；采取与乱世之道一致的虐政，没有不灭亡的。自始至终都能够谨慎戒惧，英明复英明才是圣明的君王。

"先王惟时懋敬厥德，克配上帝①。今王嗣有令绪，尚监兹哉②！

"若升高，必自下；若陟遐，必自迩③。无轻民事，惟难④；无安厥位⑤，惟危。慎终于始⑥！有言逆⑦于汝心，必求诸道；有言逊⑧于汝志，必求诸非道。

注 释

①先王惟时懋敬厥德，克配上帝：先王，指成汤。时，通"是"，这，此。惟时，即唯此。代指上文"天位艰哉"。克，能。配，匹配、符合。

②今五嗣有令绪，尚监兹哉：王嗣，指继任君王太甲。令绪，美好的传统。令，美。绪，统系、基业。尚，表示祈求、希望。监，通"鉴"，借鉴、鉴察。兹，此，指先王懋敬厥德之事。

③若升高，必自下；若陟遐，必自迩：若，倘若，如果。升，登。陟，这里指远行，长途跋涉。遐，远。迩，近。

④无轻民事，惟难：无，通"毋"，不要。民事，劳役之事。惟，思，考虑。这里指要居安思危。

⑤位：君位，王位。

⑥慎终于始：孔传："于始虑终，于终思始。"

⑦逆：违背。

⑧逊：顺遂、恭顺。

译 文

"先王成汤就是如此勤勉恭谨地砥砺品德，所以能够符合上帝的旨意。现在，君王您继续保有这美好的基业，希望您能够效法先王而行事啊！

"譬如登高，必须从最低下的地方开始；譬如行远，必须从最近的地方开始。不要忽视百姓之事，要考虑到治理百姓是很艰难的；不要安逸于自己的君位，要想到君位是不稳定的。对待结尾也要像刚刚开始时那样谨慎戒惧，毫不懈怠。

倘若有些臣下的谏言违背了您的心愿，一定要从道义上去考察；倘若有些臣下的进谏迎合了您的心意，一定要从不合乎道义上去考察。

"呜呼！弗虑胡获①？弗为胡成？一人元良，万邦以贞②，君罔以辩言乱旧政③，臣罔以宠利居成功④。邦其永孚于休⑤。"

①弗虑胡获：虑，思考。胡，何。

②一人元良，万邦以贞：一人，即予一人，代指天子、君王。天子自称，谓自谦之词，臣下称之，为尊称之意。元良，大善，大贤。谓德行达到最高境界。万邦，天下四方。贞，正。

③君罔以辩言乱旧政：辩言，诡辩、巧言。旧政，指先王成汤的治国理念。

④臣罔以宠利居成功：宠，恩宠。利，利禄。

⑤邦其永孚于休：永，长久。孚，信。休，美好。

译 文 ————————

"啊！不思考怎么会有所收获呢？不践行又怎么能有所成功呢？君王一个人贤良，天下四方就会贞正。君王不要用巧舌之言扰乱先王的旧政，臣下也不要凭着宠信恩遇而居功成名。这样，相信国家就会永远保有美好的局面。"

咸有一德

伊尹既复政厥辟，将告归，乃陈戒于德。

曰："呜呼！天难谌，命靡常①。常厥德，保厥位②；厥德匪常，九有以亡③。夏王弗克庸德，慢神虐民④。皇天弗保，监于万方，启迪有命⑤，眷求一德，俾作神主⑥。惟尹躬暨汤，咸有一德⑦，克享天心，受天明命⑧，以有九有之师，爰革夏正⑨，非天私我有商⑩，惟天佑于一德，非商求于下民，惟民归于一德⑪。德惟一，动罔不吉⑫；德二三⑬，动罔不凶。惟吉凶不僭⑭，在人；惟天降灾祥，在德⑮！

注 释 ————————

①天难谌（chén），命靡常：谌，相信。命，天命。靡常，没有常法、定论。

②保：安。

③厥德匪常，九有以亡：匪，通"非"。九有，九州，代指国家。

④夏王弗克庸德，慢神虐民：夏王，指夏朝末代暴君夏桀。克，能。庸，常。慢，轻慢、侮慢。虐，残害。

⑤皇天弗保，监于万方，启迪有命：皇天，上天、上帝。弗，不。监，明察，监视。万方，天下四方。启迪，启示、开导。有命，意谓可以承受天命，享有天命，代天牧民者。

⑥眷求一德，俾作神主：眷求，殷切地访求。眷，关心、眷顾。俾，使。神主，百神之主，实指百姓的君主。

⑦惟尹躬暨（jì）汤，咸有一德：惟，只有。尹躬，即伊尹自指。暨，与，和。咸，皆，都。

⑧克享天心，受天明命：克，能够。享，符合、顺遂。天心，上帝的旨意、心愿。克享天心，即能够顺遂上帝的心意。受，承受。明命，即大命、福命。

⑨以有九有之师，爰革夏正：师，众。爰，于是。革，革新，更改。夏正，夏朝的历法。革夏正，即指改朝换代。古代改朝换代必须重定正朔。夏朝建寅，商朝建丑。

⑩私：保佑。

⑪非商求于下民，惟民归于一德：孔传："非商以力求民，民自归于一德。"

⑫罔：无。

⑬二三：反复不定，不专一。

⑭僭（jiàn）：差错。

⑮惟天降灾祥，在德：灾，灾祸。祥，吉祥、福祥。

译文

伊尹已经把政权交还给了太甲，将要告老还乡的时候，于是向太甲陈述德的重要，以告诫太甲。

伊尹说："上帝难以相信，因为天命无常。如果能经常地保持住您的德行，就能够保住您的君位；如果不能经常地保有品德，就会丧失天下。夏王桀不能长久地保持德行，怠慢神灵，残害百姓。上帝不再护佑他，而是明察天下，开导可以承受天命之人，

殷切地寻求具有纯一之德的人，使他作天地神灵的主祭者。只有我伊尹和成汤具有纯一之德，能够顺合上天的旨意，接受圣明的大命，而拥有天下九州的百姓，于是推翻夏朝，改革夏朝的历法。并非是上天偏爱我殷商，只是上帝佑助纯德之人。并非是殷商要求天下百姓服从，而是天下百姓归附于有纯德之人。只要德行纯正，行动起来没有不吉利的；倘若德行反复无常，行动起来没有不凶险的。吉祥凶险丝毫无差错，全在人为。上天降下灾祸或吉祥，全在于人的德行。

"今嗣王新服厥命①，惟新厥德；终始惟一，时乃日新②。任官惟贤材，左右惟其人③。臣为上为德，为下为民④。其难其慎，惟和惟一⑤。德无常师⑥，主善为师；善无常主，协于克一⑦。俾万姓咸曰：'大哉，王言⑧。'又曰：'一哉，王心⑨。'克绥先王之禄，永底烝民之生⑩。

注释

①今嗣王新服厥命，惟新厥德：嗣王，后继的君王，这里指太甲。服，事，这里指承担、接受之意。新，使……新。厥，其，代词。命，天之大命，明命。这里指恢复了君王之位。

②终始惟一，时乃日新：终始惟一，谓始终如一，持有恒德。时，通"是"，此，这，代指厥德。日新，即天天更新，日日进步。

③任官惟贤材，左右惟其人：任，任用、选任。材，同"才"。左右，指近臣。惟其人，意谓惟贤人是用。

④臣为上为德，为下为民：为上，助上，奉上。为下，治理下民。意谓辅佐君王，使君王施行德政，使百姓安居乐业。

⑤其难其慎，惟和惟一：难，难于任用。慎，慎重考察。惟，当。和，和衷共济，同心同德。

⑥德无常师：常，固定不变。师，榜样，楷模。

⑦善无常主，协于克一：主，准则。协，合。克，能。一，纯一、精一。

⑧大哉，王言：孔传："一德之言，故曰大。"

⑨一哉，王心：孔传："能一德，则一心。"

⑩克绥（suí）先王之禄，永厎（zhǐ）烝民之生：绥，保。先王，指成汤。禄，天禄，天赐之福命。厎，致，获得。烝民，民众、百姓。烝民之生，使百姓安居乐业。

译文

"现在，继位的王刚刚接受上天所赋予的重大使命，只有更新自己的德行，始终如一地坚持不懈，您的德行就会天天更新。任用官吏当选贤任能，左右的辅佐大臣也要这样贤能有德之人。作为臣子，在上要辅佐自己的君王推行德政，在下要帮助自己的属下治理百姓，使百姓安居乐业。这样的人选择起来是非常艰难的，一定要谨慎考察，必须任用同心同德、和衷共济的人。修养德行没有固定不变的楷模，只要注重善行，都可以作为自己的老师。行善没有固定不变的法则，只要能够始终如一地保持纯一之德，合乎精一之道就算是保持善行了。使天下百姓全都感叹说：'伟大啊！君王的言论。'又说：'纯一啊！君王的心念。'使百姓如此称颂，才能安保先王成汤所承受的上天的福命，使百姓永远安居乐业，使天下长治久安。

"呜呼！七世之庙，可以观德①；万夫之长②，可以观政。后非民罔使，民非后罔事③。无自广以狭人④，匹夫匹妇，不获自尽，民主罔与成厥功⑤。"

注释

①七世之庙，可以观德：七世之庙，古代帝王为了实行宗法统治，皆立七庙以供奉七代的祖先。可以观德，谓帝王立七庙，对于次第疏远的先祖，则依照制度的规定迁移神主，供奉在祭祀远祖、始祖的神庙。倘若是七庙之中有德的帝王，则不予迁移。因此而言，七世之庙，宗亲移尽，而神庙还有不毁的，就证明为有德之主。

②万夫之长：这里指君主。

③后非民罔使，民非后罔事：后，君主。罔，不。使，役使、使唤。事，侍奉。

④无自广以狭人：无，通"毋"，不要。自广，自大。狭，轻视，小看。

⑤匹夫匹妇，不获自尽，民主罔与成厥功：匹夫匹妇，指普通百姓。不获，不得。自尽，尽自己的心力。民主，指君主。与，助。

　　"啊！从天子的宗庙里，倘若看到七世的祖先还没有被毁的，便可以看出天子的圣明之德；从万民之上的君王那里，可以察知政治的得失。君王如果不依靠百姓，就没人可以役使，百姓如果不依靠君王，就没有人来侍奉。不要自高自大而轻视百姓，如果普天下的愚夫愚妇都不能尽心竭力，那么作为万民之上的君王又和谁一起去成就自己的功业呢？"

说命上

　　王宅忧，亮阴三祀①。既免丧，其惟弗言②。群臣咸谏于王曰："呜呼！知之曰明哲，明哲实作则③。天子惟君万邦，百官承式④。王言，惟作命⑤；不言，臣下罔攸禀令⑥。"

　　①王宅忧，亮阴三祀：王，即商王武丁。宅忧，即居忧，指守父母之丧。这里谓武丁居父亲小乙的丧。宅，居。亮阴，又作"谅阴""凉阴""亮闇"。三祀，三年，这里意谓三年不理朝政。

　　②既免丧，其惟弗言：免丧，古代守丧礼制。周朝制度，父死子守孝三年，三年期满即可免除守孝之礼，谓之免丧。其，代词，这里指武丁。弗言，不言说，即不亲理朝政大事。

　　③知之曰明哲，明哲实作则：知之，这里指通晓国家政事。明哲，谓圣明睿智，通晓事理，贤能有才。作则，即制定法则。

　　④天子惟君万邦，百官承式：君，统治、主宰。万邦，天下四方。承式，法式，即按照法规做事。承，遵奉。式，法令法规。

　　⑤王言，惟作命：命，命令。

　　⑥不言，臣下罔攸禀令：罔攸禀令，无法按照法规行事。禀，禀受。

殷高宗武丁为父小乙守丧，三年不理朝政。守丧已满，仍然不亲政。诸位大臣都向商王武丁进谏说："啊！通达事理叫作圣明睿哲，圣明睿哲则能制定法则。天子是统治天下众诸侯国的君主，百官都要依法规行事。君王出言便是命令，不出言，臣下就无所从命了。"

王庸①作书以诰曰："以台正于四方，惟恐德弗类，兹故弗言②。恭默思道，梦帝赉予良弼，其代予言③。"乃审厥象，俾以形旁求于天下④。说筑傅岩之野，惟肖⑤。爰立作相，王置诸其左右⑥。

①庸：于是。

②以台（yí）正于四方，惟恐德弗类，兹故弗言：台，代词，我，武丁自称。正，表正。作为仪表、法式。弗类，不似，即不像先王崇高的德行。

③恭默思道，梦帝赉（lài）予良弼，其代予言：恭，恭敬。默，幽静。道，即治理之道。帝，上帝、天帝。赉，赐予，赏赐。良弼，即贤良的辅弼。其，将。

④乃审厥象，俾以形旁求于天下：审，详细，意谓详细回忆梦中之人的形象。俾，使。旁求，广求、四处寻求。

⑤说（yuè）筑傅岩之野，惟肖：说，即傅说。傅说，傅氏始祖，古虞国人，曾在傅岩筑城，遂以傅为姓。典籍记载傅说本为胥靡（囚犯），武丁求贤臣良佐，梦得圣人，醒来后将梦中的圣人画影图形，派人寻找，最终在傅岩找到傅说，举以为相，国乃大治，形成了历史上有名的"武丁中兴"的辉煌盛世。筑，捣泥土使之坚实。肖，相似，相像。似所梦之形象。

⑥爰立作相，王置诸其左右：爰，于是。立，推举。置，放置，安置。诸，之于。

译文

商王武丁作书告诫群臣百官说："以我作为天下臣民的表率，恐怕我的德行不及先王德行崇高，因而不轻易发言。我恭敬默默地沉思治国之道，梦见上帝赐予我贤良的辅臣，让他代我发言。"于是详细地回忆贤辅的形象，绘像成图，派人按照画像在全国各地广为寻求。傅说在野外建筑城墙，很像武丁的梦中贤辅。于是推举为宰相，商王武丁就把他安置在了自己身边。

命之曰："朝夕纳诲①，以辅台德！若金，用汝作砺②；若济巨川，用汝作舟楫③；若岁大旱，用汝作霖雨④。启乃心，沃朕心⑤！若药弗瞑眩，厥疾弗瘳⑥；若跣⑦弗视地，厥足用伤。惟暨乃僚，罔不同心以匡乃辟⑧，俾率先王，迪我高后，以康兆民⑨。呜呼！钦予时命，其惟有终⑩！"

注释

①朝夕纳诲：诲，教导。纳诲，进谏。

②若金，用汝作砺：若，好像，比如。金，金属，这里指铜，即青铜器。砺，磨刀石。

③若济巨川，用汝作舟楫：济，渡过。巨川，大河。舟楫，即船和桨。

④霖雨：连绵不断的大雨。

⑤启乃心，沃朕心：启，敞开。沃，灌溉、滋润。

⑥若药弗瞑眩（míng xuàn），厥疾弗瘳（chōu）：瞑眩，形容药性发作，痛苦难耐，头昏目眩、眼睛睁不开。瘳，病愈。

⑦跣（xiǎn）：赤脚。

⑧惟暨乃僚，罔不同心以匡乃辟：暨，与、和。僚，下属官吏。匡，纠正、帮助。乃，你的。辟，君主。

⑨俾率先王，迪我高后，以康兆民：俾，使。率，遵循。先王，商朝武丁之前的先代贤王。迪，依照。高后，先祖。康，安乐，谓安居乐业。兆民，亿万百姓。兆，

古代指百万或万亿，极言数目之多。

⑩呜呼！钦予时命，其惟有终：钦，敬。时，是，这。时命，指上述的命令。其，表示希望的语气助词。

译 文

商王武丁对傅说下达文告说："无论早晚都要对我进言教诲，以辅助我勤行德政。倘若我是金属器物，就把你当作磨刀石；倘若我要渡过大河，就把你当作渡河的船只和双桨。倘若年岁大旱，就把你当作滋润田地的甘霖。敞开你的心扉，灌溉我的心田！如果病后行医，吃了药感觉不到头昏眼花，这病就不会治愈。如果赤脚走路，不仔细地看着地面行走，这脚可能就会受伤。你和你的下属官吏，无不同心同德，协力一心匡正你君王的过错，从而使君王遵循先王的道路，踏着成汤的旧迹前进，使天下亿万百姓都得以安居乐业。啊！恭敬谨慎地奉持我的命令，希望我们的事业能有所成就。"

说复于王曰①："惟木从绳则正，后从谏则圣②。后克圣③，臣不命其承，畴敢不祗若王之休命④？"

注 释

①说复于王曰：说，傅说自指。复，答复。

②惟木从绳则正，后从谏则圣：绳，绳墨，指木工打直线的墨线。正，真。命，命令。承，奉。

③后克圣：后，君主。克，能。圣，圣明。

④畴敢不祗（zhī）若王之休命：畴，谁。祗，恭敬。若，顺从。休命，美善的命令。

译 文

傅说答复商王武丁说："木料用墨线拉过才能取正，君王听从劝谏才能圣明。倘若君王能够圣明，臣下不用等待君王下命令就会承顺其意而谏正，谁敢不恭敬地顺从君王英明的教令呢？"

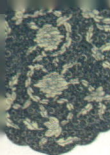

说命中

惟说命总百官①，乃进于王曰②："呜呼！明王奉若天道，建邦设都③，树后王君公，承以大夫师长④，不惟逸豫，惟以乱民⑤。惟天聪明，惟圣时宪⑥，惟臣钦若，惟民从乂⑦。惟口起羞，惟甲胄起戎⑧，惟衣裳在笥，惟干戈省厥躬⑨。王惟戒兹，允兹克明，乃罔不休⑩。

注 释

①惟说命总百官：说，即傅说。命，受命。总，总领，统率。

②乃进于王曰：进，进言，进谏。王，这里指商王武丁。

③明王奉若天道，建邦设都：明，圣明、贤明。明王，即英明的君王。天道，自然运行的规律，即大道。奉若，遵从，承奉。若，顺从。建邦，谓在天下建立国家。设都，谓在各个国家建立都城。

④树后王君公，承以大夫师长：树，设立。后王，指天子。君公，即诸侯国国君。承，通"丞"，辅佐。大夫，卿大夫。师，众。师长，众官员、大夫师长，泛指各级各类的官员。

⑤不惟逸豫，惟以乱民：惟，思。逸豫，安逸享乐。乱，治理。

⑥惟天聪明，惟圣时宪：圣，指君王，这里指商王武丁。时，通"是"，这。宪，效法。

⑦惟臣钦若，惟民从乂(yì)：钦若，恭敬地遵从、从，服从、顺从。乂，治理，安定。

⑧惟口起羞，惟甲胄起戎：口，名词意动，谓以口发言。这里指言语政令之所出。起，引起，导致。羞，耻辱。甲胄，谓古代战士的铠甲和头盔。戎，兵戎，兴兵作战，引申为灾祸。

⑨惟衣裳在笥(sì)，惟干戈省(xǐng)厥躬：衣裳，这里代指官服，谓任用、奖励官员之意。笥，箧笥，盛放衣物的方形竹器。省，清楚，察看。厥，其，代指武丁。躬，自身，亦谓武丁。干，盾牌。戈，古代一种合戈、矛为一体的长柄兵器。

⑩王惟戒兹，允兹克明，乃罔不休：兹，这，代指上面所言口、甲胄、衣裳、干

戈。允，信实。克，能。明，圣明，贤明。罔，无。休，美好。

译文

傅说受命统领百官，于是向商王武丁进谏说："啊！圣明的君王，遵从天道，建立国家，设立都城，兴立天子，分封诸侯，又任命大夫师长以为辅佐，不是为了贪图安逸享乐，只顾念着殚精竭虑治理天下百姓。只有上帝能通达明了，无所不知，只有圣明睿智的帝王能效法上帝，臣下要恭敬顺从，百姓要服从治理。对于君王而言，轻易发号施令，就会招致羞辱；轻率地动用武力，就可能引起战争；官服放于竹箱里，不可轻易授予人，否则会有人不称职；干戈用来吊民伐罪，赏罚时要察看清楚。君王在上述四个方面要有所戒备啊！确信如此，便能够达到圣明，也就没有什么不好的了。

"惟治乱在庶官①。官不及私昵，惟其能②；爵罔及恶德③，惟其贤。虑善④以动，动惟厥时。有其善⑤，丧厥善，矜⑥其能。丧厥功，惟事事⑦乃其有备，有备无患，无启宠纳侮⑧，无耻过作非⑨，惟厥攸居，政事惟醇⑩，黩于祭祀，时谓弗钦⑪，礼烦则乱，事神则难。"

注释

①惟治乱在庶官：治，治理。乱，混乱。庶，众。

②官不及私昵，惟其能：及，加入，涉入。私昵，亲昵，私宠。

③爵罔及恶德：爵，爵位、爵禄。恶德，不善无德之人。

④虑善：考虑好，深思熟虑。

⑤有其善：有，自有。谓自满其善而不自勉。

⑥矜：夸耀，自大。

⑦事事：每一件事。

⑧无启宠纳侮：无，通"毋"，不要。启，开。宠，宠幸。纳，受取。

⑨无耻过作非：耻过，羞于承认过错、罪过，把过错当作耻辱。非，不对。

⑩惟厥攸居，政事惟醇：居，居行，行为举止。醇，通"纯"，纯正不杂，完美。

⑪黩(dú)于祭祀，时谓弗钦：黩，怠慢不恭，轻慢，亵渎。时，通"是"，这，此。弗钦，不敬。

译文

"一个国家是大治还是大乱，在于百官的好坏。官职不要授予自己亲近和偏爱的人，要看他是否贤能；爵位不可赐给德行丑恶之人，要看他是否贤德。考虑为善政才付诸行动，行动要合乎时宜。自己满足于有善，反而丧失了这些善德；自己夸耀自己贤能，反而丧失了功业。做任何一件事情，都要事先做好准备，有备无患。不要宠幸小人而自招轻侮，不要以过为耻而文过饰非，以致铸成大错。倘若君王的行为举止能够如上所述，居于正道，朝政大事就会尽善尽美。祭祀鬼神轻慢亵渎，就是不恭敬；祭祀礼仪烦琐纷杂，就会紊乱，侍奉鬼神也就很困难。"

王曰："旨哉，说，乃言惟服①，乃不良于言，予罔闻于行②。"

说拜稽首曰："非知之艰，行③之惟艰，王忱不艰，允协于先王成德④，惟说不言，有厥咎⑤。"

注释

①旨哉，说，乃言惟服：旨，美好。乃言，你说的话。乃，你。服，遵从，实行。

②乃不良于言，予罔闻于行：良，善。罔，无。闻，听。

③行：身体力行。

④王忱不艰，允协于先王成德：忱，诚信。允，信实，的确。协，协同，合乎。成，盛。

⑤咎：过错。

译文

商王武丁说："说得真好哇！傅说，你的这番话真令人信服，倘若你不善于进谏规劝，我也就无法听闻而付诸实践。"

傅说叩头行跪拜之礼，说："明白这些道理并不难，付诸实施才叫难。君王您真的

能诚心去做也就没有什么困难了，相信这样就能合乎先王的盛德。倘若我傅说不这样劝谏，就有罪过了。"

说命下

王曰："来！汝说。台小子旧学于甘盘①，既乃遁于荒野，入宅于河②，自河徂亳，暨厥终罔显③。尔惟训于朕志④，若作酒醴，尔惟曲糵⑤；若作和羹，尔惟盐梅⑥。尔交修⑦予，罔予弃；予惟克迈乃训⑧。"

注 释

①台小子旧学于甘盘：台小子，即我小子，商王武丁自称。台，我。旧，以往，以前。学，谓学治先王国之道。甘盘，人名，殷商武丁之时的贤臣。

②既乃遁于荒野，入宅于河：遁，逃避。宅，居住。河，一说指黄河，殷商定都于殷，位于洹水近黄河。一说指河中之洲。

③自河徂亳，暨厥终罔显：徂，往。亳，亳都，殷商的国都。暨，至，到。

④尔惟训于朕志：训，训导，教导。志，心愿、志向。

⑤若作酒醴（lǐ），尔惟曲糵（niè）：若，如果。醴，甜酒。曲糵，酒曲，酿酒的发酵物。

⑥若作和羹，尔惟盐梅：和羹，加以佐料，调和羹汤。和，调和。羹，即以肉或菜调和而成的五味所制成的带汁食物。盐梅，调和羹汤的佐料。盐，味道发咸。梅，醋，味酸。

⑦交修：多方面培养。

⑧予惟克迈乃训：克，能。迈，行，做。乃，你的。训，教导。

译 文

商王武丁说："来吧！傅说。我过去曾经向甘盘这位贤臣学习过，但不久我就退居到荒郊野外，定居于黄河的河洲中，后来，又从河洲迁往亳都，几经迁徙，以致最终在品德、学业上没有明显的进展。你应当教导我，使我志存高远。倘若我要做甜酒，你就

是那酒曲；倘若我要做羹汤，你就是那盐和梅。你要多方面地培养我，训导我，不要厌弃我，我一定能按照你的教导去做。”

说曰：“王！人求多闻，时惟建事①。学于古训，乃有获②；事不师古，以克永世，匪说攸闻③。惟学逊志，务时敏④，厥修乃来。允怀于兹，道积于厥躬⑤。惟斅学半，念终始典于学，厥德修罔觉⑥。监于先王成宪，其永无愆⑦。惟说式克钦承，旁招俊乂，列于庶位⑧。”

注　释

①时惟建事：时，通“是”，代词，这，此。惟，希望，愿望。

②学于古训，乃有获：古训，蔡沈《书集传》：“古训者，古先圣王之训，载修身治天下之道，二典三谟之类是也。”乃，才。

③事不师古，以克永世，匪说攸闻：师古，效法古人。师，效法。古，古训。克，能。永，长。永世，即长久。匪，同“非”。攸，所。孔传：“事不法古训而以能长世，非说所闻。言无是道。”

④惟学逊志，务时敏：逊志，虚心谦逊。时敏，时时努力。敏，努力。

⑤允怀于兹，道积于厥躬：允，信实。兹，此，这。厥躬，自身。

⑥罔觉：不知不觉。

⑦监于先王成宪，其永无愆：监，视，引申为借鉴。成宪，宪法。愆，过错。

⑧惟说式克钦承，旁招俊乂，列于庶位：式，用，因此。克，能。钦，敬。承，承奉。旁，广求。俊乂，才能卓绝之人。庶，众。位，职位、官位。

译　文

傅说说：“君王啊！一个人渴求博闻强识，这是他希望成就一番事业。学习古代贤人的遗训，才会有所收获。建立功业不效法古人，而能够使国家长治久安，我傅说耳所未闻。学习只有虚心谦逊，并且务必时时努力，方可在道德学业上有所长进。相信这一点并铭刻于心，道德学问才能在自身不断积累。教人是学习的一半，自始至终都专注于学习，念念不忘，道德就会不知不觉地逐步臻于完美。借鉴先王现成的法典，就

尚书·礼记◎尚书

会永远没有过失。我傅说因此能恭敬地承奉您的旨意，广泛地招纳贤才，各归其位，把它们安置于各种职位上去。"

王曰："呜呼！说，四海之内，咸仰朕德，时乃风^①。股肱^②惟人，良臣惟圣。昔先正保衡^③，作我先王，乃曰：'予弗克俾厥后惟尧舜，其心愧耻，若挞于市^④。'一夫不获，则曰：时予之辜^⑤。佑我烈祖，格于皇天^⑥。尔尚明保予，罔俾阿衡，专美有商^⑦。惟后非贤不乂，惟贤非后不食^⑧。其尔克绍乃辟于先王，永绥民^⑨。"

说拜稽首曰："敢对扬天子之休命^⑩。"

注释 ————————————

①四海之内，咸仰朕德，时乃风：四海之内，泛指天下四方。咸，皆，都。仰，敬仰、仰望。朕，我。时，通"是"。乃，你。这里指傅说。风，谓教化，风教。

②股肱（gōng）：大腿和手臂，引申为左右辅弼大臣。

③昔先正保衡：先正，即先代统领百官的大臣。保衡，这里指伊尹。

④予弗克俾厥后惟尧舜，其心愧耻，若挞于市：弗克，不能。俾，使。厥，其，指伊尹。后，君主，这里指成汤。惟，为，是。挞于市，谓耻辱之甚。挞，用鞭子或棍子抽打。市，指都城之中的交易中心，如集市。

⑤一夫不获，则曰：时予之辜：一夫，一匹夫。时，通"是"，这，此。

⑥佑我烈祖，格于皇天：佑，佑助，辅佑。烈祖，成就功业的先祖，这里指先王成汤。格，至，及。皇，大。格于皇天，谓功绩至于上帝。

⑦尔尚明保予，罔俾阿衡，专美有商：尚，表示希望、期望。明，通"勉"，勉励，努力。保，扶持，辅助。专美，谓独享美名。

⑧惟后非贤不乂，惟贤非后不食：贤，贤臣。乂，治理。食，食禄，引申为重用。

⑨其尔克绍乃辟于先王，永绥民：克，能。绍，继承。辟，君主，这里指武丁。绥，安。

⑩敢对扬天子之休命：扬，称扬，赞扬。休，美。

译 文

商王武丁说："啊！傅说，天下的人皆景仰我的德行，这都是由于你的教化所致。手足完备才能成人，有良臣辅佐才能成圣。从前，先王的百官统率贤辅伊尹使我们的先王兴起，他曾言道：'我不能使自己辅佐的君王成为像尧舜那样的圣主，我内心就会感到惭愧和羞耻，就如同有人拿着鞭子在闹市上抽打自己一样。'倘若有一个人没有得到妥善安置，他就说这是我的罪过。他辅佐先祖成汤建立功业，他的功劳高如皇天一般，无人可及。希望你努力辅佐我，不要让伊尹在殷商独享美名。君主没有贤臣辅佐，就不能治理好天下；贤臣没有圣主，就得不到重用。希望你能让你的君王继承先王的事业，使百姓长久安定。"

傅说跪拜叩头，说："我冒昧地对答这些话，我要宣扬天子美好的教导。"

周书

泰誓上

惟十有三年春，大会于孟津①。

王曰："嗟！我友邦冢君越我御事庶士，明听誓②。惟天地万物父母，惟人万物之灵③。亶聪明作元后，元后作民父母④。今商王受⑤，弗敬上天，降灾下民。沉湎冒色⑥，敢行暴虐，罪人以族，官人以世⑦。惟宫室、台榭、陂池、侈服，以残害于尔万姓⑧。焚炙忠良，刳剔孕妇⑨。皇天震怒，命我文考，肃将天威，大勋未集⑩。肆予小子发，以尔友邦冢君，观政于商⑪，惟受罔有悛⑫心，乃夷居，弗事上帝神祇，遗厥先宗庙弗祀⑬。牺牲粢盛，既于凶盗⑭。乃曰：'吾有民有命⑮！'罔惩其侮⑯。

注 释

①惟十有三年春，大会于孟津：有，又。十有三年，即十三年。会，会师。孟津，黄河渡口，在今河南孟津县境内。

②我友邦冢君越我御事庶士，明听誓：友邦，友好的邦国，指诸侯国。冢君，大君，即随同周武王讨伐殷商的诸侯国国君。越，和。御事，泛指办理政务的官员。庶士，众多官员。明，努力。

③惟天地万物父母，惟人万物之灵：孔疏："万物皆天地生之，故谓天地为父母也。"孔传："生之谓父母。灵，神也。天地所生，惟人为贵。"

④亶（dǎn）聪明作元后，元后作民父母：亶，诚信。元，大。后，君。

⑤受：即指商纣王。

⑥沉湎冒色：沉湎，沉溺于酒。冒，贪求。色，指女色。

⑦罪人以族，官人以世：罪人，即惩罚人。族，族诛。官人，即授人以官职。

世，父死子继的世袭。

⑧惟宫室、台榭（xiè）、陂（bēi）池、侈服，以残害于尔万姓：台榭，即筑高台，以贵重木料在其上建造敞屋。陂池，池塘。侈服，华丽的服饰。万姓，即万民。

⑨焚炙忠良，刳剔（kū tī）孕妇：焚炙，谓商纣王制炮烙酷刑陷害忠良。忠良，谓如比干、九侯、鄂侯的忠臣。刳剔，相传商纣王剖孕妇之腹以观胎儿。刳，剖开身体。剔，分解骨肉，即去人肉至骨。

⑩命我文考，肃将天威，大勋未集：文考，指周文王。肃，敬。天威，上天的威罚。大勋，大功。未集，没有完成。集，完成，成就。

⑪肆予小子发，以尔友邦冢君，观政于商：肆，故，因此。予小子发，周武王姬发自称。观政，考察政情。

⑫悛（quān）：悔改。

⑬乃夷居，弗事上帝神祇（qí），遗厥先宗庙弗祀：乃，竟然。夷居，傲慢无礼。神祇，天地百神。遗，废弃。厥，其，指纣王。先，谓先祖。

⑭牺牲粢盛（zī chéng），既于凶盗：牺牲，古时用作祭祀的毛色纯一、体肢完备的牲口。粢盛，盛在祭器内的谷物。既，尽。凶盗，凶恶盗窃之人。

⑮有命：有天命。

⑯囚惩其侮：惩，戒止。侮，侮慢。

译文

十三年春天，周武王在孟津大会诸侯。

周武王说："啊！我友好诸侯国的国君，以及我的大小官员们，认真地听我的誓词。天地是万物的父母，人类是万物的灵长。真正睿智的人做君主，君主就是百姓的父母。如今商纣王不恭敬上帝，降灾祸于百姓。沉溺于酒，贪淫于色，敢于施行残暴虐杀之事，惩罚罪人以族灭之，授予官职父子世袭。大兴宫室、台榭、修筑陂池、服饰奢侈，以此残害黎民百姓。用炮烙酷刑残杀忠良，用剖腹剔骨之法残害孕妇。皇天震动发怒了，就命令我的先父文王，恭敬地奉行上天的惩罚，大功未能，文王就去世了。因此我小子姬发和你们这些友好的诸侯国国君，观察商朝的政事。商纣王怙恶不悛，傲慢不恭，不侍奉天地神灵，废弃先祖的宗庙不行祭祀。甚至连祭祀用的牲畜和黍稷也

都被恶人盗食了。他却仍说：‘我有臣民百姓，我有上天赐予的大命。’没有一点儿惩戒自己侮慢不恭之意。

"天佑下民，作之君，作之师①，惟其克相上帝，宠绥四方②。有罪无罪，予曷敢有越厥志③？同力度④德，同德度义。受有臣亿万，惟亿万心⑤；予有臣三千，惟一心⑥。商罪贯盈⑦，天命诛之；予弗顺天，厥罪惟钧⑧。

"予小子夙夜祗惧⑨。受命文考，类于上帝⑩，宜于冢土，以尔有众，底天之罚⑪，天矜⑫于民，民之所欲，天必从之。尔尚弼予一人，永清四海⑬。时⑭哉弗可失！"

注 释 ————————————————

①天佑下民，作之君，作之师：佑，佑助。作，设立。

②惟其克相上帝，宠绥四方：惟，希望。克，能。相，辅助，佑助。宠，爱，这里为爱护、保护之意。绥，安定。

③有罪无罪，予曷敢有越厥志：有罪无罪，即有罪或者无罪。曷，何。越，一说背离、违背之意；一说超过。厥，其，代指上帝。志，意图。

④度（duó）：估计，揣度。

⑤受有臣亿万，惟亿万心：人多心杂，喻指众叛亲离，离心离德。

⑥一心：即万众一心。

⑦商罪贯盈：贯，通。盈，满。贯盈，形容积累到了极限，这里指商纣王罪大恶极。

⑧予弗顺天，厥罪惟钧：顺，顺应。钧，通"均"，平等、相同的意思。厥罪惟

钧，那罪与纣王的罪相等。

⑨予小子夙夜祗（zhī）惧：予小子，武王自称。夙夜，早晚。祗，敬。惧，畏惧。

⑩受命文考，类于上帝：受命文考，谓周武王承受上帝赐予文王兴周灭纣，吊民伐罪的大命。类，古代谓因特别事故而祭天。

⑪以尔有众，厎（zhǐ）天之罚：以，因而。厎，致。

⑫矜：通"怜"，怜悯，同情。

⑬尔尚弼予一人，永清四海：尚，表示希望。弼，辅佐。予一人，周武王自称。

⑭时：时机。

译文

"上天护佑天下百姓，为百姓拥立君主来治理天下，为百姓选立导师来教化万民。希望他们能够辅佐上帝，爱护百姓，安定天下。有罪之人应当讨伐，无罪之人加以赦免，我怎么敢违背上天的旨意呢？力量相同就度量于德，行道得人心者胜出；德行相配就度量于义，举事符合道义者为强。商纣王有亿万臣民，却有亿万条心；我有臣民三千，却只有一条心。商纣王恶贯满盈，上天命令我诛杀他，我若不顺从上天，我的罪行就和商纣王相同。

"我早晚敬慎畏惧，承受先父文王的灭商大命，祭祀上天，祭祀社稷，率领你们诸位，奉行上天的旨意惩罚商。上帝怜悯民众，民众的愿望，上帝一定会顺从。希望你们辅助我，使四海永远安宁。时机啊，千万不可丧失！"

泰誓中

惟戊午，王次于河朔①，群后以师毕会②。王乃徇师而誓③。

曰："呜呼！西土有众，咸听朕言④。我闻吉人⑤为善，惟日不足；凶人为不善，亦惟日不足⑥。今商王受，力行无度⑦，播弃犁老，昵比罪人⑧，淫酗肆虐。臣下化之⑨，朋家作仇，胁权相灭⑩。无辜吁天，秽德彰闻⑪。

①惟戊（wù）午，王次于河朔：惟，语气助词，置于句首，无实义。戊午，古代以干支纪日。次，指行军途中逗留。这里有驻扎之意。河朔，谓黄河北岸。朔，北方。

②群后以师毕会：群后，各个诸侯国的国君。师，军队。毕，尽，全部。会，会集。

③王乃徇师而誓：徇师，即巡师，视察军队。徇，巡视。誓，盟誓。

④西土有众，咸听朕言：西土有众，西方的诸侯国。咸，皆，都。

⑤吉人：即善良之人。

⑥凶人为不善，亦惟日不足：孔传："凶人亦竭日以行恶。"

⑦今商王受，力行无度：力，尽力、竭力。无度，即不合法度。

⑧播弃犁老，昵（nì）比罪人：播弃，抛弃、弃置。犁老，面部又黑又黄的老年人。这里指年高德劭的老人。犁，通"黧"，色黑而黄。

⑨淫酗（xù）肆虐。臣下化之：淫，过度、过分。酗，沉迷于酒。肆虐，任意残害。肆，放纵。化，同化，意谓渐渐弃善从恶。

⑩朋家作仇，胁权相灭：朋，朋党。胁，挟持。权，权命、权力。

⑪无辜吁天，秽德彰闻：无辜，无罪。吁，呼吁，呼天诉苦。秽德，恶德，恶行。彰，显著、显明。闻，传布。

戊午日这一天，周武王统率大军驻扎在黄河北岸。各路诸侯率领他们的军队都来会合。武王便巡视各个诸侯国的军队并且发表誓言。

周武王说："啊！西方各个诸侯国的将士们，都注意倾听我的话语。我听说善人做好事，整天做还觉得时间不够；恶人做坏事，也是整天做还觉得时间不够。如今商纣王，竭尽全力干坏事，漫无法度，抛弃年高德劭的老臣，亲近奸恶逃窜的罪人，沉溺于酒，放肆暴虐。臣下效法，各自建立朋党，互为仇敌，胁迫君上的权命，相互诛杀。没有罪的人呼天喊冤，纣王的秽恶行径昭著天下。

　　"惟天惠民，惟辟奉天①。有夏桀，弗克若天，流毒下国②。天乃佑命成汤，降黜夏命③。惟受罪浮④于桀，剥丧元良，贼虐谏辅⑤，谓己有天命，谓敬不足⑥行，谓祭无益，谓暴无伤⑦。厥鉴惟不远，在彼夏王⑧。天其以予乂民⑨，朕梦协朕卜，袭于休祥，戎商必克⑩。受有亿兆夷人，离心离德⑪；予有乱臣十人，同心同德⑫。虽有周亲，不如仁人⑬。

　　"天视自⑭我民视，天听自我民听。百姓有过⑮，在予一人，今朕必往。

　　"我武维扬，侵于之疆⑯，取彼凶残；我伐用张，于汤有光⑰！

　　"勖哉夫子！罔或无畏，宁执非敌⑱。百姓懍懍，若崩厥角⑲。呜呼！乃一德一心，立定厥功，惟克永世⑳。"

注 释 ━━━━━━━━━━

①惟天惠民，惟辟奉天：惠，爱。辟，君王。奉，恭奉。

②有夏桀，弗克若天，流毒下国：克，能。若，顺从。流毒，传布毒害，传播灾难。下国，泛指天下四方。

③天乃佑命成汤，降黜夏命：降黜，废黜，罢免。夏命，夏朝的福命、国运。

④浮：过，超过。

⑤剥丧元良，贼虐谏辅：剥丧，伤害。丧，迫使离开国土。元良，大善之人，谓微子。贼虐，残酷杀害。谏辅，敢于谏正的大臣，指比干。谏，直言规劝。

⑥足：值得。

⑦伤：妨碍。

⑧厥鉴惟不远，在彼夏王：鉴，借鉴之意。夏王，指夏朝末代暴君桀。

⑨天其以予乂民：其，表示揣测的语气。以，用。乂，治理。

⑩朕梦协朕卜，袭于休祥，戎商必克：协，合，相合。卜，占卜。袭，重合，谓

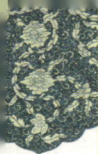

所梦与占卜一致的吉兆。休祥，美好吉祥。戎，兵，代指征伐。克，战胜。

⑪受有亿兆夷人，离心离德：亿兆，极言人数之多。夷人，平民。

⑫予有乱臣十人，同心同德：乱臣，治国的大臣。乱，治。十人，谓周公旦、召公奭、太公望、毕公、荣公、太颠、闳夭、散宜生、南宫适、邑姜。

⑬虽有周亲，不如仁人：周亲，至亲。仁人，仁爱有德之人。

⑭自：从。

⑮过：责备。

⑯我武维扬，侵于之疆：武，武力。扬，奋扬，举用。

⑰取彼凶残；我伐用张，于汤有光：取，擒拿。凶残，凶恶残暴，这里指殷商暴君纣王。伐，讨伐殷商。用，实施。用张，以施。汤，商王成汤。光，荣耀、光荣。

⑱勖（xù）哉夫子！罔或无畏，宁执非敌：勖，努力。夫子，指战士。罔，通"毋"，不。无畏，就是不足畏。执，秉持。非敌，无敌，即不是对手。

⑲百姓懔懔（lǐn），若崩厥角：懔懔，畏惧不安的样子。若，好像，如同。崩，崩摧。角，额头。

⑳乃一德一心，立定厥功，惟克永世：乃，你们。一德一心，即同德同心，同谋救民，同心诛暴。立，建。克，能够。永世，历世久远，犹言永远。

译 文

"上天惠爱百姓，君王恭奉天命。夏王桀不能顺从天意，传播邪恶于天下四方。上天就扶佑赐命于成汤，降下命令，废除夏朝的国运。商纣王罪行昭著，甚于夏桀。他伤害逼迫大善之臣，残暴杀害劝谏的辅臣，扬言自己享有上天赐予的大命，声称上天不值得敬奉，说祭祀没有益处，说暴虐没有伤害。纣王的前车之鉴并不远，就在夏桀身上。上天或许要使我来治理天下百姓，我的梦与我的卜兆相吻合，都兆示着吉祥。征讨商纣一定能取得胜利。商纣王有亿兆的百姓，却都离心离德；我仅有治理的大臣十人，都同心同德。商纣王虽有至亲之臣，不如我有仁义之士。

"上天所见，来自臣民百姓所见；上天所闻，来自臣民百姓所闻，百姓有怨言，是我一个人的责任，现在我必定要前往讨伐商纣。

"我们的武力要发扬，要进攻到商的疆界，擒拿凶残的纣王；我们的征讨将会大有

功绩，比成汤征伐夏桀更有光辉。

"努力吧！将士们！不能没有畏惧之心，宁可怀有一种敌强我弱的思想。老百姓害怕纣王的暴虐，他们畏惧不安，叩头好像崩石摧毁额角一样。啊！你们要一心一德，建立功业，就能够永垂后世。"

泰誓下

时厥明，王乃大巡六师，明誓众士①。

王曰："呜呼！我西土君子。天有显道，厥类惟彰②。今商王受，狎侮五常，荒怠弗敬③，自绝于天，结怨于民④。斫朝涉之胫，剖贤人之心⑤，作威杀戮，毒痛四海⑥。崇信奸回，放黜师保⑦，屏弃典刑，囚奴正士⑧。郊社不修，宗庙不享⑨，作奇技淫巧，以悦妇人⑩。上帝弗顺，祝降时丧⑪。尔其孜孜，奉予一人，恭行天罚⑫！

注 释

①时厥明，王乃大巡六师，明誓众士：时厥明，指己未日。六师，这里泛指西周建立后诸侯的军队。

②我西土君子。天有显道，厥类惟彰：西土，即西方的诸侯。君子，谓战士。显，明。道，道理。类，法则。彰，彰明，显扬。

③今商王受，狎侮五常，荒怠弗敬：狎侮，侮慢，亵渎。五常，谓父义、母慈、兄友、弟恭、子孝五种伦常道德。荒怠，荒废懈怠。弗敬，不敬。

④自绝于天，结怨于民：自绝，自我断绝。

⑤斫朝涉之胫（jìng），剖贤人之心：斫，砍，斩。朝，早上。涉，徒步过河。胫，小腿。

⑥作威杀戮，毒痛（pū）四海：毒痛，毒害。四海，极言范围之广。

⑦崇信奸回，放黜师保：崇，推崇。奸回，奸邪之人。回，邪僻。放黜，放逐贬斥。师保，古代负责教导贵族子弟的官职。

⑧屏（bǐng）弃典刑，囚奴正士：屏弃，废除抛弃。典刑，常法。囚奴，囚禁奴

役。正士，正直忠贞的贤良臣子，指箕子。

⑨郊社不修：郊，祭天。社，祭地。不修，不治。

⑩作奇技淫巧，以悦妇人：奇技，奇异的技能。淫巧，过度的工巧。泛指纣王各种荒淫暴虐的行为。以悦，用以取悦。妇人，指妲己。

⑪祝降时丧：祝，断然。时，通"是"，这，此。时丧，这丧亡的惩罚。

⑫尔其孜孜，奉予一人，恭行天罚：其，表希望、期望。孜孜，谓勤勉不怠。奉，辅助。天罚，上天的惩罚。

译文

时在戊午日的第二天，周武王大规模地巡视检阅西方诸侯六师，与众将士盟誓。

周武王说："啊！上天有显明的常道，这些常道法则应当宣扬。现在商纣王轻忽侮慢五常，荒废懈怠，心存不敬，自己弃绝于上帝，结怨于百姓。他砍断早晨涉水者的小腿，剖分贤人的心脏，威刑杀戮，毒害天下。他推崇宠信奸佞小人，放逐贬黜师保，摒除抛弃常法，囚禁奴役直谏之士，不举行祭祀天地大典，不供奉祖先宗庙献飨之食，制造奇异工巧之物来取悦妇人。上天厌弃他，断绝其命，降下丧亡的灾祸。你们应当努力辅助我，恭敬地奉行上帝的惩罚！

"古人有言曰：'抚我则后，虐我则仇①。'独夫受洪惟作威②，乃汝世仇。树德务滋，除恶务本③，肆予小子诞以尔众士，殄歼乃仇④。尔众士其尚迪果毅，以登乃辟⑤！功多有厚赏，不迪有显戮⑥。

"呜呼！惟我文考，若日月之照临，光于四方，显于西土⑦，惟我有周，诞受多方⑧。予克受，非予武，惟朕文考无罪⑨；受克予，非朕文考有罪，惟予小子无良⑩。"

注释

①抚我则后，虐我则仇：抚，抚育，爱护。则，就。后，君主。虐，虐待，残害。仇，仇敌。

②独夫受洪惟作威：独夫，指残暴凶狠、众叛亲离的统治者。受，即纣王。洪，大。

③树德务滋，除恶务本：务，致力于。树，培植，培养。滋，滋长。除，除绝。本，根本。

④肆予小子诞以尔众士，殄（tiǎn）歼乃仇：肆，故。诞，助词。殄，绝灭。

⑤尔众士其尚迪果毅，以登乃辟：尚，庶几。迪，进用。果毅，果敢，坚毅。登，成就。辟，君主。以登乃辟，谓以成就你们君王的功业。

⑥功多有厚赏，不迪有显戮：厚赏，重赏。不迪，不遵循。显戮，谓公开惩罚。

⑦惟我文考，若日月之照临，光于四方，显于西土：孔传："称父以感众也。言其明德充塞四方，明著岐周。"

⑧诞受多方：诞，大，引申为广泛。多方，指依附于西周的诸侯国。

⑨予克受，非予武，惟朕文考无罪：克，战胜。武，勇敢。罪，过失。无罪，没有过失。

⑩无良：不善。

译文

"古人曾言：'抚爱我们的就是我的君王，虐待我们的就是仇敌。'独夫商纣王大肆滥施威罚，就是你们世代的仇敌。建树美德，务求滋长；惩处邪恶，务求绝根。因而我率领众位将士，去歼灭你们的仇敌。诸位将士要果敢坚毅，来成就你们的君主。立功多的有重赏，畏缩不进的要公开刑杀。

"啊，我的先父文王，就像日月照临一样，光辉普及天下四方，显耀于西方各诸侯国。因此我们周国很爱护众诸侯国。倘若我战胜了商王，并不是我勇武，而是因为我的父亲清白无罪；倘若商王战胜了我，不是我的父亲有过失，只是因为我不善。"

武　成

　　惟一月壬辰，旁死魄①。越翼日癸巳，王朝步自周，于征伐商②。厥四月，哉生明③，王来自商，至于丰④。乃偃武修文⑤，归马于华山之阳，放牛于桃林之野，示天下弗服⑥。

　　丁未，祀于周庙⑦，邦甸、侯、卫，骏奔走，执豆、笾⑧。越三日庚戌，柴望，大告武成⑨。

注　释 ——————————

①惟一月壬辰，旁死魄：旁，近。死魄即死霸，指农历每月朔日。

②越翼日癸（guǐ）巳，王朝步自周，于征伐商：越，及。翼日，第二天。朝，早晨。周，周国，这里指西周的都城镐京。于，往。

③哉生明：哉生明，谓月亮开始发光。哉，通"才"，始。

④丰：都邑，即周文王伐崇侯虎而作丰邑。丰都有周代的先王庙。

⑤乃偃武修文：偃，停止，止息。修，修治。意谓停止武备，开始修治文德教化。

⑥归马于华山之阳，放牛于桃林之野，示天下弗服：华山，一说为西岳华山，一说为阳华山。阳华山在今商洛洛南县东北，与桃林之野南北相望。

⑦丁未，祀于周庙：孔传："四月丁未，祭告后稷以下、文考文王以上七世之祖。"

⑧执豆、笾：豆、笾都指古代的祭器。

⑨越三日庚戌，柴望，大告武成：柴，烧柴祭天。望，古代祭祀山川曰望。大告，遍告。

尚书·礼记◎尚书

译文

一月，壬辰日，是月亮没有光辉的那一天。到了第二天癸巳日，周武王早晨从周朝都城镐京出发，前往征讨商纣。四月，月亮开始发光这一天，周武王讨伐商纣归来，到了丰邑。于是，便停止武备，修治德政文教，把战马放归到华山的南面，把牛放归到桃林的郊野，向天下人公开明示不再驾驭乘用。

四月，丁未日。周武王在周庙举行了祭祀，邦甸、侯、卫等诸侯都来助祭，急忙奔走，陈设木豆、竹笾等祭器。又过了三天，在庚戌日这一天，举行了柴祭祭祀上天的大典，举行了望祭祭祀山川的大典，遍告伐商的成功。

既生魄，庶邦冢君，暨百工，受命于周①。

王若曰："呜呼！群后②。惟先王建邦启土③，公刘克笃前烈④。至于大王，肇基王迹。王季其勤王家⑤。我文考文王，克成厥勋⑥，诞膺天命⑦，以抚方夏。大邦畏其力，小邦怀其德⑧。惟九年，大统未集⑨。予小子其承厥志⑩。底商之罪，告于皇天后土、所过名山大川⑪，曰：'惟有道曾孙周王发，将有大正⑫于商。今商王受无道，暴殄天物，害虐烝民⑬。为天下逋逃主，萃渊薮⑭。予小子既获仁人，敢祇承上帝，以遏乱略⑮。华夏蛮貊罔不率俾。恭天成命⑯，肆予东征，绥厥士女⑰。惟其士女，篚厥玄黄，昭我周王⑱。天休震动，用附我大邑周⑲！惟尔有神，尚克相予，以济兆民，无作神羞⑳！'

"既戊午，师逾孟津。癸亥，陈于商郊，俟天休命㉑。甲子昧爽，受率其旅若林，会于牧野㉒。罔有敌于我师，前徒倒戈㉓，攻于后以北，血流漂杵㉔。一戎衣㉕，天下大定。乃反商政。政由旧㉖。释箕子囚，封比干墓，式商容闾㉗。散鹿台㉘之财，发钜桥之粟，大赉于四海，而万姓悦服㉙。

注释

①既生魄，庶邦冢君，暨(jì)百工，受命于周：既生魄，即十六日。庶邦，指各个诸侯国。冢君，邦君、大君。暨，和、与。百工，指百官。命，政命。

②后：君后，指诸侯。

③惟先王建邦启土：先王，指后稷。启，开。建邦启土，建立邦国，开启疆土。

④公刘克笃前烈：公刘，周族的先公名，后稷曾孙。笃，厚实。烈，业。谓公刘能够笃志于前人的功业。

⑤至于大王，肇基王迹。王季其勤王家：大王，即太王，古公亶父，王季的父亲，文王的祖父。肇，开始。肇基王迹，谓古公亶父率领周人止于岐山之下，定都周原。王季，即文王的父亲。王家，指周国。

⑥勋：功绩。

⑦诞膺天命：诞，其。膺，受。

⑧大邦畏其力，小邦怀其德：畏，畏惧。力，威力。怀，怀念。

⑨大统未集：大统，统一天下的大业。集，成功。

⑩志：这里谓文王统一天下的遗愿。

⑪厎（zhǐ）商之罪，告于皇天后土、所过名山大川：厎，致，获。商，商纣王。皇天后土，代指天地神祇。

⑫大正：大政，大事，指军事。

⑬暴殄天物，害虐烝民：殄，绝。天物，谓天下百物。烝，众，多。

⑭为天下逋逃主，萃渊薮（sǒu）：逋，亡，逃亡。萃，聚。渊薮，深水为渊，无水之泽谓薮。萃渊薮，比喻天下的罪人都奔逃到商纣王的身边，如同鱼类聚于渊，兽类集于薮。

⑮予小子既获仁人，敢祗（zhǐ）承上帝，以遏乱略：仁人，谓太公望、周公、召公这些贤佐。祗，恭敬。承，奉。遏，绝。

⑯华夏蛮貊（mò）罔不率俾。恭天成命：华夏，指中原，中国。蛮貊，谓少数民族。貊，谓北方少数民族。蛮，谓南方的少数民族。俾，从。恭，敬奉，奉行。成命，共同征讨商纣的天命。

⑰肆予东征，绥厥士女：肆，故。东征，即向东讨伐商纣王。绥，安。厥，其，代词。士女，古代对男女的称呼。

⑱惟其士女，篚（fěi）厥玄黄，昭我周王：篚，即圆形的竹筐，用来盛物。玄黄，谓黑色和黄色的丝帛。昭，通"诏"，帮助。

⑲天休震动，用附我大邑周：休，美，善。震动，震动民心。大邑周，周人自称。

⑳惟尔有神，尚克相予，以济兆民，无作神羞：克，能。相，相佐。济，救助。兆民，谓亿万民众。无作神羞，谓莫使神受到羞辱。

㉑既戊午，师逾孟津。癸亥，陈于商郊，俟天休命：既，不久。逾，跨过，渡过。孟津，古黄河的重要渡口，时周武王在此会八百诸侯。陈，布阵。商郊，商都朝歌之郊外。俟，等待。

㉒甲子昧爽，受率其旅若林，会于牧野：旅，指军队。若林，言兵士之多。会，会战。

㉓罔有敌于我师，前徒倒戈：前徒，谓前军。倒戈，指调转戈矛。

㉔攻于后以北，血流漂杵：后，后面的军队。北，败北。杵，舂杵。

㉕一戎衣：即一着戎装，表示一次用兵。

㉖乃反商政。政由旧：乃，于是。反，废除。由，用。旧，商朝先王的善政。

㉗释箕子囚，封比干墓，式商容闾：式，车前的横木，同"轼"。意指凭轼而望，以示敬意。比干，商纣王的叔父，著名贤臣，被纣王剖心。商容，商代贤臣。

㉘鹿台：商朝的府库，存钱币之用。

㉙大赉（lài）于四海，而万姓悦服：赉，赏赐。四海，指天下。万姓，指众多的百姓。悦服，心悦诚服。

译文

在十六日，各个诸侯国的国君和百官都到周朝国都来接受政命，朝觐武王。

武王这样说道："啊！众位诸侯！我的先王后稷建立邦国，开辟疆土，公刘能够坚守前人的功业。到了太王古公亶父之时，就开始建立王者的基业。王季能够勤劳经营王业。我的父亲文王能够成就先王的功业，承受上天的大命，安抚天下。大国畏惧他的威力，小国怀念他的仁德。文王在各个诸侯国归附的第九年辞世，统一天下的大业尚未成功。我小子姬发继承了他的遗志，把商纣王的罪行遍告皇天后土和所经过的名山大川。我说：'奉行天道的曾孙姬发，将要大举征讨商朝。现今商纣王昏庸无道，暴弃绝灭天物，伤害虐杀百姓，成为天下罪人逃犯的魁主，商都成为罪人聚居的地方。

我这小子得到仁人志士的辅佐，愿意恭奉上帝的旨意，制止暴乱。中原和四夷没有不遵从的。我奉行上帝的大命，因而东征商纣王，安定天下的百姓。那些男女民众用竹筐装着黑、黄二色的丝帛来帮助我周王朝。上帝的美德感动了天下民心，因而归附我们大周国啊！希望你们众位神明，都能够帮助我，救助天下万民，不要使你们神灵蒙羞！'

"不久，到了戊午日。周朝的各路军队都渡过了孟津。癸亥日这一天，在商都朝歌的郊外，都布好了阵势，等待天明。在甲子日的黎明时分，商纣王率领他那些如同林木的军队，会战于牧野。商纣王的军队没有愿意同我们周师为敌的，前军临阵倒戈，来攻击后面的军队，导致商纣王的军队溃败逃亡，血流成河，甚至可以漂起舂杵来。一次征讨殷商，就能使天下安定下来。于是，废除商纣王的暴政，恢复殷商先王的善政，释放被囚禁的贤士箕子，重新整修比干的坟墓，礼敬商容的里居，散发鹿台府库聚敛的财货，发放钜桥粮仓囤积的粟米，大加赏赐天下，万民心悦诚服。"

列爵惟五①，分土惟三②。建官惟贤③，位事惟能④。重民五教⑤，惟食丧祭⑥。惇信明义⑦，崇德报功⑧。垂拱⑨而天下治。

注 释

①列爵惟五：列爵，即班爵。惟，同"为"，五，指公、侯、伯、子、男五等诸侯。

②分土惟三：孔传："列地封国，公侯方百里，伯七十里，子男五十里，为三品。"

③建官惟贤：建，立。贤，任用贤才。

④位事惟能：位事，居位理事。惟能，即选用能人。

⑤重民五教：五教，指君臣、父子、夫妇、兄弟、长幼，五典之教也。

⑥惟食丧祭：孔传："民以食为命，丧礼笃亲爱，祭祀崇孝养，皆圣王所重。"

⑦惇信明义：惇，厚。惇信明义，即惇厚其信，显明其义。

⑧崇德报功：崇，尊崇。报，报答。

⑨垂拱：垂衣拱手。

周武王列出五等爵位，分封三品土地。设立只任用贤才的官职，只选用能人为官吏。重视对百姓施行五典的教化，以及民食、丧礼和祭祀三事。又敦厚诚信，显明义理，尊崇德行，回报有功之士，武王垂衣拱手，而天下就得到了治理。

旅 獒

惟克商，遂通道于九夷八蛮①。西旅厎贡厥獒②，太保乃作《旅獒》，用训于王③。

注 释 ———————

①惟克商，遂通道于九夷八蛮：克商，即周武王攻灭商朝。通道，开通道路。九夷，泛指古代东方的少数民族，即东夷。八蛮，即泛指古代南方的少数民族，即南蛮。

②西旅厎（zhǐ）贡厥獒：西旅，西戎的一支。厎，至，来。

③太保乃作《旅獒》，用训于王：太保，即召公奭（shì）。训，训诫、劝导。

译 文 ———————

周武王灭商之后，便开辟了通往周边各个少数民族地区的道路。西方的旅国来进献大犬，太保召公奭写了《旅獒》一书，来开导、劝谏周武王。

曰："呜呼！明王慎德，四夷咸宾①。无有远迩，毕献方物，惟服食器用②。王乃昭德之致于异姓之邦，无替厥服③；分宝玉于伯叔之国，时庸展亲④。人不易物，惟德其物⑤。

注 释

①明王慎德，四夷咸宾：慎德，修身敬德。四夷，四方的少数民族。咸，皆，都。宾，宾服、顺从。

②无有远迩，毕献方物，惟服食器用：迩，近。毕，尽、全部。献，贡献。惟，只，仅。

③王乃昭德之致于异姓之邦，无替厥服：昭，昭示。替，废弃。服，服事。谓诸侯职事。

④分宝玉于伯叔之国，时庸展亲：伯叔之国，谓与周武王同姓的诸侯国。展，展示。亲，亲情。

⑤人不易物，惟德其物：易，轻视。谓人不轻视这些事物，而以德来看待这些事物。

译 文

召公说："啊！圣明的君王敬慎自己的德行，四方的少数民族都来归顺。不论远近，都会献上地方物产，只是一些吃穿用度的日常用品而已。天子于是向这些异姓的诸侯分赐贡物，以昭示圣德，使他们不要荒废自己的职事；又分赐宝玉给同姓诸侯邦国，以此明示骨肉亲情。人们不轻看这些贡物，而是把这些贡物视为圣德的恩赐。

"德盛不狎侮①。狎侮君子②，罔以尽人心；狎侮小人③，罔以尽其力。不役耳目，百度惟贞④。玩人丧德，玩物丧志⑤。志以道宁，言以道接⑥。不作无益害有益，功乃成；不贵异物贱用物，民乃足⑦。犬马非其土性不畜⑧，珍禽奇兽不育于国⑨。不宝远物，则远人格⑩；所宝惟贤，则迩人安⑪。

注 释

①德盛不狎侮：狎侮，轻忽、怠慢。

②君子：指有地位的人，即统治者。

③小人：即底层的百姓。

④不役耳目，百度惟贞：耳目，谓感官获得声色。谓不放纵声色。百度，百事。

⑤玩人丧德，玩物丧志：玩人，玩弄人。玩物，玩弄器物。

⑥志以道宁，言以道接：道，指一种准则。接，酬应。

⑦不作无益害有益，功乃成；不贵异物贱用物，民乃足：孔传："游观为无益，奇巧为异物，言明王之道以德义为益，器用为贵，所以化治生民。"

⑧犬马非其土性不畜：土性，土生土长。畜，蓄养。

⑨珍禽奇兽不育于国：孔传："皆非所用，有损害故。"

⑩不宝远物，则远人格：宝，以之为宝。格，来，至。

⑪所宝惟贤，则迩人安：迩，近。安，指安居乐业。

译文

"君王德行隆盛，就不会轻视怠慢。轻视怠慢官员，就不能使他们尽心尽职；轻视怠慢百姓，就不能使他们竭尽劳力。君王不沉湎于声色欢娱，诸多政事都会处理得顺理成章。戏弄人就会丧失掉君主的德行；玩弄器物就会丧失抱负。自己的心志要合乎大道才能安定，自己的言论要合乎道理才能被人接纳。不做无益的事来妨害有益之事，如此事业就能够成就。不以奇珍异物为贵重，不以日常用品为轻贱，这样百姓才能富足。犬马等这些牲畜不是土生土长的就不要蓄养，珍禽奇兽更不能在国内蓄养。不以远方进献的贡物为珍宝，远方的人就能归顺；唯以贤才为宝贵，附近之人就会安居乐业。

"呜呼！夙夜罔或①不勤。不矜细行，终累大德②，为山九仞，功亏一篑③。允迪兹，生民保厥居，惟乃世王④。"

注释

①或：有。

②不矜细行，终累大德：不矜，即不慎重，轻忽。细行，细小的行为。累，连累，累及。

③为山九仞，功亏一篑：篑，盛土的竹筐。仞，八尺为一仞。

④允迪兹，生民保厥居，惟乃世王：允，信。迪，行。兹，此，即昭公的劝谏。生民，民众。保，安。厥，其。乃，你，指周武王。世王，即世代为王。

译 文

"啊，从早到晚一刻也不能不勤勉。不慎重自己微细的行为，终究会损害大的德行。譬如堆积九仞高的土山，只差一竹筐土，也不能说大功告成。您真的能履行这些劝告，百姓永保安居，您就可以世代称王了。"

微子之命

王若曰："猷！殷王元子①。惟稽古，崇德象贤②，统承先王，修其礼物③，作宾于王家④，与国咸休，永世无穷。

"呜呼！乃祖成汤，克齐圣广渊⑤，皇天眷佑，诞受厥命⑥。抚民以宽，除其邪虐⑦，功加于时，德垂后裔⑧。

"尔惟践修厥猷，旧有令闻⑨。恪慎克孝，肃恭神人⑩。予嘉乃德，曰笃⑪不忘。上帝时歆，下民祗协⑫，庸建尔于上公，尹兹东夏⑬。

注 释

①猷（yóu）！殷王元子：猷，语气助词。殷王，指帝乙。元子，谓长子，这里指微子。

②惟稽古，崇德象贤：稽，考察。稽古，稽考古代。崇，尊崇。象，效法。象贤，即效法贤人。

③统承先王，修其礼物：统，嫡系血统。先王，即商朝先代的贤王。统承先王，即继承先王的血统。修，行使。礼，典礼。物，文物。

④作宾于王家：宾，客。王家，指周王朝。

⑤呜呼！乃祖成汤，克齐（zhāi）圣广渊：孔传："言汝祖成汤能齐德圣达广大深远，泽流后世。"

⑥皇天眷佑，诞受厥命：眷，顾念。诞，乃。

⑦抚民以宽，除其邪虐：抚，抚爱。宽，宽政。除，除去。邪，邪恶。虐，残害。

⑧功加于时，德垂后裔：加，施加。时，此时，当时。垂，流传。

⑨尔惟践修厥猷，旧有令闻：尔，指微子。践，履。修，行。旧，过去。令闻，善誉，美好的名声。

⑩恪慎克孝，肃恭神人：恪，恭敬。慎，谨慎。克，能。肃，严。恭，敬。意谓以恭敬事神治人。

⑪笃：厚。

⑫上帝时歆，下民祗（zhī）协：歆，飨、享受。祗，敬。协，和。

⑬庸建尔于上公，尹兹东夏：庸，用。建，立，封立。上公，周制，三公八命，出封时加一命。尹，治理。东夏，宋国。

译文

周成王这样说道："啊！殷王帝乙的长子。考察古代殷商的历史，能够尊崇圣德，效法贤德之人。继承殷商先王的血统，完善他们的典礼文物。作我们王家的宾客，和国家共同荣耀，世世代代，都无穷无尽。

"啊！你的祖先成汤，能做到敬德、圣明、广大、深远，伟大的上帝佑助顾念于他，他承受上帝赐予的大命。他以宽仁的施政抚爱百姓，除掉邪恶暴虐之徒。他的功绩施行于当时，德泽流传于子孙后世。

"你履行成汤的德政，久有美名，谨慎能孝，恭敬神灵和百姓。我欣赏你的美德，深深地不能忘怀。上天时常享受您的祭祀，天下的百姓恭敬和睦，因此立你为上公，统治宋国这一带。

"钦哉！往敷乃训①。慎乃服命，率由典常，以蕃王室②。弘乃烈祖，律乃有民③，永绥厥位，毗予一人④。世世享德，万邦作式⑤，俾我有周无斁⑥。

"呜呼！往哉惟休，无替朕命。"

①钦哉！往敷乃训：钦，敬。往，前往。敷，布。乃，你的。训，训诫、教诲。

②慎乃服命，率由典常，以蕃王室：服，职位、职事。慎乃服命，意谓慎重地执行你的职务和使命。率，循。由，用。蕃，通"藩"，屏障。这里意谓作为周王室的屏障。王室，周王室。

③弘乃烈祖，律乃有民：弘，大。烈祖，英明、有功绩的祖先。

④永绥厥位，毗（pí）予一人：永，长久。绥，安。厥，其。毗，辅弼。予一人，周成王自称。

⑤世世享德，万邦作式：万邦，天下四方。式，楷模、榜样。

⑥俾我有周无斁（yì）：无，通"毋"，不要。斁，废弃。

译 文

"敬慎啊！前去发布你的政令，慎重履行你的职事和使命，遵从常法，以此作我们周王室的屏障。你还要弘扬你英明先祖成汤显赫的功绩，用法律来约束你的臣民，永远安居于上公之位，辅佐我一人。这样你的子孙世世代代享受你的功德，天下四方都会以你为榜样，服从我们周王朝毫不懈怠。

"啊！前去吧，应当施行美政，不要废弃我的教令。"

蔡仲之命

惟周公位冢宰，正百工①，群叔流言。乃致辟管叔于商②；囚蔡叔于郭邻，以车七乘③；降霍叔于庶人，三年不齿④。蔡仲克庸祗德，周公以为卿士⑤。叔卒，乃⑥命诸王邦之蔡。

注 释

①惟周公位冢宰，正百工：冢宰，官名，也叫大宰，周代百官之长。正，即统领。百工，即百官。

②群叔流言。乃致辟管叔于商：群叔，指管蔡等人。乃，于是。

③囚蔡叔于郭邻，以车七乘：蔡叔，周文王之子，武王之弟。此句谓将叛臣蔡叔囚禁起来，并把他流放到边远之地，仅配以七乘车相从。

④降霍叔于庶人，三年不齿：降，下。霍叔，周文王之子，武王之弟。庶人，即平民。齿，录用。即三年之后才被录用。

⑤蔡仲克庸祇（zhī）德，周公以为卿士：蔡仲，即蔡叔度之子胡。克，能。庸，用。祇，敬。卿士，有王室的卿士，也有诸侯之卿士。这里指鲁国的卿士。

⑥乃：于是。

译 文

周公位居大宰、统率百官的时候，几个弟弟对他散布流言。周公于是到达商地，杀了管叔；囚禁了蔡叔，用车七辆把他送到郭邻；把霍叔降为庶人，三年不许录用。蔡仲能够经常重视德行，周公任用他为卿士。蔡叔死后，周公便告诉成王封蔡仲于蔡国。

王若曰："小子胡①！惟尔率德改行，克慎厥猷②，肆予命尔侯于东土③。往即乃封④，敬哉！尔尚盖前人之愆⑤，惟忠惟孝。尔乃迈迹自身，克勤无怠，以垂宪乃后⑥。率乃祖文王之彝训，无若尔考之违王命⑦！

注 释

①小子胡：即年轻的蔡仲。

②惟尔率德改行，克慎厥猷：尔，你。率，循。克，能。慎，谨慎。猷，道。

③肆予命尔侯于东土：肆，故。侯，这里用为动词，封为诸侯。

④往即乃封：往，前往。即，就。封，封国。

⑤尔尚盖前人之愆：尚，表示希望。盖，掩盖。前人，指蔡叔度。愆，罪过。

⑥尔乃迈迹自身，克勤无怠，以垂宪乃后：迈迹，行迹。自，从、以。克，能。怠，懈怠。垂，流传。宪，法。乃后，你的后代。

⑦率乃祖文王之彝训，无若尔考之违王命：率，循。乃祖，你的祖父。彝，常法。训，教导。无，毋。若，像。尔考，你的父亲，指蔡叔度。

成王这样说："年轻的姬胡！你遵循祖德改变你父亲的行为，能够谨守臣子之道，所以我任命你到东土去做诸侯。你前往你的封地，要敬慎呀！你当掩盖前人的罪过，思忠思孝。你要使自身迈步前进，能够勤劳不息，用以留下模范给你的后代。你要遵循你祖父文王的常训，不要像你的父亲那样违背天命！

"皇天无亲，惟德是辅①；民心无常，惟惠之怀②。为善不同，同归于治③；为恶不同，同归于乱④。尔其戒哉⑤！

"慎厥初，惟厥终，终以不困；不惟厥终，终以困穷⑥。懋乃攸绩，睦乃四邻，以蕃王室，以和兄弟⑦，康济小民。率自中，无作聪明乱旧章⑧。详乃视听，罔以侧言改厥度。则予一人汝嘉⑨。"

王曰："呜呼！小子胡。汝往哉！无荒弃朕命⑩。"

注 释

①皇天无亲，惟德是辅：皇，大。亲，亲近。辅，辅佐。

②惟惠之怀：惠，爱。怀，安。

③同归于治：归，归结。治，治理。

④乱：祸乱。

⑤尔其戒哉：其，表示祈使的语气词。戒，警戒、戒备。

⑥慎厥初，惟厥终，终以不困；不惟厥终，终以困穷：慎，谨慎。厥，其。初，开始。惟，思。终，结果。困，困难，困境。

尚书·礼记 ◎ 尚书

⑦懋乃攸绩，睦乃四邻，以蕃王室，以和兄弟：懋，勉力。攸，所。绩，功。睦，和睦。四邻，指蔡国的四方邻国。兄弟，谓同姓诸侯国。

⑧康济小民。率自中，无作聪明乱旧章：康，安。济，成。率，循。自，用。旧章，指先王的成法。

⑨则予一人汝嘉：予一人，成王自称。嘉，善。汝嘉，当为嘉汝之倒语。

⑩无荒弃朕命：荒弃，废弃。命，即上述训命。

译文

"皇天无亲无疏，只辅助有德的人；民心没有常主，只是怀念仁爱之主。做善事虽然各不相同，都会达到安治；做恶事虽然各不相同，都会走向动乱。你要警戒呀！

"谨慎对待事物的开初，也要考虑它的终局，终局因此不会困窘；不考虑它的终局，终将困穷。勉力做你所行的事，和睦你的四邻，以保卫周王室，以和谐兄弟之邦，而使百姓安居成业。要循用中道，不要自作聪明扰乱旧章。要审慎你的视听，不要因片面之言改变法度。这样，我就会赞美你。"

成王说："啊！年轻的姬胡。你去吧！不要废弃我的教导！"

周 官

惟周王抚万邦，巡侯甸，四征弗庭①，绥厥兆民。六服群辟，罔不承德。归于宗周，董正②治官。

王曰："若昔大猷③，制治于未乱，保邦于未危。曰唐虞稽古，建官惟百。内有百揆四岳，外有州牧侯伯。庶政惟和，万国咸宁。夏商官倍，亦克用乂。明王立政，不惟其官，惟其人。今予小子，祗勤于德，夙夜不逮④。仰惟前代时若，训迪⑤厥官。

注 释

①庭：朝廷，引申为朝见。

②董正：监督纠正，督察整顿。

③大猷：治国大道。

④不逮：比不上，
不及。

⑤训迪：教诲启迪。

译 文

　　周成王安抚万国，巡视侯服、
甸服等诸侯，四方征讨不来朝见的诸侯，以安定
天下的老百姓。六服的诸侯，无人不承受他的恩
德。成王回到王都丰邑，又督导整顿治事的官员。

　　成王说："顺从以前的规矩，要在未出现动乱的时候制定治理
的办法，在未出现危机的时候安定国家。尧舜稽考古代制度，建立了上百个官职。内
有百揆和四岳，外有州牧和侯伯。各种政策适合，天下万国都安宁。夏代和商代，官数
增加一倍，也能用来治理。明君设立官员，不考虑他的官员之多，而考虑任用贤人。现
在小子我恭敬勤奋施行德政，起早睡晚都像有所不及。仰思顺从前代，明确建立我们
的官制。

　　"立太师、太傅、太保，兹惟三公，论道经邦，燮理①阴阳，官不必备，
惟其人。

　　"少师、少傅、少保，曰三孤。贰公弘化，寅亮②天地，弼予一人。

　　"冢宰③掌邦治，统百官，均四海。司徒掌邦教，敷五典，扰兆民④。
宗伯掌邦礼，治神人，和上下。司马掌邦政，统六师，平邦国。司寇掌邦
禁，诘奸慝⑤，刑暴乱。司空掌邦土，居四民，时地利。六卿分职，各率其
属，以倡九牧，阜成⑥兆民。

注 释

①燮（xiè）理：协和治理。

②寅亮：恭敬信奉。

尚书·礼记◎尚书

③冢宰：为六卿之首，亦称太宰。

④兆民：百姓。

⑤奸慝：指奸恶的人。

⑥阜（fù）成：使富厚安定。

译文

"设立太师、太傅、太保，这是三公。阐明重要道理，治理国家，调和矛盾。三公职位可以空缺，所任之人必须适当。

"设立少师、少傅、少保，叫作三孤。他们协助三公弘扬教化，敬明天地的事，辅助我一人。

"冢宰主管国家的治理，统率百官，安定四海。司徒主管国家的教育，传布五常的教训，使万民和顺。宗伯主管国家的典礼、祭祀，调和上下尊卑的关系。司马主管国家的军政，统率六师，平服诸侯。司寇主管国家的法禁，查办奸邪为恶的人，刑杀暴乱之徒。司空主管国家的土地，安置士农工商，依时发展地利。六卿分管职事，各自统率他的属官，以倡导九州之牧，大力安定百姓。

"六年，五服①一朝。又六年王乃时巡，考制度于四岳。诸侯各朝于方岳，大明黜陟。"

王曰："呜呼！凡我有官君子，钦乃攸司。慎乃出令。令出惟行，弗惟反。以公灭私，民其允怀②。学古入官，议事以制，政乃不迷。其尔典常作之师，无以利口乱厥官。蓄疑败谋，怠忽荒政。不学墙面，莅③事惟烦。

"戒尔卿士：功崇惟志，业广惟勤。惟克果断，乃罔后艰。位不期骄，禄不期侈，恭俭惟德！无载尔伪，作德心逸日休④，作伪心劳日拙⑤，居宠思危，罔不惟畏，弗畏入畏。推贤让能，庶官乃和，不和政庞⑥。举能其官，惟尔之能。称匪其人，惟尔不任。"

王曰："呜呼！三事暨⑦大夫：敬尔有官，乱⑧尔有政，以佑乃辟。永康兆民，万邦惟无斁⑨。"

①五服：侯、甸、男、采、卫五类诸侯国。

②允怀：归顺。

③莅：到。

④心逸日休：不费心机，反而越来越好。

⑤心劳日拙：心劳，费尽心机。日，逐日。拙：笨拙。多指做坏事的人，虽然使尽坏心眼，到头来不但捞不到好处，处境反而一天比一天糟。

⑥厖（máng）：杂，乱。

⑦暨：和。

⑧乱：治理。

⑨斁（yì）：厌倦，懈怠，厌弃。

译 文

"每六年，五服诸侯来朝见一次。又隔六年，天子按照四时巡视天下，在四岳考正制度礼法。诸侯各在所属方向的大岳朝见，王对诸侯进行升降赏罚。"

成王说："啊！凡在职的大小官员们，要认真对待你们所管理的工作，慎重对待你们发布的命令。命令一发出，就必须执行，不允许违抗。用公正消除私情，人民将会信任归服。先学古代治法再入仕途，议论政事依据法制，政事就不会迷乱。你们要师法旧典常法，不要以巧言干扰你的官员。迟疑不决，必定败坏所谋，懈怠疏忽，必定废弃政事。不学习就如同面墙而站，什么也看不见，遇事就会烦乱。

"告诉你们各位卿士：功高在于有志，业大由于勤劳。能够果敢决断，就没有后来的艰难。居官不当骄傲，享禄不当奢侈，恭和勤俭是美德，不要行使诈伪。做好事心安理得，日子会越过越好，做伪诈的事心虚，一日就不如一日。当你处于尊宠的高位时，要居安思危，想到日后的危险，为人处事应怀敬畏，不知道敬畏，就会进入危险的境地。推举贤明而让能者，众官就会和谐；众官不和，政事就复杂了。选拔的官员称职，那是你们有才能；不称职，这是你们不能胜任。"

成王说："啊！三公和大夫们，你们要恪尽职守，治理好政事，来辅助你们的君主，使广大百姓长远安宁，让天下不厌弃周朝之德。"

君　陈

王若曰："君陈！惟尔令德孝恭。惟孝，友于兄弟，克施有政。命汝尹①兹东郊，敬哉！昔周公师保②万民，民怀其德。往慎乃司！兹率厥常，懋昭③周公之训，惟民其乂。

"我闻曰：'至治馨香，感于神明。黍稷非馨，明德惟馨。'尔尚式时周公之猷④训，惟日孜孜，无敢逸豫！凡人未见圣，若不克见；既见圣，亦不克由圣。尔其戒哉！尔惟风，下民惟草。图厥政，莫或不艰，有废有兴，出入自尔师虞，庶言同则绎⑤。尔有嘉谋嘉猷，则入告尔后于内，尔乃顺之于外，曰：'斯谋斯猷，惟我后之德。'呜呼！臣人咸若时，惟良显哉！"

王曰："君陈！尔惟弘周公丕训！无依势作威，无倚法以削。宽而有制，从容以和。殷民在辟，予曰辟⑥，尔惟勿辟；予曰宥⑦，尔惟勿宥；惟厥中。有弗若于汝政，弗化于汝训，辟以止辟，乃辟。狃于奸宄⑧，败常乱俗，三细不宥。尔无忿疾于顽，无求备于一夫。必有忍，其乃有济；有容，德乃大。简厥修，亦简其或不修。进厥良，以率其或不良。

"惟民生厚，因物有迁；违上所命，从厥攸好。尔克敬典在德，时乃罔不变。允升于大猷，惟予一人膺⑨受多福，其尔之休，终有辞于永世。"

注　释

①尹：治理。

②师保：教养。

③懋昭：勉力宣明。

④猷：计谋，谋划。

⑤绎：理出头绪。

⑥辟：处罚。

⑦宥：宽宥。

尚书·礼记◎尚书

⑧狃于奸宄（guǐ）：狃，因袭。奸宄，违法作乱的事情。

⑨膺：接受，承当。

译 文

成王这样说："君陈！你有孝顺恭敬的美德。因为你孝顺父母，又友爱兄弟，有这样的美德，你可以来朝廷从政为官。我命令你治理东郊成周，你要敬慎呀！从前周公做万民的师保，人民怀念他的美德。去上任吧！慎重地对待职位，遵循周公的常道，勉励宣扬周公的教导，人民就会安定。

"我听说：最好的治世之法，如同沁人心肺的馨香，感动天上神明；黍稷的香气，不是远闻的馨香，明德才是远闻的馨香。你要效法这一周公的教训，日日孜孜不倦，不要安逸享乐！凡人未见到圣道，好像不能见到一样；已经见到了圣道，又不能遵行圣人的教导。你要戒惧呀！百姓如同是草，你就像是风，草随风而动，上行下效，一言一行不可不慎重。治理政事，没有一件不难，有废除，有兴办，这需要你反复地同众人商讨，大家意见相同，还需深思一番，才可施行。你有好谋好言，就要进入宫内告诉你的君主，你于是在外面顺从君主，并且说：'这样的好谋，这样的好言，是我们君主的美德。'啊！臣下都像这样，就会臣贤君明！"

成王说："君陈！你当弘扬周公的大训！不要倚势作恶，不要倚法侵害人民。要宽大而有法制，从容而又和谐。殷民犯了罪，我说要处罚，你不要不经审问就进行处罚；我说赦免，你也不要不经审察就直接赦免他；你应当公平合理地判决。有人不服从你颁布的政令，不接受教化，那就该惩罚他，如此可以防止其他犯法。有人惯于做奸宄犯法的事，破坏常法，败坏风俗，这三项中的小罪，也不宽宥。对于冥顽不灵的人，不要愤怒记恨，不要向一人求全责备；人君一定要有所忍耐，事才能有成；有所宽容，德才算是大。鉴别有德行的人，也要鉴别德行有亏的人；任用那些贤良的人，去来勉励贤良不足的人。

"百姓本性敦厚，易受外物的影响而有所改变，以至于违抗君命。你要引导百姓的喜好，使其顺从君命。你能够敬重常法和省察自己的德行，这些人就不会不变。你的政教就能提升到大道的境界，我也可享受厚福，你的美名也会百世称道。"

尚书·礼记 ◎ 尚书

毕 命

惟十有二年，六月庚午，朏^①。越三日壬申，王朝步自宗周，至于丰，以成周之众，命毕公保釐^②东郊。

王若曰："呜呼！父师，惟文王、武王，敷大德于天下，用克受殷命。惟周公左右^③先王，绥定厥家，毖^④殷顽民，迁于洛邑，密迩王室，式化厥训。既历三纪，世变风移，四方无虞，予一人以宁。道有升降，政由俗革，不臧厥臧，民罔攸劝。惟公懋德，克勤小物，弼亮四世，正色率下，罔不祗^⑤师言。嘉绩多于先王，予小子垂拱仰成。"

王曰："呜呼！父师。今予祗命公以周公之事，往哉！旌别淑慝^⑥，表厥宅里，彰善瘅^⑦恶，树之风声。弗率训典，殊厥井疆，俾克畏慕。申画郊圻，慎固封守，以康四海。政贵有恒，辞尚体要，不惟好异。商俗靡靡，利口惟贤，余风未殄^⑧，公其念哉！

注 释

①朏（fěi）：天将明。

②保釐：治理百姓，保护扶持使之安定。

③左右：相帮，相助。

④毖（bì）：教导；告诫。

⑤祗：恭敬。

⑥旌别淑慝（tè）：旌别，识别。淑慝，善恶。

⑦瘅：憎恨。

⑧殄：尽，绝。

译 文

康王十二年六月庚午日，月亮新放光明。到第三天壬申日，康王早晨从镐京行到丰邑，把成周的民众交代给毕公，命令太师毕公安置于东郊。

康王这样说："啊！父师。文王武王行大德于天下，因此能够承受殷的王命，代理殷王。周公辅助先王安定国家，告诫殷商顽民，迁徙到洛邑，靠近王都便于监督管理，他们逐渐被周公感化。自从迁徙以来，已经过了三十六年。人世变化，风俗转移，今四方没有忧患，我因此感到安宁。治道有起有落，政教也随着风俗改革。如果不能褒奖善良，树立起以善为美的榜样，百姓将无向善之心。毕公您德高望重，不但能将大小事务处理得妥妥当当，而且先后辅助过四代天子，严正地率领下属，臣下没有人不敬重师训。你的美好功绩被先王所重视，小子我才疏学浅，比不上先王，对您敬仰万分，仰望您的功绩。"

康王说："啊！父师。我把周公治理殷民的重任委托给您，您现在就去上任吧！您到那里，要识别善恶之人，对善民要加以表彰，让他荣耀乡里。奖善罚恶，树立以善为美的良好风气。对于顽固不化的人，将他们和善民隔离开，让他们住在那里继续教化，使他们懂得善恶，服从管束。你还要明确地划分出郊区与城市的分界，大力加强军事力量，从而安定天下。为政者当重视前人定下的常法，发布的政令应当突出重点，不要标新立异。殷商遗民奢侈之风甚盛，以善辩为贤。虽然经多年的整治，收效甚微，时至今日此歪风仍未断绝。您可得想想办法啊！

"我闻曰：'世禄之家，鲜克由礼。'以荡陵德，实悖天道。敝化奢丽，万世同流。兹殷庶士，席宠①惟旧，怙侈②灭义，服美于人。骄淫矜侉，将由恶终。虽收放心，闲之惟艰。资富能训，惟以永年。惟德惟义，时乃大训。不由古训，于何其训？"

王曰："呜呼！父师。邦之安危，惟兹殷士。不刚不柔，厥德允修。惟周公克慎厥始，惟君陈克和厥中，惟公克成厥终。三后协心，同底于道，道洽政治，泽润生民。四夷左衽③，罔不咸赖，予小子永膺多福。公其惟时成周，建无穷之基，亦有无穷之闻。子孙训其成式④，惟义。呜呼！罔曰弗克，惟既厥心；罔曰民寡，惟慎厥事。钦若先王成烈，以休于前政！"

注释

①席宠：倚仗恩宠。

②怙侈：放纵奢欲。

③左衽：我国古代部分少数民族的服装，前襟向左掩，不同于中原一带人民的右衽。

④成式：旧有的法规。

译文

"我听说：'世代享有禄位的人家，很少能够遵守礼法。'他们放荡不羁，仗势欺人，欺辱有德之人，实在是有违天地正道。腐败的风俗奢侈华丽，万世相同。殷商的士族们，享受先人的福泽太久了，已经堕落了。他们凭仗强大的势力，灭绝德义，穿着奢侈无度，而且骄横放荡，目中无人，无人管束则行恶一生。这些人已经无药可救，即使加以惩戒也只能让他们收敛一时，很难让他们改过自新。对于有钱有势又能接受我朝管束的人，自当让其福寿绵绵。重视德，重视义，这是天下的大训；如果连这个古训都不听，那么他们还会听什么呢？"

康王说："啊！父师。教化殷民责任重大，关乎国家安危，不可不慎重。施政当刚柔相济，有赏有罚，如此方能政令通达。当初，周公谨慎地教化殷民；接着，周公之子君陈和谐治理殷民，使其与我朝和睦相处；如今，就要靠毕公您完成这教化的最终使命。三位齐心协力，先后教导殷民，治理殷民，政治清明，如春风化雨，润泽百姓。四方的少数民族，也受到您的福泽，我这个年轻人也托您的福，永远享受大福。您要理好成周殷民事宜，建立我周王朝万世基业。功成则永享美名，流芳百世。后世子孙遵从您制定的治国方略，天下就该安定了。啊！您不要谦虚地说不能胜任此重任，应当尽心尽力地去做；不要说百姓少，当慎重政事。认真治理好先王的大业，要超越前人，使它更加美好！"

君 牙

王若曰："呜呼！君牙。惟乃祖乃父，世笃①忠贞，服劳王家，厥有成绩，纪于太常。惟予小子，嗣守文、武、成、康遗绪，亦惟先正之臣，克左右乱四方。心之忧危，若蹈虎尾，涉于春冰。

"今命尔予翼②，作股肱心膂③。缵乃旧服，无忝祖考！弘敷五典，式和民则。尔身克正，罔敢弗正；民心罔中，惟尔之中。夏暑雨，小民惟曰怨咨④；冬祁寒，小民亦惟曰怨咨。厥惟艰哉！思其艰以图其易，民乃宁。呜呼！丕显哉！文王谟⑤；丕承哉！武王烈。启佑⑥我后人，咸以正罔缺。尔惟敬明乃训，用奉若于先王。对扬文、武之光命，追配于前人。"

王若曰："君牙！乃惟由先正旧典时式，民之治乱在兹。率乃祖考之攸行，昭⑦乃辟之有乂。"

注 释

① 笃：忠实，一心一意。

② 翼：帮助，辅佐。

③ 股肱心膂（lǚ）：辅佐君主的大臣，左右辅助得力的人。

④ 怨咨：怨恨嗟叹。

⑤ 谟（mó）：计谋，策略。

⑥ 启佑：开导佑助。

⑦ 昭：明显，显著。

译 文

穆王这样说："啊！君牙。你的祖父和你的父亲，世世纯厚忠正；服劳于王家，为我周王朝立下汗马功劳，这些功绩都记录在我王家的旌旗之上。我这个年轻人继守文、武、成、康的遗业，却没有能臣辅佐，助我治理天下。这让我既忧愁又恐惧，好似踩到老虎的尾巴，又如同走在春天的薄冰上，忐忑不安。

"现在我命令你辅助我，做我的心腹重臣。要继续你旧日的行事，不要累及你的祖考！普遍传布五常的教育，用为和谐人民的准则。你自身能正，人民不敢不正；民心没有标准，只考虑你的标准。夏天大热大雨，小民只是怨恨嗟叹；冬天大寒，小民也只是怨恨嗟叹。治民艰难呀！你要想到他们的艰难，因而谋求那些治理的办法，人民才会安宁。啊！光明呀！我们文王的谋略；相承呀！我们武王的功业。它可以启示佑助我们后人，使我们都依从正道而无邪缺。你当不懈地宣扬你的教训，以此恭顺于先王。你只要敬明五典教化，来奉顺先王，就可以弘扬文王、武王的光明教导，与你的祖辈和父辈相配匹了。"

穆王这样说："君牙！你当奉行先正的旧典善法，人民治乱的关键，就在这里。你应当遵循你祖辈和父辈的行为，指导你的君王立下治功。"

冏 命

王若曰："伯冏！惟予弗克于德。嗣先人宅丕后，怵惕①惟厉，中夜以兴，思免厥愆②。

"昔在文、武，聪明齐圣，小大之臣，咸怀忠良。其侍御仆从罔匪正人，以旦夕承弼③厥辟，出入起居罔有不钦，发号施令罔有不臧④。下民祇若，万邦咸休。

"惟予一人无良，实赖左右前后有位之士，匡其不及。绳愆⑤纠谬，格其非心，俾克绍先烈。

"今予命汝作大正，正于群仆侍御之臣。懋乃后德交修不逮。慎简乃僚，无以巧言令色、便辟侧媚⑥，其惟吉士。仆臣正，厥后克正；仆臣谀，厥后自圣。后德惟臣，不德惟臣。尔无昵于憸人，充耳目之官，迪上以非先王之典。非人其吉，惟货其吉，若时，瘝⑦厥官，惟尔大弗克祇厥辟；惟予汝辜。"

王曰："呜呼！钦哉！永弼乃后于彝宪⑧。"

①怵惕：恐惧警惕。

②愆：罪过，过失。

③承弼：辅佐上级。

④臧：善，好。

⑤绳愆：木工用的墨线，引申为按一定的标准去衡量、纠正。

⑥便辟侧媚：逢迎谄媚。

⑦瘝（guān）：旷废。

⑧彝宪：常法。

译 文 ━━━━━━━━━━━━━━━━━━

穆王这样说："伯冏！我不能够敬修德行，继承先人处在大君的位置，忧惧会有危险，甚至半夜起来，想法子避免过失。

"从前在文王、武王的时候，他们聪明、通达、圣明，小臣大臣都怀着忠良之心。他们的侍御近臣，没有人不是正人，用他们早晚侍奉辅佐他们的君主，所以君主出入起居，没有不敬慎的事；发号施令，也没有不好的。老百姓恭敬顺服，万国和洽休美。

"我没有好的德行，实在要依赖左右前后的官员，匡正我的不足。纠正过错，端正我不正确的思想，使我能够继承先王的功业。

"今天我任命你做太仆长，领导近臣。你们要勉励你们的君主增修德行，共同勉励做得不够的地方。你要慎重选择你的部属，不要任用巧言令色、阿谀奉承的人，要都是贤良正士。仆侍近臣都正，他们的君主才能正；仆侍近臣谄媚，他们的君主就会自以为圣明。君主有德，是因为臣下；君主失德，也是因为臣下。你不要亲近小人，充当我的视听之官，不要引导君上违背先王之法。如果不以贤人最善，只以货财最善，像这样，就会败坏我们的官职，就是你十分不敬重你的君主：我将惩罚你。"

穆王说："啊！要认真呀！永远辅助你的君王实行常法。"

礼 记

《礼记》是以儒家理论为主的论文汇编，相传由西汉礼学家戴圣编纂，至于作者，历来莫衷一是。总的来看，除了少数单篇作者可以确定之外，大多数篇章的作者已不可考。今本《礼记》共四十九篇，其中《曲礼》《檀弓》《杂记》三篇又分上、下，因此实际只有四十六篇。《礼记》主要描写先秦的礼制，是研究古代礼制的重要文献。今选其精华以观之。

曲礼上

《曲礼》曰：毋不敬，俨若思，安定辞，安民哉。

敖^①不可长，欲不可从^②，志不可满，乐不可极。

贤者狎而敬之，畏而爱之。爱而知其恶，憎而知其善。积而能散，安安而能迁。临财毋苟得，临难毋苟免。很毋求胜，分毋求多。疑事毋质^③，直而勿有。

注 释

①敖（ào）：与"傲"同，骄傲之意。

②欲不可从（zòng）：欲望不可放纵。从，同"纵"。

③质：判断，郑玄注"成也"。

译 文

《曲礼》说：一切行为准则全都以"敬"为基础，态度要端庄持重像若有所思的样子，说话亦要安详而慎重。这样才能安定民心啊！

傲慢不能滋长，欲望不能放纵，志意不能自满，享乐不能过度。

对贤良的人要和他亲密而且敬重他，畏服而又爱慕他。对于自己所爱的人，要能分辨出其短处；对于厌恶的人，亦要能看出他的好处。能积聚财富就要能分派财富以造福于全民，虽然适应于安乐显荣的地位，但也要能适应不同的境遇。遇到财物不要随便据为己有，遇到危难不要轻易躲避。与人争执不必追求胜利，分派财物不要求得到很多。有疑问的事情不要臆断，已经明白的事情不要自以为是。

若夫^①坐如尸^②，立如齐^③。礼从宜，使从俗。

夫礼者，所以定亲疏、决嫌疑、别同异、明是非也。礼，不妄说^④人，不辞费。礼，不逾节，不侵侮，不好狎。修身践言，谓之善行。行修言道，礼之质也。

礼，闻取于人，不闻取人。礼，闻来学，不闻往教。

注 释 ——————————

①夫：语气助词。

②尸：扮作先祖的样子代其受祭的活着的晚辈。古代有"尸居神位，坐必矜庄"的说法。

③齐（zhāi）：与"斋"通假，有斋戒之意。

④说（yuè）：后写作"悦"，喜欢，高兴。

译 文 ——————————

如果坐，就要像祭祀中装扮的受祭人那样坐得端正，站就要像祭祀前斋戒时那样站得恭敬。行为的准则要求适合事理，做使者的人要顺应所在地方的风土习俗。

礼啊，是用来确定亲近疏远、判断疑惑怀疑、区别相同与不同、明辨正确与错误的。依礼而言，不随便取悦于人，不说没有用的话。依礼而行，不僭越节度，不侵犯侮辱，不因喜欢而狎昵。提高自身修养，履行诺言，这就是所谓的良好品行。品行有修养，并且言谈有道理，这就是礼的本质啊。

关于礼的学问，只听说过从别人身上取法学习，没听说过逼迫别人学习的；只听说过不懂的人前来投师学习，没听说主动上门去传授的。

道德仁义，非礼不成；教训①正俗，非礼不备；分争辨讼，非礼不决；君臣上下，父子兄弟，非礼不定；宦学②事师，非礼不亲；班③朝治军，莅④官行法，非礼威严不行；祷祠祭祀，供给鬼神，非礼不诚不庄。是以君子恭敬、撙节⑤、退让以明礼。

鹦鹉能言，不离飞鸟；猩猩能言，不离禽兽。今人而无礼，虽能言，不亦禽兽之心乎？夫唯禽兽无礼，故父子聚麀⑥。是故圣人作，为礼以教人，使人以有礼，知自别于禽兽。

①训：规范，准则。

②宦学：宦，谓学仕宦之事。学，谓习学"六艺"。

③班：排列等级之意。

④莅：一作"涖"，孔颖达疏："涖，临也。"从上监视着，统治。

⑤撙（zǔn）节：节制、节省。撙，有克制的意思。

⑥麀（yōu）：母鹿。

译 文

道德仁义，没有礼就不能实行；教育训导，端正风俗，没有礼就不能完备；分解争辩、辨别争讼，没有礼就不能决断；君主和臣下，地位高的和地位低的，父亲和儿子，哥哥和弟弟，他们之间的名分，没有礼就不能确定；为了学习做官之道和六艺而侍奉老师，没有礼就不能做到亲密；排列朝廷上的位次、治理军队、居官在任、行使法律，没有礼就不能树立威严；无论是因故之祭还是常事之祭，供奉鬼神，没有礼就显得不虔诚、不庄重。所以有德有位的君子一定要以恭敬、节制、退让的精神来彰明礼教。

鹦鹉能学舌，也不过是飞鸟；猩猩虽能走路，终不过是走兽。而今人如果不讲礼义，虽然能够说话，不也是禽兽之心吗？只因为禽兽没有礼的概念，所以父子共一头牝兽。古代圣人，为这缘故制定了一套礼法来教化人，使得人的行为有了礼，而知道把自己和禽兽区别开来。

大上贵①德，其次务施报。礼尚往来，往而不来，非礼也；来而不往，亦非礼也。人有礼则安，无礼则危。故曰：礼者不可不学也。夫礼者，自卑而尊人，虽负贩者，必有尊也，而况富贵乎？富贵而知好礼，则不骄不淫；贫贱而知好礼，则志不慑②。

人生十年曰幼，学。二十曰弱，冠③。三十曰壮，有室。四十曰强，而仕。五十曰艾，服官政。六十曰耆④，指使。七十曰老，而传。八十、九十曰耄⑤，七年曰悼。悼与耄，虽有罪，不加刑焉。百年曰期，颐。大夫

七十而致事，若不得谢⑥，则必赐之几⑦杖，行役以妇人。适四方，乘安车。自称曰老夫，于其国则称名。越国而问焉，必告之以其制。

谋于长者，必操几杖以从之。长者问，不辞让而对，非礼也。

注释

①贵：重视，崇尚。

②愞：胆小、困惑之意。

③冠（guàn）：古人中，二十岁的男子要行加冠之礼，意味着已经长大成人。

④耆（qí）：接近年老。

⑤耄（mào）：年老昏乱。

⑥谢：指推辞。

⑦几：矮而小的桌子，用以放置东西或倚靠休息。

译文

上古时代崇尚德行，后来才讲究施恩与回报。礼提倡互相往来，此人前往施惠而彼受惠者不来报答，不符合礼的要求；彼人来施惠而此人不前往报答，也不符合礼的要求。人有礼，人际关系就安定，没有礼就会产生危险，所以说：礼啊，是不可不学的。礼的精神在于克制自己而尊重别人。虽然是微贱之辈，犹有可尊重的人，更不要说富贵的人们了。富贵的人懂得爱礼，才不至于骄傲而淫侈；贫贱的人懂得礼，则其心志不至于卑怯而手足无措。

人十岁的时候称为"幼"，开始学习。到二十岁，称为"弱"，可行加冠之礼，从此把他当作成人看待。三十岁的时候称为"壮"，结婚成家。到了四十岁，才称得上是"强"，可以入仕。五十岁的时候称为"艾"，可以主持行政大事。六十岁的时候称为"耆"。可以指使别人做事。七十岁的时候称为"老"，可以将家族事务交给后辈。八十、九十岁的时候称为"耄"，七岁称为"悼"。处于"悼"和"耄"年龄的人即使触犯法律，也不施以刑罚。一百岁的时候称为"期"，应保养休息。任职大夫的人，到七十岁，可以告老还乡，如果辞官没有得到允许，那么就必须赐给他桌几、拐杖，因公事外出时要派着妇人跟随照料。如果出巡各个地方，应乘坐安车。这样的老者，虽有资格自称为"老夫"，但是在国内就要称名字。别的国家来访，一定要告诉自己国家的制度给他们。

跟长辈商议事情，一定要随带着倚几和手杖。长辈有所问，如果不先说句客气话而径直回答，也不合乎礼。

凡为人子之礼，冬温而夏凊①，昏定而晨省②，在丑③夷④不争。

夫为人子者，三赐不及车马⑤，故州闾乡党称其孝也，兄弟亲戚称其慈也，僚友称其弟也，执友称其仁也，交游称其信也；见父之执，不谓之进不敢进，不谓之退不敢退，不问不敢对。此孝子之行也。

夫为人子者，出必告，反必面，所游必有常，所习必有业，恒言不称老。年长以倍，则父事之；十年以长，则兄事之；五年以长，则肩随之。群居五人，则长者必异席。

注 释

①凊（qìng）：与"庆"同音，凉的意思。

②省（xǐng）：探视，问候。

③丑：同类，众人。

④夷：平辈。

⑤三赐不及车马：三赐，是指封赐三次。在周代，官吏制度是分等级的，从一到九命，每一命所受的待遇是不同的，都有各自等级的礼服和赏赐的东西，三命以上，就能拥有周王赏赐的车马。若是有父母在上，不敢享用如此的待遇。

做儿女之礼，要让父母冬天温暖、夏天清凉，晚上替他们铺床安枕，清早向他们问候请安。而且与平辈之间绝无争执。

做儿子的人，做三命之官而不接受赏赐的车马，因此州、闾、乡、党各级的人都称赞他的孝顺，兄弟和亲戚都称赞他的慈爱，同僚和朋友都称赞他的孝悌，志同道合的朋友都称赞他的仁爱，和他交往的人都称赞他的诚信。见到和父亲志同道合的朋友，对方不说让他上前就不敢上前，不说退下就不敢退下，没有问话，不敢发言。这就是孝子应有的行为啊。

作为子女，出门时要当面禀告父母，回家时也要如此。出游必须有一定的地方，所学的要有专攻的术业，平时讲话不要说"老"字。对于年纪比自己大一倍的人，就像侍奉父亲那样侍奉他，比自己大十岁的人，就像侍奉兄长那样侍奉他；比自己大五岁的人，就可以与他并行而稍微靠后一些。五个人坐在一块儿，就必须为年纪最长的人另外设立席位。

为人子者，居不主奥①，坐不中席，行不中道，立不中门。食飨②不为概③，祭祀不为尸。听于无声，视于无形。不登高，不临深。不苟訾④，不苟笑。

孝子不服暗，不登危，惧辱亲也。父母存，不许友以死，不有私财。

为人子者，父母存，冠、衣不纯⑤素。孤子当室，冠、衣不纯采。

幼子常视毋诳。童子不衣裘、裳。立必正方，不倾听。长者与之提携，则两手奉长者之手。负、剑，辟咡⑥诏之，则掩口而对。

①奥：一间屋子的西南角，是长者或尊者所坐的位置。

②食飨（sì xiǎng）：以酒食宴请宾客或祭祀宗庙。

③概：限量。

④訾（zǐ）：毁谤，非议。

⑤纯（zhǔn）：衣服鞋帽的镶边。

⑥咡（èr）：口旁，两颊。

译文 ————————

作为子女，住处不要占住尊长位置，不要坐当中的席位，不要走当中的过道，不要站当中的门口。举办食飨之礼的时候，饮食要多要少，不可自作主张。祭祀的时候不能做受祭的人。能在无声中知道父母想说的话，能在无形中知道父母想做的事。不攀登高的地方，不去到低洼的地方。不随便诋毁别人，不随便嬉笑。

孝子不做暗事，不登临危险的地方，担心辱没父母的名声。父母在世的时候，不能对朋友许死，不能私存钱财。

作为子女，当父母活着时，戴的帽，穿的衣，不能用素色镶边。孤子主持家务，帽子和衣服不能用彩色镶边。

平常不可以用谎话教导儿童。儿童不必穿皮衣或裙子，站着一定要端正，不要做偏头听的样子。年长的人牵着儿童走，儿童就必须两只手捧着年长人的手。长者背着儿童或者将其牵在身旁，转头在儿童耳边吩咐事情时，儿童要用手遮住嘴巴来回答。

从于先生，不越路而与人言。遭先生于道，趋①而进，正立拱手。先生与之言则对，不与之言则趋而退。从长者而上丘陵，则必乡②长者所视。

登城不指，城上不呼。将适舍，求毋固。将上堂，声必扬。

户外有二屦③，言闻则入，言不闻则不入。将入户，视必下。入户奉扃④，视瞻⑤毋回；户开亦开，户阖亦阖；有后入者，阖而勿遂。毋践屦，毋踖⑥席，抠衣趋隅，必慎唯诺。

大夫、士出入君门，由闑⑦右，不践阈。

注释 ————————

①趋：小步快走，惶恐不安的样子。

②乡（xiàng）：通"向"，面对着，朝向的意思。

③屦（jù）：用麻、葛制成的鞋。

111

④扃（jiōng）：从外面关门的
门闩。

⑤瞻：往上或往前看。

⑥踖（jí）：踩，践踏。

⑦阈（niè）：门槛。

译文

　　跟着先生一块儿走路，不能走到前面去和别人说话。在路上遇见先生，就要跨大步进前，对先生正立拱手。老师和你说话你就回答，不和你说话就小步迅速地退下去。跟随年长的人登山，必须面向着年长的人所看的方向。

　　登临城楼不能指指点点，在城楼上不能大声呼叫。将要拜访人家，要求不能和在家时一样。将要走到人家的堂屋，首先应发出声音探问。

　　看到门外有两双鞋子，如果听到屋里有人说话就进去，听不到说话就不进去。将要进门的时候，必须看着下方。进门以后要双手像捧着门闩一样，看着前方不要向四周看；如果门原来开着，就让它开着，如果门原来是关着的，就再把它关上；如果后面还有人跟着要进来，关门时就要慢慢地掩上而不可把门完全关上。

　　不要踩在别人的鞋子上，将要就位不要跨席子而坐，要提起衣裳小步迅速走到席角去登席。答话时，或用"唯"或用"诺"都要谨慎。

　　凡与客入者，每门让于客。客至于寝门，则主人请入为席，然后出迎客。客固辞，主人肃①客而入。主人入门而右，客入门而左。主人就东阶，客就西阶。客若降等，则就主人之阶。主人固辞，然后客复就西阶。主人与客让登，主人先登，客从之，拾级聚足，连步以上。上于东阶则先右足；上于西阶则先左足。

　　帷②薄之外不趋。堂上不趋。执玉不趋。堂上接武③。堂下布④武。室中不翔⑤。并坐不横肱。授立不跪。授坐不立。

注 释

① 肃：邀请，引导。

② 帷：指围在四周的幕布。

③ 武：指脚步。

④ 布：分开。

⑤ 翔：盘旋的飞，这里指走动时张开双臂。

译 文

凡是同客人一同进门，每到门口都得让客人先进去。当与客人走到卧室门前时，主人要请客人稍等，自己先进去铺座位，然后再迎接客人。客人坚持推辞，主人就引导客人让他进来。主人进门后向右边走，客人进门后向左边走。主人走向东阶，客人向西阶。若客人的身份职位较低，就要到主人的台阶前，主人坚决推辞，然后客人再回到西边的台阶。到了阶前，主客又互相谦让登阶。然后主人就先登阶，客人跟在后面，前脚登一阶，后脚跟上，一步一步往上走。在东边台阶就先上右脚，在西边台阶就先上左脚。

经过有帘帷垂着的门口不要快步走去。厅堂上不要小步快走。拿着玉器不能小步快走，正屋里面走路要小心翼翼。正屋外面走路就可以大步。屋子里不要横着膀子走动。给予东西时，对方站立着自己就不用跪下，对方坐着自己就不要站立着。

凡为长者粪①之礼，必加帚于箕上，以袂拘而退，其尘不及长者，以箕自乡而扱②之。奉席如桥衡。请席何乡，请衽何趾。席南乡、北乡，以西方为上；东乡、西乡，以南方为上。

先生书策琴瑟在前，坐而迁之，戒勿越。虚坐尽后，食坐尽前。坐必安，执尔颜。长者不及，毋儳③言。正尔容，听必恭。毋剿说④，毋雷同，必则古昔，称先王。侍坐于先生，先生问焉，终则对。请业则起，请益则起。父召无诺，先生召无诺，唯而起。侍坐于所尊敬，毋余席。见同等不起。烛至，起。食至，起。上客，起。烛不见跋⑤。尊客之前不叱狗。让食不唾。

①粪：扫除，除去秽土。

②扱（xī）：收取。

③儳（chàn）：打断别人的话，插嘴。

④剿说：把别人的言论当成是自己的言论。剿：与"抄"同音。

⑤跋：烛烧尽时的底部。

译 文 ━━━━━━━

　　凡是为长者扫除之礼，要先将扫帚挡住簸箕，然后用袖子挡着往后，且扫且退。要使灰尘不至污及长者，而朝着自己将垃圾扫进去。捧席子给长者时，要使席卷像桔槔上的横木一样左高右低。铺席时要请教长者坐席应该面朝哪个方向，卧席脚那头应该朝着哪个方向。凡是南北向的席位，以西方为尊位。东西向的席位以南方为尊位。

　　如果有老师的书本、琴瑟在前面，就跪着移开它，切不可跨足而过。闲坐的时候，尽可能地靠后面坐；吃饭的时候，尽可能地靠前面坐。坐要稳定，保持你自己的姿态。长者没有提及的话题，就不要随便插话。神情要端庄，听讲要恭敬。不可把别人的话拿来当成自己的来说，也不要随声附和。说话应当效仿古代的先贤，赞扬上古先王。在老师身边陪坐时，老师问到什么，要等他说完了再回答。向老师请教学业上的问题要起立，请求老师讲更多的东西也要起立。父亲召唤时不能只是口头上答应，老师召唤也不能只是口头上答应，要答应着并且站立起来有所行动。在尊敬的人身边陪坐的时候，不妨挨近着坐，不要让坐席留空。见到和自己同辈的人进来，不需要起身。晚上，如果有人点了蜡烛送来，要站起来。吃饭时，有人把食物送来的时候，也要站起来。有尊贵的客人到来的时候，亦要起身。不能等到烛火烧到底部了，才拿去更换。在尊敬的客人面前，不能大声呵斥狗。主人与客人让食的时候，不能吐唾沫。

　　侍坐于君子，君子欠伸，撰①杖屦，视日蚤莫②，侍坐者请出矣。侍坐于君子，君子问更端，则起而对。侍坐于君子，若有告者曰："少闲，愿有复也。"则左右屏③而待。毋侧听，毋噭④应，毋淫视，毋怠荒。游毋倨⑤，

立毋跛⑥，坐毋箕，寝毋伏。敛发毋髢⑦，冠毋免，劳毋袒，暑毋褰⑧裳。

尚书·礼记 礼记

注 释

①撰：拿取。

②蚤：通"早"。莫：通"暮"，日落的时候。

③屏（bǐng）：退避。

④噭（jiào）：呼喊，大叫。

⑤倨：骄傲的样子。

⑥跛：单脚踩地，没有站稳的样子。

⑦髢（dì）：披头散发之意。

⑧褰（qiān）：把衣服撩开的意思。

译 文

在君子身旁陪坐，如果看到他打哈欠伸懒腰，就应该准备拿取拐杖和鞋子，看到天色将晚，陪坐的人就应该主动告退了。在君子身边陪坐，如果君子问及其他的事情，就应该起立回答。在君子身边陪坐，如果有人进来说："想借用片刻空闲，有话要讲。"那陪坐的人都应退下去等待。不要歪头侧耳倾听别人说话，不要粗声粗气地回答，不要眼神游移地看东西，不要懒洋洋地放纵身体仪态。走路时不要态度倨傲，站立时不要偏斜，坐的时候不要像簸箕一样两腿分开，睡觉的时候不要趴在床上。头发要束好，帽子不要无故摘下，劳动的时候不要脱去上衣袒露身体，天气炎热的时候也不要撩起裙裳。

侍坐于长者，屦不上于堂，解屦不敢当阶。就屦，跪而举之，屏于侧。乡①长者而屦，跪而迁屦②，俯而纳屦。

离坐离立，毋往参焉。离立者，不出中间。男女不杂坐，不同椸枷③，不同巾栉，不亲授。嫂叔不通问④。诸母不漱裳⑤。外言不入于梱⑥，内言不出于梱。女子许嫁，缨⑦，非有大故，不入其门。姑、姊、妹、女子子，已嫁而反，兄弟弗与同席而坐，弗与同器而食。父子不同席。男女非有行媒，不相知名；非受币⑧，不交不亲。故日月以告君，齐戒以告鬼神，为酒食以召乡党僚友，以厚其别也。取妻不取同姓，故买妾不知其姓则卜之。寡妇之子，非有见焉，弗与为友。

尚书·礼记 礼记

注 释

① 乡：通"向"，朝着的意思。

② 迁屦：把鞋掉转过来之意。

③ 椸（yí）枷：椸，晾衣杆；枷，通"架"，衣架。

④ 不通问：不互相馈赠东西。

⑤ 裳：下衣之意。

⑥ 梱（kǔn）：门槛的意思。

⑦ 缨：五彩的带子，是女子许嫁后的标志。

⑧ 币：这里指聘礼。

译 文

在长者身边陪坐，不能穿着鞋子上堂，不能对着台阶脱鞋。穿鞋的时候，要跪下来拿着鞋子退到一边穿。若面向长者穿鞋，要跪下来拿过鞋子，并俯下身子套上鞋子。

有二人并坐或并立着，不要插身进去。见到两个人并站在一起，不要从两人中间穿过。男女不能混杂坐在一起，男女不能共用衣杆、衣架，不能共用手巾、梳子、篦子，不能亲手给对方东西。嫂子和小叔子之间不能往来问候。庶母也不能给晚辈洗下裳。

116

男子有关公务的话不要带进家门之内讨论；家务事也不要宣扬于外。女孩子订婚以后，系上缨带作为标记，如果没有重大变故，不能到她家里去。已经出嫁又返回娘家的姑姑、姐妹、女儿，兄弟不能和她同席坐在一块儿，不能和她同用一个器皿吃东西。父子也不同席坐在一块儿。男女之间没有经过媒人的介绍，双方不能知道对方姓名。女家没有接受男家的聘礼，双方不会有交际往来。所以，凡是婚礼都要登记其年月日禀告君主，而且要经过斋戒，在家庙中告诉鬼神，备办筵席邀请乡里邻人和同僚、朋友们，用此来强调男女之间的分别。娶妻不能娶同一姓氏的女子，所以买妾的时候不知道她的姓氏就需要占卜一下吉凶。寡妇的儿子，如果没有发现他的卓越才能，最好不要与他往来。

贺取妻者，曰："某子①使某②，闻子有客③，使某羞④。"

贫者不以货财为礼，老者不以筋力为礼。

名子者不以国⑤，不以日月，不以隐⑥疾，不以山川。

男女异长⑦。男子二十，冠而字，父前，子名；君前，臣名。女子许嫁，笄⑧而字。

注 释

① 某子：祝贺的人。

② 某：被召唤前来祝贺的人。

③ 有客：有客人，此处指代婚事。

④ 羞：进献礼物。

⑤ 名子者不以国：为孩子起名，不能用国名。

⑥ 隐：隐秘、不便提及的。郑玄注："隐疾，衣中之疾也。"孔颖达疏："体上幽隐之处疾病。"

⑦ 男女异长：在古代，男女有别，在排行时，男排男，女排女，不是单独地按照年龄大小混合排列。

⑧ 笄(jī)：笄礼，是女子类似于男子冠礼的一种成人礼。

庆贺别人结婚,只能说:"某人听说您这里有客人,派我给你进献礼物。"

贫穷的人不必拿钱财作为礼物,年纪大的不必耗费精力来行礼。

给孩子取名,不要用国家的名称,也不要用日月的名称,不要用身体隐蔽疾病的名称,也不要用山川的名称。

男女分别按长幼排行。男子到了二十岁的时候,举行冠礼并取字。但在父亲面前,儿子都自称名,在君王面前,臣僚也都自称名。女子到了可以订婚的时候,要为她举行加笄礼,并且为她取个字。

凡进食之礼,左殽①右胾②,食居人之左,羹居人之右。脍炙处外,醢③酱处内,葱渫处末,酒浆处右。以脯脩④置者,左朐⑤右末。客若降等,执食,兴,辞。主人兴,辞于客,然后客座。主人延⑥客祭,祭食,祭所先进,殽之序,遍祭之。三饭,主人延客食胾,然后辩殽。主人未辩,客不虚口⑦。

侍食⑧于长者,主人亲馈⑨,则拜而食;主人不亲馈,则不拜而食。

共食不饱,共饭不泽手。

①殽(yáo):通"肴",切成大块的带骨头的熟肉。

②胾(zì):大块的没有骨头的熟肉。

③醢(hǎi):肉酱。

④脯脩:干肉的意思。

⑤朐(qú):肉晒干后弯曲的地方。

⑥延:引导。

⑦虚口:用酒漱口之意,是指在吃饭过程中进食与喝酒之间的一种行为。

⑧侍食:伺候奉陪年长的人吃饭。

⑨馈:给夹菜的意思。

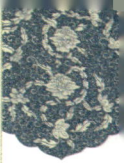

　　凡陈设便餐，有骨头的熟肉应放左边，没有骨头的熟肉应放右边，饭食放在客人的左边，羹汤放在客人的右边。细切的和烤制的肉类放远些，肉酱类放得近些，葱屑放在最末，酒浆等饮料放在右边。如果另加脯、脩两种干肉，那就把它们弯曲的部分朝左，末端朝右。若客人地位低于主人，应该端着饭碗起立，说是不敢当此席位，主人也要站起来向客人谦让，然后客人坐下。主人引导客人行食前祭礼，行祭礼时，要按照所进食物的先后顺序，从带骨头的熟肉开始，依次遍祭全部的食物。客人吃过三口饭以后，主人应请客人吃纯肉，然后品尝所有食物，最后吃带骨的肉。若主人还没有吃完，客人不要饮酒漱口表示不吃。陪着长者吃饭的时候，遇到主人亲取菜肴给你时，你就需拜谢而后食；如果主人没有亲手送食物，就不需拜，由自己取食。

　　与大伙共用食器吃饭，不可只顾自己吃饱，与他人一起吃饭时不能揉搓双手。

　　毋抟饭，毋放饭，毋流歠①。毋咤食②，毋啮骨，毋反鱼肉，毋投与狗骨，毋固获，毋扬饭③，饭黍毋以箸，毋嚃④羹，毋絮羹，毋刺齿，毋歠醢。客絮羹，主人辞不能亨。客歠醢，主人辞以窭⑤。濡⑥肉齿决，干肉不齿决。毋嘬⑦炙。卒食，客自前跪，彻饭齐⑧以授相者⑨。主人兴，辞于客，然后客坐。

　　侍饮于长者，酒进则起，拜受于尊所；长者辞，少者反席而饮。长者举，未釂⑩，少者不敢饮。

①歠（chuò）：饮、喝的意思。

②咤食：进食时口中作声。

③扬饭：用筷子搅动饭食，让它快速变凉。

④嚃（tà）：不嚼而吞咽。

⑤窭（jù）：贫寒。

⑥濡：浸渍，沾湿。

⑦嘬（chuài）：咬，这里有大口吞食的意思。

⑧齐：通"齑"，指酱类食物。

⑨相者：主人分配让给客人进食物，伺候客人吃饭的人。

⑩釂（jiào）：指的是喝完杯中的酒。

译文

不要把食物捏聚成饭团来吃，多余的饭不要再放回食器中，不要长长的像流水一样喝汤，不要吃得喷喷作声，不要啃骨头，不要把拿起的鱼肉又放回碗盘，不要把骨头扔给狗，不要单单只吃一种食物，不要为使食物快点凉而把食物簸扬起来，吃黍米时不要用筷子，不要不咀嚼羹汤中的菜就连菜一块儿把汤喝下去，不要调和菜汤，不要当众剔牙，不要像饮汤一样饮酱。如果有客人在调和菜汤，主人就要以"不善烹饪"来辞让。如果客人喝肉汤，主人要以"家贫以致礼不周"来辞让。沾湿的肉可以用牙齿咬断，干肉不宜用牙咬断，就得用手掰食。不要大口吃烤肉。吃完饭以后，客人应起身向前，收拾饭和酱交给一旁伺候的人，主人站起来，请客人别劳动，然后客人才坐回席位。

陪着年长的人喝酒，当长者将要递酒过来时，年少的要站起来，到陈放酒器的地方去向长者行拜礼然后再接受酒。年长的人推辞说不要如此客气，少者再回到席位上喝酒。但年长的人没有举杯喝干，年少的人不能先喝。

父母有疾，冠者不栉①，行不翔②，言不惰③，琴瑟不御④。食肉不至变味，饮酒不至变貌，笑不至矧⑤，怒不至詈。疾止复故。有忧者⑥侧席⑦而坐。有丧者专席而坐。

注释

①栉（zhì）：用梳子梳头发，引申为束发整齐。

②翔：行走时伸出两臂，像鸟飞一样。

③惰：不敬，戏谑。

④御：摆弄之意。

⑤䠙（shěn）：齿根，牙龈。

⑥有忧者：指的是家中有病人，或是自己心中有烦恼的事情。

⑦侧席：单独一个席位。

译 文 ————————

父母有病的时候，儿子心中忧虑，头发顾不上梳理，行走时不能张开双臂，不要戏谑玩笑，琴瑟也不弹奏了。食肉只稍尝那味道，不使口味改变，饮酒亦不喝到脸红，不至于露齿而笑，发怒时亦没有恶声恶气的怒骂。等父母疾病痊愈了，才恢复到原来的常态。有忧患的人，宜坐于特设的席位，而服丧的人只坐单独的席子。

凡为君使者，已受命①，君言不宿于家。君言至，则主人出拜君言之辱。使者归，则必拜送于门外。若使人于君所，则必朝服②而命之。使者反，则必下堂而受命。

博闻强识而让，敦善行而不怠③，谓之君子。君子不尽人之欢，不竭④人之忠，以全交也。

注 释 ————————

①受命：接到命令。

②朝服：古人在庄重严肃的场合穿的服装。头戴黑红色的帽子，上身穿黑色的衣服，下身穿白色的裙子，彩色的腰带，白色的护膝。

③怠：懈怠的样子。

④竭：把……耗尽。

译 文 ————————

凡是国君的使者，既已接到命令，就不要在家里停留。君主的命令一传到，主人就要在门外拜迎那传令的使者，并且说有劳尊驾。使者回去时，主人必须到门外拜送。假若派人到君主那儿去，就得像朝见国君一样，穿着朝服来派遣他。等到派去的人回来，还要出正屋来迎接国君的回话。

尚书·礼记 ◎ 礼记

121

见识广博而记忆力强，并且能谦让自处，坚持做善行，力行不懈，这才能称为君子。君子不会尽力讨别人的喜欢，也不会竭力让别人忠于自己，这样，才能保全交情。

《礼》曰："君子抱孙不抱子①。"此言孙可以为王父尸，子不可以为父尸。为君尸者，大夫士见之，则下之。君知所以为尸者，则自下之。尸必式②，乘必以几。齐③者不乐不吊。

居丧之礼，毁④瘠⑤不形，视听不衰。升降不由阼阶，出入不当门隧⑥。居丧之礼，头有创则沐，身有疡⑦则浴，有疾则饮酒食肉，疾止复初。不胜丧，乃比于不慈不孝。五十不致⑧毁。六十不毁。七十唯衰⑨麻在身，饮酒食肉，处于内。

注 释

①君子抱孙不抱子：古人在祭祀祖先时，充当尸的要求是孙子，如果孙子的年纪过小，则要人抱着孙子充当尸。

②式：通"轼"，扶着轼敬礼。指人的身体向前倾，表示尊敬的礼节。

③齐：指的是斋戒之人。

④毁：哀痛过度而伤害身体。

⑤瘠：消瘦。

⑥门隧：门外正中的通道。

⑦疡（yáng）：溃烂的痈疮，一说发痒。

⑧致：造成，导致。

⑨衰（cuī）：古代丧服的一种。

译 文

《礼》书上说："君子抱孙子而不抱儿子。"这就是说孙子可以充任祭祖时的尸，而儿子却不可。凡是大夫、士人遇见为君尸的人，就需下车致敬。如果君主知道某人将为先代君主的尸，也要下车为礼。而为尸者都必须扶着轼行礼，上车时一定要用桌几垫脚而上。举行斋戒的人要专一心思，不可听音乐，也不要往丧家慰问。

守丧之礼，虽因哀伤而消瘦，但不可至于形销骨立，并且视力听力亦可保持正常。在家里，上下都不走家长常走的东阶，进出门不走正中的通道。守丧之礼，头上有疮疖才洗头，身上发痒才就洗澡。若害病，仍可以食肉饮酒，但到了病愈，就得恢复居丧之礼。如果经不起丧痛就病倒了，那就是不慈不孝。年纪到了五十岁，可不必哀伤而损伤身体；六十岁时，可不因哀伤而消瘦；七十岁的人服丧，只要披麻戴孝，可以照常饮酒食肉，并住在屋里。

生，与来日①；死，与往日②。

知生者吊③，知死者伤④。知生而不知死，吊而不伤。知死而不知生，伤而不吊。

吊丧弗能赙⑤，不问其所费。问疾弗能遗，不问其所欲。见人弗能馆⑥，不问其所舍。赐人者不曰"来取"，与人者不问其所欲。适墓不登垄。助葬必执绋⑦。临⑧丧不笑。揖人必违⑨其位。望柩⑩不歌。入临不翔。当食不叹。邻有丧，舂不相；里有殡，不巷歌。适墓不歌。哭日不歌。送丧不由径，送葬不避涂潦。临丧则必有哀色，执绋不笑，临乐不叹。介胄，则有不可犯之色。故君子戒慎，不失色于人。国君抚式，大夫下之；大夫抚式，士下之。

注 释 ————————

①生，与来日：活着的人对死者的吊丧期是从死后第二天开始算起。

②死，与往日：死者的殡殓期是从死亡当天算起。

③吊：吊唁，指对死者亲属的慰问。

④伤：指对死者的哀悼。

⑤赙（fù）：给予钱财上的帮助。

⑥馆：提供住处之意。

⑦绋（fú）：指引棺的绳索。

⑧临：到达之意。

⑨违：离开的意思。

⑩柩：装有尸体的棺材。

生者的服丧期是从死者之死的第二日起算；死者的殡殓期，则从死之当日算起。

平时和死者家属有交情的，要去吊唁。和死者有交情的，要去哀悼。认识死者亲属却不认识死者，只要慰问而不用伤悼之辞；反之，则需伤悼而不必慰问了。

吊丧时，若没有钱财帮助他们，就不要问人家花费多少。探望病人，若拿不出礼物，就不要问他想要什么。接见客人若不能安排住宿，就不要问他住在哪儿。送给别人东西时，不要叫别人来取。给别人东西时，不要问他要不要这个东西。到墓地不能登到坟上，参加葬礼必须帮着拿引棺的绳索，参加追悼不可以嬉笑，对人作揖时必须离开原位。面对着灵柩不能唱歌。哭丧的时候，身子不能张开双臂而行。吃饭时不可以叹息。邻居有丧事，即使是舂米时也不要唱歌。乡里有葬礼时，巷子亦不宜有歌声。到墓地不能唱歌。吊丧的那天也不能唱歌。护送丧车不要贪走小路，挽着柩车也不要顾忌路上的水潦。参加丧礼脸上要有悲哀的神色，拿着引棺的绳子不能嬉笑，在欢乐之地不能叹息。披上铠甲，戴起钢盔，就要显出不可侵犯的神色。因此君子要时刻小心谨慎，不要在别人面前有一点点失态的表现。国君扶着轼行礼的时候，大夫要下车致敬。大夫扶着轼行礼的时候，士人也要下车致敬。

礼不下庶人①，刑不上大夫②。刑人不在君侧。

兵车不式③，武车绥④旌，德车⑤结旌。

史载笔，士载言。前有水，则载青旌⑥。前有尘埃，则载鸣鸢⑦。前有车骑，则载飞鸿。前有士师，则载虎皮。前有挚兽，则载貔貅。行，前朱雀而后玄武，左青龙而右白虎，招摇⑧在上，急缮其怒。进退有度，左右有局，各司其局。

父之仇⑨，弗与共戴天；兄弟之仇，不反兵；交游之仇，不同国。

四郊多垒⑩，此卿大夫之辱也。地广大，荒而不治，此亦士之辱也。

注 释

①礼不下庶人：指礼节不用来约束老百姓。

②刑不上大夫：指刑法不用来制裁大夫之上的人。

③式：通"轼"，轼礼。

④绥：下垂舒展之意。

⑤德车：指没有兵器装备的车，与"武车"相对。

⑥青旌：青，青雀；青旌指画着青雀的旌旗。

⑦鸢：指鹰。

⑧招摇（sháo yáo）：招，与"勺"同音；招摇，指的是北斗七星的柄端，置于行军队伍中来指示方向。

⑨仇：指仇人。

⑩四郊多垒：卿大夫所治之地，四面都是堡垒。指被他人侵占。

译 文

礼不适用于平民百姓，刑罚不适用于大夫。受过刑罚的人不许侍奉在国君左右。

在出征兵车上的人不必行轼礼。田猎用的武车上，旌旗是招展着的。巡狩用的德车，旌旗是垂着的。

国君会盟的时候，史官携带笔墨工具，司盟的人负责会盟的资料。在队伍行进途中前面有水时，就竖起画着青雀的旌旗。前面有尘土飞起时，就竖起画着鸣叫的鹰的旌旗。前面遇到有车骑时，就竖起画着飞翔的大雁的旌旗。看到有军队时，就竖起画着虎皮的旌旗。遇到猛兽时，就竖起画着貔貅的旌旗。排列行军的行阵，前面朱雀阵，后面玄武阵，左边青龙阵，右边白虎阵；画着北斗星的旌旗在阵行上空飘扬，来坚定其战斗精神。队伍前进和后退都有一定的法度，左右各有布局，各自掌管各个队伍。

对于杀父的仇人，不和他共存于天下。对于兄弟的仇敌，可用随身的武器，见而杀之。对于朋友的仇人，则不要和他在同一个国家共存。

若一国的四境都筑有堡垒，可见大官们不能安治其国，这是卿相、大夫的耻辱。如果广大的土地荒废而没有人整理利用，这也是士人的耻辱。

临祭不惰。祭服敝①则焚之，祭器敝则埋之，龟筴②敝则埋之，牲死则埋之。凡祭于公③者，必自彻④其俎⑤。

卒哭乃讳⑥。礼：不讳嫌名，二名不偏讳。逮事⑦父母，则讳王父母。不逮事父母，则不讳王父母。君所无私讳，大夫之所有公讳。《诗》《书》不讳，临文⑧不讳，庙中不讳。夫人之讳，虽质君之前，臣不讳也。妇讳不出门。大功、小功⑨不讳。入竟而问禁，入国而问俗，入门而问讳。

注释

①敝：破旧之意。

②龟筴（cè）：龟，占卜用的龟壳；筴，通"策"，占卜用的蓍草。

③祭于公：帮助国君祭祀。

④彻：通"撤"，撤去。

⑤俎（zǔ）：祭祀时盛牛羊等的礼器。

⑥卒哭乃讳：人死之后的第一次祭礼，哭祭结束，将灵符置于祖庙，表示从此以后以神灵视之，不再称呼他的姓名。

⑦逮事：侍奉之意。本句指的是有父母在，可以服侍。

⑧临文：写文章之意。

⑨大功、小功：都是丧服名，与死者的关系较为疏远，所以就可以不避讳死者的名字。

译文

参加祭祀，不可有怠慢的行为。祭祀时穿的服装如果破旧了就焚烧掉。祭祀的器具、占卜用的龟壳如果坏了，或是祭祀用的牲口死了就要掩埋掉。凡是在国君的宫里助祭的士人，都要自己搬走载牲的器皿。

哭祭结束之后要避讳说死者的名字。按照礼的规定：同音的名可以不避，双字名只要避讳用其中一个字就行了。如果还在侍奉父母，就要避讳用祖父母的名字；如果没有在侍奉父母，就不用避讳祖父母的名字了。在国君的地方，不用避私人的忌讳；但在大夫的地方要避国君的忌讳。此外，读《诗经》《尚书》、写文章以及在宗庙之中时都不用避讳；即使在国君面前对话，亦可以不讳其夫人之名。妇人的名讳限于家内。服大功、小功的人也不用避死者的忌讳。凡是到了一个地方，便要打听他们的禁忌；到了另一国家，就要打听他们的风俗习惯；到了别人家里要询问这家的忌讳。

外事①以刚日②，内事以柔日。凡卜筮日，旬之外曰"远某日"，旬之内曰"近某日"。丧事先远日③，吉事先近日。曰："为日，假尔泰④龟有常。""假尔泰筮有常。"卜筮不过三。卜筮不相袭⑤。

龟为卜，筴为筮。卜筮者，先圣王之所以使民信时日、敬鬼神、畏法令也；所以使民决⑥嫌疑、定犹与⑦也。故曰："疑而筮之，则弗非也；日而行事，则必践之。"

君车将驾，则仆执策立于马前；已驾，仆展轮⑧效驾。奋衣⑨由右上，取贰绥跪乘，执策分辔，驱之五步而立。君出就车，则仆并辔授绥，左右攘辟。车驱而骖⑩，至于大门，君抚仆之手，而顾命车右就车。门闾、沟渠必步。凡仆人之礼，必授人绥。若仆者降等，则受，不然则否。若仆者降等，则抚仆之手，不然则自下拘之⑪。

注 释

①外事：郊外之事。

②刚日：指的是单数日，即甲、丙等日。

③丧事先远日：选择丧事的日期时，几次占卜，先选其最远的一日。吉事则相反。

④泰：同"大"，对龟、筮的美称。

⑤不相袭：龟卜、策筮在占卜时不能反复使用。

⑥决：判断之意。

⑦犹与：犹豫，迟疑不决的样子。

⑧展轮（líng）：展，察看，细看；轮，插在车轴上固定车轮的销子。

⑨奋衣：抖抖衣服上的尘土。

⑩骖：通"趋"。

⑪自下拘(gōu)之：从仆者手下自己取来绥，有谦恭之意。

译　文

外事举行典礼，适宜用奇数日；内事举行典礼，适宜用偶数日。凡用卜筮择定吉日，如果结果是十天之外的日期叫作"远某天"，十天之内的日期叫作"近某天"。办丧事要先占卜十天之外的日期，办吉事要先占卜十天之内的日期。筮时应说道："选择合适的日期，就要凭借您这些大龟甲、大蓍草不出差错了。"无论是用卜或用筮占卜，都不能超过三次，并且不能用龟甲和蓍草交替反复占卜。

占卜用龟甲叫作"卜"，用蓍草叫作"筮"。之所以要用卜和筮，是因为先代圣王要使人民信服择定的日期，崇拜所祀的鬼神，恪守颁行的法令；也是用来让人们判断是非对错，决定犹豫不决的事。因此说："有疑问就占卜，就不会有非议；择定在那天做事，就一定能把事情做好。"

国君的车将要套上马匹时，仆人就应该拿着鞭子站在马前面。如果已经套好车，仆人就要检查车身并试驾，然后抖去衣服上的尘土，从右边上车，拿住登车绳，跪下来驾车。接着拿着鞭子，分开缰绳，驱车走五步再停住。等到国君出来登车时，驾车的人要把缰绳合并在一块儿，把登车绳交给君主。国君登车之后，左右的人避让开去，仆人便驱车前进。到了大门那儿，君主按住驾车人的手，回头命令身边的人上车。遇到了门、沟渠，身边的人必须下车步行。凡是充当驾驶的人，一定要把登车绳递交给乘车者。假如乘车者的身份地位比驾车者高就要接受，如果不是这样，就不能接受。假如驾车者的身份较低，递登车绳时乘车者就要按住他的手，表示不敢当的意思；如果不是这样，就要从他的手上直接取登车绳。

客车不入大门，妇人不立乘①，犬马不上于堂。

故君子式黄发，下卿位②，入国不驰，入里必式。君命召，虽贱人，大夫士必自御之。介者③不拜，为其拜而蓌④拜。祥车旷左。乘君之乘车不敢旷左，左必式。仆御妇人，则进左手，后右手。御国君，则进右手，后左手而俯。国君不乘奇车⑤。车上不广欬⑥，不妄指。立视五巂⑦，式视马尾，顾不过毂⑧。国中以策彗恤勿驱。尘不出轨。国君下齐⑨牛，式宗庙。

大夫士下公门，式路马。乘路马，必朝服载鞭策，不敢授绥，左必式。步⑩
路马，必中道。以足蹙⑪路马刍，有诛。齿路马，有诛。

注释

①立乘：站在车上。

②卿位：卿的朝位。

③介者：指身上穿铠甲之人。

④蹉（cuò）：半跪半蹲，引申为失态。郑玄注："蹉拜失容节，犹诈也。"

⑤奇车：样式不合制度的车子。

⑥欬（kài）：咳嗽。

⑦䡄（guī）：同"规"，车轮的周长。一规为一丈九尺八寸，五规就是九十九尺。

⑧毂：车轮中心，有洞可以插轴的部分。

⑨齐：通"斋"。

⑩步：步行牵车前行。

⑪蹙：践踏之意。

译文

客人的车不可以直接进入主人家的大门，妇女们乘车时不能站立着，向人赠送狗
和马不能牵到正屋里。

所以，国君乘车遇见年老的人，就要向老人行轼礼；经过卿的朝位时，就要下车步
行；进入国都内，行车要减低速度；进入里巷必然按着轼对人敬礼。若君主有所召见，
即使派来的人身份较低，大夫、士也必须亲自出门迎接。身穿盔甲的人不便于跪拜，因
为其拜姿有损仪态。随葬死者的祥车应该空缺左边的位置，乘坐君主的车不能空缺左
边的位置，只是左方既为尊位，故须凭轼为礼，表示不妄自尊大。如果是为妇女驾车，
就把左手放在前面持缰绳，右手放在后面。为国君驾车，就要俯下身子把右手放在前
面，左手放在后面，以表敬意。国君不乘坐样式奇怪不正的车。在车上不能大声地咳
嗽，不能随便指点。站着时，视线前及轮转五周（约为九丈九尺）的距离，按着扶手敬
礼时要看着马的尾巴，回头看时视线不超过车轮中心。进入国都时就要改用竹扫帚赶

马，让它慢慢行走。灰尘不飞扬于辙迹之外。国君经过宗庙的门口，必须下车，向宗庙行轼礼。大夫、士路过国君的门前要下车，要向国君的车马行轼礼。乘坐国君的车，一定要穿戴整齐，只能把马鞭放在车上，不能接受别人送给的登车绳，站在左边必须凭轼俯身。牵着国君的马行走，必须走大路。凡是踩踏国君马的草料的人，要受到惩罚；通过马的牙齿推算国君马的年龄的人，也要受到惩罚。

曲礼下

凡奉者当心，提者当带①。执天子之器则上衡②，国君则平衡，大夫则绥③之，士则提之④。凡执主器，执轻如不克⑤。执主器，操币⑥、圭璧，则尚左手，行不举足，车轮曳踵。立则磬折垂佩。主佩倚则臣佩垂。主佩垂则臣佩委⑦。执玉，其有藉者则裼⑧，无藉者则袭。

①带：古人系在衣服外面的长带子，离地大约四尺半的样子。

②衡：通"横"。谓与心平。

③绥（tuǒ）：通"妥"，落下。

④提之：手放松提上。

⑤克：胜任。郑玄注："胜也。"。

⑥币：指的是行礼时所用的束帛。

⑦佩委：指的是腰配要垂到地上。

⑧裼（xī）：即裼衣，古代附加在裘外的衣服。

译 文

捧东西的时候，双手要与心的位置齐平，提东西的时候，双手要与腰带齐平。为天子拿器物要向上高举过心口，为国君拿器物位置要与心平齐，为大夫拿器物位置低于心，为士人拿器物提到腰就行。凡是为主人拿器物，即使是很轻便的也要像拿不动一样。为主人拿器物，或祭祀用的帛、玉之类，就以左手为贵。走路的时候不把脚高抬起来，要像车轮滚动一样，拖着脚跟走。站立的时候，要像磬一样上身前倾，使佩饰垂挂下来。君主的上身直立，佩饰靠在身上，那么臣下的佩饰要垂挂下来；君主的上身前倾，佩饰垂挂下来，那么臣下的佩饰要着地。手捧玉器为礼时，对那些带有束帛做的垫子之类的玉器就敞开前襟，露出裼衣来拿，没有带束帛做的垫子之类的玉器的就穿好上衣来拿。

国君不名卿老、世妇①，大夫不名世臣、侄、娣②，士不名家相③、长妾④。君大夫之子，不敢自称曰"余小子⑤"。大夫、士之子，不敢自称曰"嗣子某"，不敢与世子⑥同名。

君使士射，不能，则辞以疾，言曰："某有负薪之忧。"

侍于君子，不顾望⑦而对，非礼也。

君子行礼，不求变俗。祭祀之礼，居丧之服，哭泣之位，皆如其国之故，谨修⑧其法而审⑨行之。去国三世，爵禄有列于朝，出入有诏于国，若兄弟宗族犹存，则反告于宗后。去国三世，爵禄无列于朝，出入无诏于国。唯兴之日，从新国之法。

注 释 ————————

①世妇：地位仅次于夫人的贵族妇女。孔颖达疏："两媵也，次于夫人而贵于诸妾也。"

②侄、娣：意思同"世妇"。

③相：古代主持礼节仪式的人，家相即管家。

④长妾：生有儿子的妾。

⑤余小子：指的是天子在丧的自称。

⑥世子：国君的儿子，太子。

⑦顾望：看看四周是否有比自己强的人选。

⑧修：与"循"同，遵循之意。

⑨审：慎重。

君主不能叫上卿和世妇的名字，大夫不能叫世代相承的大臣和妻子陪嫁的侄女、妹妹的名字，士人不能叫家臣和长妾的名字。君大夫的儿子，居丧不能自称"余小子"。大夫、士的儿子，居丧不能自称"嗣子某"，也不能和诸侯嫡子的名字一样。

君主让士射箭，如果不能射，就要用患病来推辞，说："我背柴累病了。"

侍奉君子，不看看周围是否有比自己强的人就抢先回答，这是不符合礼仪的。

君子在其他国家，不必改变原来的礼俗。祭祀的礼仪，服丧时穿的服装，哭泣的位置，都依照自己国家原来的礼俗，谨慎地遵循本国的礼法，并且慎重地实行。离开国家已经有三代的，家中还在故国的朝廷做官的，有事仍要与故国来往，如果兄弟宗族还有在国内的，就要回去告诉族长的后裔。如果离开本国已经三代，并且家里没有人在朝廷里居官食禄，出入往来别国就不用向本国报告了。只有在别国做了卿大夫的时候，才需要遵从新国家的礼俗。

大夫、士去国，祭器不逾竟。大夫寓祭器于大夫，士寓祭器于士。大夫、士去国，逾竟，为坛位，乡国而哭，素衣，素裳，素冠，彻缘，鞮屦①，素幦②，乘髦马，不蚤鬋③，不祭食，不说人以无罪，妇人不当御④，三月而复服。

大夫、士见于国君，君若劳⑤之，则还辟，再拜稽首⑥；君若迎拜，则还辟，不敢答拜。大夫、士相见，虽贵贱不敌，主人敬客则先拜客，客敬主人则先拜主人。凡非吊丧，非见国君，无不答拜者。大夫见于国君，国君拜其辱⑦；士见于大夫，大夫拜其辱。同国始相见，主人拜其辱。君于士，不答拜也；非其臣，则答拜之。大夫于其臣，虽贱，必答拜之。男女相答拜也。

①鞮屦（dī jù）：指没有装饰的草鞋。一说指革履。
②素幦（mì）：用白色的狗皮制成的盖在车轼上的物件。
③蚤鬋（jiǎn）：与"爪剪"通假。是剪指甲、理头发之意。

尚书·礼记 ◦ 礼记

134

④御：行房之意。

⑤劳：赏赐、慰劳。

⑥稽（qǐ）首：古时的一种礼节，跪下，拱手至地，头也至地。

⑦辱：谦辞，表示承蒙。这里有承蒙对方屈尊来访的意思。

译文

　　大夫或士离开国家，祭祀的器物不可以带过国境。大夫和士人将祭器寄存在同一官阶的人那里。大夫离开国家，到边境外之后，要制作一个祭坛，面向着故国哭泣，穿上白上衣、白色下裳，戴上白帽子，撤去衣服的彩色边饰，穿上没有装饰的草鞋，给车轼覆盖上白狗皮制成的覆盖物，骑着不修剪毛发的马，不修剪指甲不理发，吃饭时不行食前祭礼，不向别人诉说自己的冤屈，不能和妇女行房事。这样过了三个月才恢复常态。

　　大夫或士人到其他国家拜见别国国君，国君如果慰劳他，就要退身避开，俯首至地再拜。国君假如迎接并且先拜，大夫、士就要后退避让，并且不敢回拜。大夫与士见面，即使主客的身份贵贱不相当，如果主人为表示尊重客人，就先拜见客人；如果客人为表示尊重主人，就先拜见主人。只要不是慰问奔丧，不是士拜见国君，就都要答拜。大夫拜见别国国君，国君要拜谢大夫屈尊来访。士人拜见别国大夫，大夫要拜谢士人屈尊来访。同一个国家的人第一次见面，主人要拜谢客人来访。国君对于士人，也不回礼答拜，如果是别国的士而不是本国的士，就要答拜。大夫对自己的家臣，即使他地位低下，也必须回拜。男女之间要互相回拜。

　　国君春田不围泽①，大夫不掩群②，士不取麛③卵。

　　岁凶，年谷不登④，君膳不祭肺⑤，马不食谷，驰道⑥不除，祭事不县⑦。大夫不食粱，士饮酒不乐。

　　君无故玉不去身。大夫无故不彻⑧县。士无故不彻琴瑟。

　　士有献于国君，他日，君问之曰："安取彼？"再拜稽首而后对。大夫私行⑨出疆，必请，反必有献。士私行出疆，必请，反必告。君劳之，则拜；问其行，拜而后对。

国君去其国，止之曰："奈何去社稷也！"大夫，曰："奈何去宗庙也！"士，曰："奈何去坟墓也！"

国君死社稷，大夫死众⑩，士死制。

注 释

①泽：聚水的洼地。这里指猎场。

②掩群：追捕成群的猎物。

③麛（mí）：幼兽。

④登：庄稼成熟。

⑤不祭肺：周人以肺为食前祭礼所用之物，不祭肺指的就是不杀生祭祀之意。

⑥驰道：供君王行驶车马的道路。

⑦县：通"悬"，指悬挂的钟磬等乐器。

⑧彻：通"撤"。

⑨私行：为私事而出行。

⑩众：指统率军队之事。

尚书·礼记◦礼记

译 文

国君在春天打猎，不能包围动物生长的湖泽猎场；大夫不能猎捕兽群；士人不能猎捕幼兽和鸟卵。

遇到干旱的年份，庄稼收成不好，国君用膳不能杀牲畜取肺行祭礼，喂马不能用粮食，供君王行驶的驰道不能修整，祭祀的时候不奏乐。大夫不能吃稻粱，士宴客饮酒不能演奏乐器。

如果没有特殊原因，国君的佩玉不离身；大夫没有原因不能撤去钟磬，士人没有原因不能撤去琴瑟。

士人进献礼物给国君，后来国君问他说："你是从哪里得到那些东西的？"士再次稽首拜谢然后回答。大夫因为私事出国境，一定要请示国君，回来的时候必须有礼物进献给国君。士因为私事出国境，必须请示，回来的时候必须向国君报告。国君慰劳大夫、士，大夫、士就拜谢，问他私事出行的事情，大夫、士要先拜谢然后再回答。

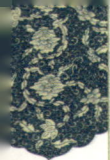

国君要离开自己的国家时，要劝止他说："为何放弃自己的社稷？"如果是大夫，就劝止他说："为什么抛弃自己的宗庙？"如果是士人，就劝止他说："为何不顾及自己的祖坟啊？"

国君应为国家而死，大夫应为统领军队而死，士人应为国君制定的法令而死。

君天下，曰天子。朝诸侯、分职、授政、任功，曰予一人。践阼^①，临祭祀，内事^②曰孝王某，外事曰嗣王某。临诸侯，畛^③于鬼神，曰有天王某甫^④。崩，曰天王崩。复，曰天子复矣。告丧，曰天王登假^⑤。措之庙，立之主^⑥，曰帝。天子未除丧，曰予小子。生名之，死亦名之。

天子有后^⑦，有夫人，有世妇，有嫔，有妻，有妾。

天子建天官，先六大^⑧，曰大宰、大宗、大史、大祝、大士、大卜，典司六典。天子之五官，曰司徒、司马、司空、司士、司寇，典司五众^⑨。天子之六府，曰司土、司木、司水、司草、司器、司货，典司六职。天子之六工，曰土工、金工、石工、木工、兽工、草工，典制六材。

注释

①践阼：指即位。

②内事：指的是在宗庙祭祀。

③畛（zhěn）：是敬告鬼神之意。

④甫：古代男子的美称。

⑤假（xiá）：通"遐"，遥远的意思。

⑥主：牌位。

⑦后：君王的正妻。

⑧大（tài）：与"太"同。

⑨众：指的是各自手下的官员。

译文

君临天下的叫"天子"，在朝会诸侯，分封职位，授予政事，委以事功时，自称"予

一人"。登上天子之位，在祭祀祖先时称"孝王某"，在祭祀天地、外神时称"嗣王某"。巡视诸侯，向当地的鬼神致祭时，称"有天王某甫"。天子死了，称"天子崩"。为天子招魂。称"天子复矣"。为天子发丧，称"天王登遐了"。把灵位安放在宗庙里，立牌位，称为某"帝"。继任的天子未除去丧服，称"予小子"。这样的天子，活着守丧时称"小子王某"，如果还没除丧就死了，也称"小子王某"。

天子宫内女性有王后、夫人、世妇、嫔、妻、妾等不同级别。

天子设立官位，先设六个太官，为大宰、大宗、大史、大祝、大士、大卜，掌管相关的六种法典。天子设立主管行政的五个官职，为司徒、司马、司空、司士、司寇，各自掌管属下官员。天子设立主管财物的六个府库，为司土、司木、司水、司草、司器、司货，掌管六种职责。天子设立管理工程的六种工匠，为土工、金工、石工、木工、兽工、草工，掌管各种器物的制作。

天子当依①而立，诸侯北面而见天子曰觐。天子当宁②而立，诸公东面，诸侯西面，曰朝。

诸侯未及期③相见曰遇，相见于郤④地曰会。诸侯使大夫问于诸侯曰聘，约信曰誓，莅牲曰盟。

诸侯见天子曰臣某侯某，其与民言自称曰"寡人"⑤。其在凶服曰适⑥子孤。临祭祀，内事曰孝子某侯某，外事曰曾孙某侯某。死曰薨。复曰某甫⑦复矣。既葬，见天子曰类见。言谥曰类⑧。诸侯使人使于诸侯，使者自称曰寡君之老。

注 释

①依：与"扆"通假，形状如屏风，设置在正屋的正中位。

②宁（zhù）：古代臣下朝见君主的地方，就是屏风和门之间的地方。

③期：指的是事先约定见面的时间和地点。

④郤（xì）：这里是两国边境的意思。

⑤寡人：古代君王的谦称，谦言寡德之意。

⑥适（dí）：通"嫡"。

⑦某甫：诸侯的字。

⑧类：罗列死者生前德行。

译 文

天子站在绣有斧纹的屏风前，诸侯面向北边拜见天子，称"觐"。天子朝南站在屏风和门之间，诸公面向东，诸侯面向西边，称"朝"。

诸侯们没有约定时间和地点互相见面称为"遇"，约定日期在两国之间的交界地带相互见面称"会"。诸侯派遣大夫互相访问称"聘"，诸侯间写下约定遵守的条文称为"誓"，杀牲饮血以确保信守诺言称"盟"。

诸侯朝见天子称"臣某侯某"，同百姓说话，自称"寡人"。如果诸侯在服丧期间，就称"嫡子孤某"。在宗庙内主持祭祀时自称"孝子某侯某"，祭祀天地就自称"曾孙某侯某"。诸侯死，称"薨"，招魂时称"某甫复矣"。继位的诸侯行过葬礼后拜见天子称为"类见"，为父请谥也称为"类"。诸侯派人出使别的诸侯国，那个使者自称为"寡君之老"。

天子穆穆①，诸侯皇皇②，大夫济济③，士跄跄④，庶人僬僬⑤。

天子之妃曰后，诸侯曰夫人，大夫曰孺人，士曰妇人，庶人曰妻。公侯有夫人，有世妇，有妻，有妾。夫人自称于天子曰"老妇"；自称于诸侯曰"寡小君⑥"；自称于其君曰"小童"。自世妇以下⑦自称曰"婢子"。子于父母则自名也。列国之大夫，入天子之国曰某士，自称曰陪臣某。于外⑧曰子，于其国曰寡君之老。使者自称曰"某"。

注 释

①穆穆：威仪盛大的样子。

②皇皇：显赫庄重的样子。

③济济（qí）：整齐的样子。

④跄跄（qiāng）：从容的样子。

⑤僬僬（jiào）：匆忙急促的样子。

⑥寡小君：诸侯朝见时对别国诸侯称自己国君的夫人。

⑦自世妇以下：指的是世妇下面的妻、妾。

⑧外：别国之意。

译 文

天子的仪容要显出威严的样子，诸侯的仪容要显出显赫庄重的样子，大夫的仪容要显出整齐严肃的样子，士人的仪容要显出从容舒展的样子，庶人的仪容匆忙仓促。

天子的配偶叫作"后"，诸侯的配偶叫作"夫人"，大夫的配偶叫作"孺人"，士人的配偶叫作"妇人"，平民的配偶叫作"妻"。公爵、侯爵有夫人、世妇、妻、妾。诸侯的夫人在天子面前自称为"老妇"，在其他诸侯面前自称"寡小君"，在她的丈夫面前自称"小童"。从世妇往下，都自称为"婢子"。子女在父母面前称自己的名字。各个诸侯国的大夫，进入天子的国都称"某士"，对天子自称"陪臣"，封国之外的人称他"子"，在自己的国家被称为"寡君之老"。出使的人自称"某"。

天子不言出①，诸侯不生名②，君子不亲恶。诸侯失地，名③；灭同姓，名。

为人臣之礼，不显谏④，三谏而不听，则逃⑤之。子之事亲也，三谏而不听，则号泣而随⑥之。

君有疾，饮药，臣先尝之。亲有疾，饮药，子先尝之。医不三世⑦，不服其药。

注 释

①出：天子以天下为家，"出"即离开国都，有遗弃天下的意思，故史书不记"出"，而记"居"。

②诸侯不生名：指的是诸侯被史书记录时，不能直呼其名，要称其爵位。

③名：史书记载时，要记录他的真名。

④不显谏：出于礼仪，不当众劝谏之意。

⑤逃：躲避、离开的意思。

⑥随：听任，任随。

⑦医不三世：行医不到三代，指的是没有丰富经验的医生。

译文

天子出奔，史书不能用"出"字记录。诸侯显赫，史书中不能记载他的名字。君子不能亲近作恶的天子和诸侯，隐瞒他们的恶行。诸侯失掉国土，或残害同姓之国，史书就可以记载他们的名字。

作为人臣的礼仪，不能当众劝谏国君。如果多次进谏而国君还不接受，就离开国君而去。儿子侍奉父母，数次劝说仍不听从，就大声哭泣，听任他们自己的想法。

君主患病服药的时候，臣下要先尝药。父母患病服药的时候，子女要先尝药。如不是三代行医的医生，不服用他的药。

天子祭天地，祭四方，祭山川，祭五祀①，岁遍。诸侯方祀②，祭山川，祭五祀，岁遍。大夫祭五祀，岁遍。士祭其先。

凡祭，有其废之莫敢举③也；有其举之莫敢废也。非其所祭而祭之，名曰淫祀。淫祀无福。

天子以牺牛，诸侯以肥牛，大夫以索牛，士以羊豕。

支子④不祭，祭必告于宗子。

凡祭宗庙之礼，牛曰一元大武，豕曰刚鬣，豚曰腯肥⑤，羊曰柔毛⑥，鸡曰翰音，犬曰羹献，雉曰疏趾，兔曰明视，脯曰尹祭，槁鱼⑦曰商祭，鲜鱼曰脡⑧祭，水曰清涤，酒曰清酌，黍曰芗合⑨，梁曰芗萁，稷曰明粢，稻曰嘉蔬，韭曰丰本，盐曰咸鹾⑩，玉曰嘉玉，币曰量币。

注释

①五祀：指的是对五种神灵的祭祀。

②方祀：祭祀国家所在的方位。

③举：再次举行之意。

④支子：指的是嫡长子以下的众子，包括妾所生的儿子。

尚书·礼记 ◎ 礼记

⑤腯(tú)肥：肥美。

⑥柔毛：羊肥则毛细而柔软。后文"翰音"，鸡肥就善鸣叫；"羹献"，狗肥就能用来煮肉作祭牲；"疏趾"，鸡肥就脚趾间展开较大；"明视"，兔子肥就目光明亮。

⑦稾(gǎo)鱼：干鱼。

⑧脡(tǐng)：直。

⑨芗(xiāng)合：指祭祀所用的黍。黍香而黏，谓之"芗合"。

⑩醝(cuó)：盐。

译文

天子祭天地之神，祭四方之神，祭山川之神，祭祀五祀之神，一年内都祭祀一次。诸侯祭祀国家所在方位之神、山川之神、五祀之神，一年内遍祭一次。大夫祭祀五祀之神，一年内遍祭一次。士人祭祀自己的祖先。

凡是祭祀，有废止的，不敢再次举行；已经举行的，就不能再废止。不是应该祭祀的却祭祀了，叫作"淫祀"。这种祭祀不能得到降福。

天子祭祀用纯毛色的祭牛，诸侯祭祀要用特别喂养的祭牛，大夫祭祀则用普通的牛，士人只用羊、猪。

嫡长子以外的子孙不能主持祭祀，如果祭祀必须告诉嫡长子。

祭宗庙的牲口有特殊礼号：牛称作一元大武，猪称作刚鬣，小猪称作腯肥。羊称为柔毛，鸡称为翰音，狗称为羹献，野鸡称为疏趾，兔子称为明视，干肉称为尹祭，干鱼称为商祭，鲜鱼称为脡祭，水称为清涤，酒称为清酌，黍称为芗合，高粱称为芗萁，稷称为明粢，稻米称为嘉蔬，韭菜称为丰本，食盐称为咸醝，玉称为嘉玉，币称为量币。

天子死曰崩，诸侯死曰薨，大夫死曰卒，士曰不禄，庶人曰死。在床曰尸，在棺曰柩。羽①鸟曰降②，四足曰渍③。死寇曰兵。祭王父曰皇祖考，王母曰皇祖妣。父曰皇考，母曰皇妣，夫曰皇辟。生曰父、曰母、曰妻；死曰考、曰妣、曰嫔。寿考④曰卒，短折⑤曰不禄。

天子视不上于袷⑥，不下于带；国君绥视⑦，大夫衡视；士视五步。凡视，上于面则敖，下于带则忧，倾⑧则奸⑨。

①羽：指代鸟类。

②降：落地。落地不再飞起，就是死了。

③渍：相互污染。郑玄注："渍谓相瀸污而死也。"

④寿考：寿终正寝。

⑤短折：夭折而亡。

⑥袷（jié）：古代衣服的交领。

⑦绥（tuǒ）视：看的时候目光稍微低于面部，在面部与交领之间。

⑧倾：歪着脑袋斜视。

⑨奸：邪恶，狡诈。

译 文

天子死称作崩，诸侯死称作薨，大夫死称作卒，士人死称作不禄，平民死称为死。死人在床称为尸，已故的放在棺材称柩。飞鸟死称降，四只脚的兽死称渍，死于寇难称兵。祭祀已经死去的祖父称皇祖考，祭祀祖母称皇祖妣。祭祀父亲称皇考，祭祀母亲称皇妣，祭祀丈夫称皇辟。活着的时候称父、母、妻。死后改称为考、妣、嫔。正常老死的称卒，短命夭折而死的称不禄。

瞻视天子时，视线不能高于衣领，不低于腰带。瞻视国君时，视线要稍微低于面部。瞻视大夫时可以平视。看士时，视线可以看周围五步之内的地方。凡是注视对方，视线超过面部就显得傲慢，低于腰带就显得忧愁，斜着眼看，就显得心术不正。

君命，大夫与士肄①。在官言官，在府言府，在库言库，在朝言朝。朝言不及犬马。辍朝而顾，不有异事，必有异虑；故辍朝而顾，君子谓之固②。在朝言礼，问礼，对以礼。

大飨③不问卜，不饶富。

凡挚④，天子鬯⑤，诸侯圭，卿羔，大夫雁，士雉，庶人之挚匹。童子委⑥挚而退。野外军中无挚，以缨⑦、拾⑧、矢，可也。妇人之挚，椇、榛、脯、脩⑨、枣、栗。

纳女于天子，曰"备百姓"⑩；于国君，曰"备酒浆"；于大夫，曰"备扫洒"。

注 释

①肄：研习之意。

②固：鄙陋无礼的样子。

③大飨（xiǎng）：用酒食招待人。大飨指天子款待诸侯的大宴会。

④挚：通"贽"，初次拜见尊长所送的礼物。

⑤鬯（chàng）：祭祀用酒。

⑥委：致送。

⑦缨：套马的革带。郑玄注："缨，马繁缨卷也。"

⑧拾：射箭时裹袖子用的臂套。

⑨脩：干肉。

⑩备百姓：同"备酒浆""备扫洒"，都是谦词。

译 文 ────────────────

　　国君有命，想要做某事，大夫和士人要事先研习。若君命涉及版图文书，就在官衙讨论；涉及宝藏，就在府仓讨论；涉及车马，就在武库讨论；涉及政事，就在朝讨论。在朝廷之上谈论不能涉及犬马的东西。散朝还回头看，就表明此人不是有别的事情没讲，就必然有其他的想法。所以散朝后还回头看，君子认为这是粗鲁无礼的。在朝廷上谈话要注意依礼，问话要有礼，回答也要有礼。

　　举行大飨之礼，不需要占卜订日期，礼数完备就不需要额外增加。

　　凡是见面的礼品，天子送鬯酒，诸侯送圭玉，卿相送羊羔，大夫送雁，士人送野鸡，平民送鸭。小孩放下礼物就可以退避。郊外军队之中没有礼物，用马缨、臂套、箭矢也可以。用于妇女的见面礼，有棋、榛果、肉脯、肉干、枣、栗子。

　　如果将女儿嫁给天子，称"备百姓"；如果将女儿嫁给国君，称"备酒浆"，如果将女儿嫁给大夫，称"备扫洒"。

礼 运

昔者仲尼与于蜡①宾，事毕，出游于观②之上，喟然③而叹。仲尼之叹，盖叹鲁也。言偃在侧，曰："君子何叹？"孔子曰："大道之行也，与三代之英，丘未之逮④也，而有志焉。

"大道之行也，天下为公。选贤与能，讲信修睦，故人不独亲其亲，不独子其子，使老有所终，壮有所用，幼有所长，矜寡、孤独、废疾者⑤皆有所养。男有分，女有归。货恶其弃于地也，不必藏于己；力恶其不出于身也，不必为已。是故谋闭而不兴，盗窃乱贼而不作，故外户而不闭，是谓大同。

"今大道既隐⑥，天下为家，各亲其亲，各子其子，货力为己，大人世及以为礼。城郭沟池以为固，礼义以为纪；以正君臣，以笃父子，以睦兄弟，以和夫妇，以设制度，以立田里，以贤勇知。以功为己，故谋用是作，而兵由此起。禹、汤、文、武、成王、周公，由此其选也。此六君子者，未有不谨于礼者也。以著其义，以考⑦其信，著有过，刑⑧仁讲让，示民有常。如有不由此者，在势者去⑨，众以为殃。是谓小康。"

注 释

①蜡（zhà）：年末之时进行的隆重祭祀活动，又叫作蜡祭。

②观（guàn）：指的是古代在宗庙门外的小楼，即"阙"。

③喟（kuì）然：深深地感叹。

④逮（dài）：赶得上。

⑤矜（guān）寡、孤独、废疾者：老而无妻、无夫的人，年幼无父、年老无子的人，身体残疾的人。矜，与"鳏"同。

⑥隐：退去、消散之意。

⑦考：成就。

⑧刑：范式、典范。

⑨去：辞去、驱逐。

从前，孔子曾经参与蜡祭，充任蜡祭的助祭。蜡祭完毕，他外出到门楼上游览时唉声叹气。仲尼叹气，是为鲁国叹气。言偃在旁边问道："您为什么叹息呢？"孔子说："大道施行的五帝时代，三代英明之主所处的时代，我都没有赶上。可是古书上有记载。

"大道施行的时代，天下是公共的，选拔贤能的人治理天下，人们之间讲究信用，和睦相处。所以人们不只是爱自己的父母，也要爱别人的父母；不单单疼爱自己的子女，也疼爱别人的子女。使老年人能安享天年，壮年人能发挥作用，小孩子能良好成长，鳏夫、寡妇、年少失去父亲的孤儿、失去子女的老人、残疾人、病人都能得到供养。使男人有自己的职业，女人出嫁得到归宿。厌恶财物被丢弃浪费，但不必把它占为己有；厌恶有力气偷懒不用，但并不必是为了自己。因此各种阴谋都被杜绝了而不发生，也没有劫掠偷窃的盗贼，因而可以从外面合住门而不关紧，这就叫作大同世界。

"当今社会大道已经隐没不行了，天下成了君王一家的天下，人们只亲爱自己的亲人，各人也只把自己的孩子当作孩子，财物或出力全是为自己。天子诸侯把世袭作为礼法，修建城郭、开掘护城河来坚固防守，把礼义作为纲纪，用来使君臣关系确定，使父子关系淳厚，使兄弟关系和睦，使夫妇关系和谐，并且以此设立制度，划分田地和住宅，把勇猛、聪明的人当作贤人。为自己建立功业，故阴谋诡计由此产生，战争也由此而起。禹、汤、文王、武王、成王、周公，就是用礼义治理天下，从而成为才德出众的人。这六位君子，没有不恪守礼制的。彰明礼的意义，用它来考察人们的信用，明察过失，以仁厚为典范而讲究谦让，告诉人们正常的治国准则。如果有不遵循礼义的，有权势的人也要被驱逐，人人都视他为灾祸。这就叫作小康社会。"

言偃复①问曰："如此乎礼之急也？"孔子曰："夫礼，先王以承天之道，以治人之情，故失之者死，得之者生。《诗》曰：'相鼠有体，人而无礼。人而无礼，胡不遄②死？'是故夫礼必本于天，殽③于地，列④于鬼神，达于丧、祭、射、御、冠、昏、朝、聘。
故圣人以礼示之，故天下国
家可得而正也。"

　　言偃复问曰："夫子之
极言礼也，可得而闻与？"
孔子曰："我欲观夏道，是故
之杞，而不足征⑤也，吾得《夏
时》焉。我欲观殷道，是故之宋⑥，
而不足征也，吾得《坤乾》⑦焉。《坤乾》之义，
《夏时》之等，吾以是观之。"

注　释

①复：再次。

②遄（chuán）：快，迅速。

③斅（xiào）："效"的假借字。

④列：并列。

⑤征：证明。

⑥宋：周代的诸侯国，是商汤的后代。

⑦《坤乾》：殷人关于阴阳占筮的书。

译　文

　　言偃又问道："礼，真像这样急需吗？"孔子说："礼，是先代君王用来顺应自然法
则，来陶冶人的情操的。所以，失去礼必然死亡，遵行礼才能生存。《诗经》上说：'看
那老鼠有肢体，做人反而没有礼；倘若做人没有礼，何不快点死去呢？'因此，礼必定
以天为根本，效法于地理，与鬼神并列，表现在丧葬、祭祀、射礼、乡饮酒、加冠、婚
嫁、朝见、聘问等礼仪上。所以圣人用礼来昭示民众，天下国家就可以被治理好了。"

　　言偃又问道："老师如此极力推崇礼，可以让我听听究竟礼是什么吗？"孔子说：
"我想知道夏朝的礼，所以到杞国去，但文献不足以征引了，我从那里只获得了一部名

为《夏时》的历书。我想知道殷商的礼，所以到宋国去，也无法通过文献得到验证，我从那里只获得了一部名为《坤乾》的卜筮之书。我从《夏时》的含义、《坤乾》的等列中看到了礼的演变道理及周转的程序。"

孔子曰："於呼哀哉！吾观周道，幽、厉①伤之。吾舍②鲁何适矣？鲁之郊、禘③，非礼也。周公其衰矣！杞之郊也，禹也；宋之郊也，契也。是天子之事守也。故天子祭天地，诸侯祭社稷。祝、嘏莫敢易其常古，是谓大假④。祝、嘏辞说，藏于宗、祝、巫、史，非礼也。是谓幽国。醆⑤、斝⑥及尸君，非礼也。是谓僭君。冕、弁、兵、革藏于私家，非礼也。是谓胁⑦君。大夫具官，祭器不假，声乐皆具，非礼也。是谓乱国。故仕于公曰'臣'，仕于家曰'仆'。三年之丧，与新有昏者，期⑧不使。以衰裳入朝，与家仆杂居齐齿，非礼也。是谓君与臣同国。故天子有田以处其子孙，诸侯有国以处其子孙，大夫有采以处其子孙。是谓制度。故天子适诸侯，必舍其祖庙，而不以礼籍入，是谓天子坏法乱纪。诸侯非问疾吊丧，而入诸臣之家。是谓君臣为谑。是故礼者，君之大柄也。所以别嫌明微，傧鬼神，考制度，别仁义，所以治政安君也。故政不正则君位危，君位危则大臣倍，小臣窃。刑肃⑨而俗敝，则法无常，法无常而礼无列，礼无列，则士不事也。刑肃而俗敝，则民弗归也。是谓疵国。

注 释

①幽、厉：周幽王和周厉王，他们是西周末年的两个昏君。

②舍：放在一边；离开。

③禘(dì)：与"第"同音。是古代的祭祀名，指天子祭祀始祖或者夏季宗庙中举行的祭祀。

④假：一说作"嘏"，福祉。

⑤醆(zhǎn)：酒器。

⑥斝(jiǎ)：一种大口圆腹，下有三锥形足的青铜酒器。

⑦胁：威胁、胁迫。

尚书·礼记　礼记

⑧期（jī）：一年。

⑨肃：严峻。

译文 ————————————————

孔子说："唉，太可悲啊！我考察周代的制度，发现自幽王、厉王起周礼就败坏了，当今只有鲁国秉承周礼，如果我不去鲁国，我还能去向何处呢？鲁国现在举行天子才能举行的郊禘之礼，不符合礼。周公创制的礼何其衰微啊！杞国的祭天之礼祭的是始祖夏禹，宋国的祭天之礼祭的是始祖商契。郊禘是天子的分内之事。所以只有天子才可以祭天地，诸侯只能祭自己国内的土神和谷神。祝辞、嘏辞不敢更改旧有制式，这称为大福。把祝辞和嘏辞放在宗伯、太祝、巫官、史官的家里，不符合礼数，这便是国家典礼幽暗不明。用天子专用的盏、斝向尸君献酒，不符合礼，这叫作僭礼之君。冕、弁是国君才可穿的礼服，兵器、甲革是国家的武备，却藏在大夫家中，这不合于礼，这叫作威胁国君。大夫家中有执事官吏，祭器齐全不需向人借用，八种乐器齐备，不符合礼，这称为国家纲纪悖乱。因此，为国君效力的官叫作臣，为士大夫效力的叫作仆。为父母服丧三年的和新婚的臣仆，一年之内国君和大夫不派他差使。如果穿着丧服进朝，或和家仆杂居等列，这也不符合礼，这称为君臣共同拥有国家。因此天子有田地就安置他的子孙，诸侯有封国就安置他的子孙，大夫有封地就安置他的子孙，这称为制度。因此天子到诸侯那里去，必然在诸侯的祖庙里下榻，如果天子不依照礼册上的规定就擅自进入祖庙，这称为天子败坏礼法。诸侯如果不是探视疾病、吊丧而进入臣下的家里，这称为君臣戏谑。所以，礼是国君用来治理国家的重要手段，是用来辨别疑惑，洞察幽微，敬奉鬼神，考校制度，辨别仁义的，是用来治国理政而安定君位的。因此，如果政治不端正，那么国君的地位就危险，君位动摇大臣就会悖逆，小臣就会偷窃。如果刑罚严峻就会礼俗败坏，法律就会波动不定；法律不定而导致礼秩序紊乱；礼秩序紊乱就会让士人不忠于职事；刑罚严峻而礼俗败坏，那么民众就不会归心于国家，这称为有弊病之国。

"故政者，君之所以①藏身也。是故夫政必本于天，殽以降命。命降于社之谓殽地，降于祖庙之谓仁义，降于山川之谓兴作②，降于五祀③之谓制度。此圣人所以藏身之固④也。

"故圣人参⑤于天地，并于鬼神，以治政也。处其所存，礼之序也；玩⑥其所乐，民之治也。故天生时而地生财，人，其父生而师教之，四者君以正用之，故君者立于无过之地也。"

注 释

①所以：用来……的。

②兴作：兴造制作，建设。

③五祀：指户、灶、中雷、门、行，古代祭祀的五种神祇。

④固：稳固。

⑤参：参考。

⑥玩：研习，反复体会。

译 文

"政教是国君托身以保安定的依托。因此，国政必须以天理为根本来制定，效法天气以下达政令。政令根据土地需要来下达称为效地，根据祭祀祖庙需要来下达称为仁义，根据利用山川需要来下达称为兴建，根据五祀形制的需要来下达称为制度。这就是圣人托身之处稳固的缘故。

"因而圣人参考天地，比照鬼神，来治国理政。处理其观察到的问题，使礼的秩序得到实现；体味民众所引以为乐的，使民众得到治理。因此天有四季，而地有资财，人的身体由父母生养，知识才能是师长教育，这四方面，国君如果能够恰当地运用它们，就可以正身立于无过错之地。"

"故人者，其天地之德，阴阳之交，鬼神之会，五行之秀气也。故天秉阳，垂日星；地秉阴，窍①于山川。播②五行于四时，和而后月生也。是以三五而盈，三五而阙③。五行之动，迭相竭也。五行、四时、十二月，还相为本也。五声、六律、十二管，还相为宫也。五味、六和、十二食，还相为质也。五色、六章、十二衣，还相为质也。

"故人者。天地之心也，五行之端也，食味、别声、被色而生者也。

尚书·礼记◎礼记

故圣人作则，必以天地为本，以阴阳为端，以四时为柄④，以日星为纪，月以为量，鬼神以为徒⑤，五行以为质，礼义以为器，人情以为田，四灵以为畜。以天地为本，故物可举也；以阴阳为端，故情可睹也；以四时为柄，故事可劝也；以日星为纪，故事可列也。月以为量，故功有艺⑥也；鬼神以为徒，故事有守也；五行以为质，故事可复也；礼义以为器，故事行有考也；人情以为田，故人以为奥⑦也；四灵以为畜，故饮食有由也。"

注 释

①窍：形成洞穴、贯通。

②播：散播、分散。

③阙：与"缺"相通。

④柄：把柄。

⑤徒：徒党，同一类或同一派别的人。

⑥艺：标准，准则。

⑦奥：主人，主要的对象。

译 文

"人类是感应天地之德而造就的，交错着阴阳，汇合着形体与精气，吸收着五行的灵秀之气。因此天持阳性，日月星辰普照大地；地持阴性，借助山川洞穴通气。把五行分散到四季之中，四季和顺，而后月亮出现。因此十五天而月盈满，又十五天而月亏缺。五行的消长，轮流承载。五行、四季、十二个月，周而复始。五声、六律、十二律管，交替应用来确定宫音的音高。五味、六和、十二食，交替为主味。五色、六章、十二衣，也都轮转着为主色。

"因此人类是天地的核心，是五行的发端，是品尝五种味道、辨别五种声音、兼穿五种颜色而产生出来的。因此圣人制作法则，必然以天地为根本，以阴阳交会为发端，以四时作为把柄，以太阳、星辰的运行为准则。以十二月来计量事功，以鬼神为徒属，以五行运行的规律为本体，以礼义作为工具，以人情作为田地，以四灵作为百畜的首领。以天地为根本，因此可以包罗万物；以阴阳为开端，因此人情都可以看见；以四时

作为把柄，因此就可以劝勉农事；以日、月的运行来为准则计时，因此做事情可以有条理；以十二月来计量事功，因此所当完成的事功就有了标准；以鬼神为徒属，所以人人循守职事。以五行运行的规律为本体，因此万事都可以周而复始。以礼义为工具，因此做事情就会有成效。以人情为耕作的田地，因此让人成为田地之主。以四灵为百畜的首领，因此民众的饮食就有了来源。"

"何谓四灵？麟、凤、龟、龙，谓之四灵。故龙以为畜，故鱼鲔不淰①；凤以为畜，故鸟不獝②；麟以为畜，故兽不狘③；龟以为畜，故人情不失④。

"故先王秉蓍⑤龟，列祭祀，瘗⑥缯，宣祝嘏辞说，设制度。故国有礼，官有御，事有职，礼有序。

"故先王患礼之不达于下也，故祭帝于郊，所以定天位也；祀社于国，所以列地利也；祖庙，所以本⑦仁也；山川，所以傧鬼神也；五祀，所以本事也。故宗祝在庙，三公在朝，三老在学，王前巫而后史，卜筮瞽侑⑧皆在左右。王中心无为也，以守至正。故礼行于郊而百神受职焉，礼行于社而百货可极焉，礼行于祖庙而孝慈服焉，礼行于五祀而正法则焉。故自郊、社、祖庙、山川、五祀，义之修而礼之藏⑨也。"

注 释

①淰（shěn）：鱼惊走的意思。

②獝（xù）：鸟惊飞的意思。

③狘（xuè）：兽惊跑的意思。

④失：失误。

⑤蓍（shī）：用来占卜的草。

⑥瘗（yì）：埋藏。

⑦本：这里有体现的意思。

⑧瞽（gǔ）侑：瞽，乐师。侑，用奏乐或献玉帛劝人饮食的人，即膳宰。

⑨藏：归宿。

译文

"什么是四灵？麟、凤、龟、龙，称为四灵。因此养了龙，鱼类就会被统率而不会被惊走；养了凤，鸟类就不会被惊飞；养了麟，兽类就不会被惊跑；养了灵龟，就会准确无误地占卜出人情。

"因此先王秉持卜筮用的蓍草和龟甲，按照顺序进行祭祀，埋葬缯帛为祭品，宣读祝辞和嘏辞，建立制度，于是国家有礼制，官吏有执掌，事情有职分，礼制有秩序。

"先王担心礼不能通达于天下民众。因此在郊外祭祀天帝，用来确定天至高无上的地位；在国内祭祀社神，用来彰显土地养民的功劳；祭祀祖庙，用来体现仁爱；祭祀山川，用来敬奉鬼神。祭祀五祀，用来体现制度的来源。因此宗祝在宗庙里帮助君王行礼，三公在朝堂之上，三老在学校之内。君王前有掌管鬼神之事的巫，后有记录言行的史。负责占卜的卜筮、负责奏乐的乐师和负责规劝的侑都守在天子身旁。天子的心中绝无杂念，用来坚守正道。因此在郊外祭祀天帝，众神就会忠于职守。祭祀社神，大地物产都能尽其所用。祭祀祖庙，孝敬慈爱就会让人信服。祭祀五祀，各种法令规则就会得到端正。因此祭天、祭社、祭祖庙、祭山川这些祭祀中修饰了义，而礼又寄托在其中。"

"故礼义也者，人之大端①也。所以讲信修睦，而固人肌肤之会，筋骸之束②也；所以养生送死，事鬼神之大端也；所以达天道，顺人情之大窦③也。故唯圣人为知礼之不可以已④也。故坏国、丧家、亡人，必先去其礼。"

注释

①大端：最根本点。

②肌肤之会，筋骸之束：肌肤、筋骸紧密联系，不可分开。此处是借喻人类社会关系不散乱全靠礼义的维系。

③窦：孔穴。

④已：停止。

译文

"因此，礼义是人做一切事情最基本的出发点。人依据礼义，才能讲究诚信，保持和睦，如同肌肤会合、筋骨相连对人的作用一样，使人更团结地生存；礼义是人用来供养活着的人，送走死去的人，祭祀鬼神的最基本的出发点；是用来通达天理、顺适人情的重要渠道。因此只有圣人才知道礼是不可以废止的。所以那些败国、丧家、亡身的人，肯定先抛弃了礼义。"

"故礼之于人也，犹酒之有蘖①也，君子以厚，小人以薄。故圣王修义之柄，礼之序，以治人情。故人情者，圣王之田也，修礼以耕之，陈义以种之，讲学以耨②之，本仁以聚③之，播乐以安之。故礼也者，义之实也。协诸义而协，则礼虽先王未之有，可以义起也。义者，艺之分，仁之节也。协于艺，讲于仁，得之者强。仁者，义之本也，顺之体也，得之者尊。故治国不以礼，犹无耜而耕也；为礼不本于义，犹耕而弗种也；为义而不讲之以学，犹种而弗耨也；讲之以学而不合之以仁，犹耨而弗获也；合之以仁而不安之以乐，犹获而弗食也；安之以乐而不达于顺，犹食而弗肥也。四体既正，肤革充盈，人之肥也。父子笃④，兄弟睦，夫妇和，家之肥也。大臣法，小臣廉，官职相序，君臣相正，国之肥也。天子以德为车，以乐为御，诸侯以礼相与⑤，大夫以法相序，士以信相考，百姓以睦相守，天下之肥也。是谓大顺。大顺者，所以养生、送死、事鬼神之常也。故事大积焉而不苑，并行而不缪⑥，细行而不失，深而通，茂而有间，连而不相及也，动而不相害也，此顺之至也。故明⑦于顺，然后能守危也。"

注释

①蘖（niè）：酿酒制酱发酵时用的曲。

②耨（nòu）：除草。

③聚：团结、联合。

④笃：忠信，不虚伪。

⑤相与：相交、相处。

⑥缪：悖谬、不合情理。

⑦明：明白、通晓。

译文

"因此礼义对于人来说，就好比是酿酒时用的酒曲那么关键，君子礼义厚重，酿出的酒味道就醇厚，小人礼义轻薄，酿出的酒味道就薄。因此先贤圣王以修持礼义、规范秩序来治理人情世故。所以人情是圣王的田地，修行礼来耕田，陈明义来种田，讲解学习来锄田，用仁爱为本来收获，播放乐曲来安定人心。因此礼的实质是义。礼要合乎义并且二者协调，如此一来礼义即使在前代的先贤圣王时期不曾实行，现在也可以发端于义。义是区分事理、仁爱的标准。能够以义协助于事理、讲求于仁爱的，这便是强者。仁是义的根本，是顺的主体，仁爱的人便会赢得他人的尊重。因此说，治理国家不讲求礼义，就好比耕地没有农具一样；制定礼不从根本的义出发，就好比耕种没有播种一样；有义却不加以研习，就如同播种以后却不去锄草一样；讲解教化却不结合仁爱，就好比劳作后却不去收获一样；合乎仁的要求却不能用音乐使人心安定，就好比是有了收获却不能享受果实一样；用音乐人心安定却不能自然顺遂，就好比吃了东西却没使身体丰肥起来一样。四肢端正，肌肤饱满，这是健康的身体。父子感情深厚，兄弟和睦相处，夫妻恩爱有加，这是健康的家庭。大臣公正守法，小臣廉洁奉公，官吏职分上下有序，君臣相互信任，这是健康的国家。天子以施行仁德为车，以礼乐制度为驾驶的车夫，诸侯之间以礼相待，大夫之间以法度规范秩序，士人之间以信誉做事，百姓之间以和睦相守，这就是健康的世界，这就是所说的大顺。大顺，就是养生送死，侍奉鬼神的常礼。即使有再多再大的事情也不会凌乱不堪，同时运行也不会相互影响，微末小事也不会有差池，虽然事情深微却可以行事畅通，虽然事务繁忙却也有闲乐的时候，有些事情相互关联互不干扰，同时运作起来不会使其相互间有损害，这便是'顺'的最高境界。只有明白了什么是国家所需要的'顺'，方可守住高位而不危乱。"

"故礼之不同也，不丰①也，不杀也，所以持情而合②危也。故圣王所以顺，山者不使居川，不使渚者居中原，而弗敝③也。用水、火、金、木、饮食必时，合男女、颁爵位必当年、德，用民必顺。故无水旱昆虫之灾，民无凶饥妖孽之疾。故天不爱④其道，地不爱其宝，人不爱其情。故天降膏露，地出醴泉，山出器、车，河出马图，凤凰、麒麟皆在郊棷⑤，龟、龙在宫沼，其余鸟兽之卵胎，皆可俯而窥也。则是无故，先王能修礼以达义，体信以达顺故。此顺之实也。"

注 释

①丰：过度。

②合：防止。

③敝：凋敝、败落。

④爱：吝惜。

⑤棷（sǒu）：通"薮"，生长着许多草的沼泽。

译 文

"因此礼的特殊之处在于讲究尺度差别，既不过分，也不减少，用来维持人情防止危险。圣王用天地人的和顺来制礼。因此不让居住在山区的人到河边居住，不让居住在洲岛上的人到中原居住，这样就不会民生疲敝。使用水、火、金、木等生活资料和饮食必须顺应季节的变化；男婚女嫁、授予爵位，必须依照人的年龄和德行；使用民力必须顺应民心和时令。因此没有水、旱、虫灾，民众之间没有发生饥荒和妖孽等祸事。因此天不隐藏养民之道，地不隐藏养民之宝，人不隐藏其感情。因此天才降下甘露，地才涌出甘美的泉水，山中才出现宝器、车辆，河里有龙马背着《图》出现，凤凰、麒麟都出现在郊外的湖泽中，龟和龙都在宫殿的池沼里畜养，其他鸟的卵和怀胎的兽，都能随地看到而不使其受惊吓。这种太平景象的实现，没有其他原因，是先王能够遵循礼而通达义，依循诚信而顺应天理的缘故。这是天下大顺的结果。"

礼　器

礼器，是故大备①。大备，盛德也。礼释②回，增美质，措③则正，施则行。其在人也，如竹箭之有筠也，如松柏之有心也。二者居天下之大端矣，故贯四时而不改柯易叶。故君子有礼，则外谐而内无怨。故物无不怀④仁，鬼神飨德。

先王之立礼也，有本⑤有文。忠信，礼之本也；义理，礼之文也。无本不立，无文不行。

礼也者，合于天时，设于地财，顺于鬼神，合于人心，理万物者也。是故天时有生也，地理有宜也，人官有能也，物曲⑥有利也。故天不生，地不养，君子不以为礼，鬼神弗飨也。居山以鱼鳖为礼，居泽以鹿豕为礼，君子谓之不知礼。故必举其定国之数⑦，以为礼之大经。礼之大伦，以地广狭；礼之薄厚，与年之上下。是故年虽大杀，众不匡⑧惧，则上之制礼也节矣。

注　释

①大备：完备。

②释：去除。

③措：安置。

④怀：归。

⑤本：根本，指基础原则。

⑥物曲：指万物不同的用途。

⑦定国之数：指国内物产多少之数。

⑧匡：与"恇"相通，恐惧的意思。

译　文

以礼为器能使人完备。品德完备就是德行之最高表现了。礼可以消除邪恶，完善

人的美好品德，使人得以符合正道，使措施得以实行。人有了礼，就好比竹箭有了青皮，又好比松柏有了树心，这两种植物，具备天下万物的至高节行，所以经历了春夏秋冬而不改变其枝叶的茂盛。因此，君子有了礼，就能与外界和谐相处，内心也没有怨恨的念头。因此没有人不感怀他的仁慈，即使鬼神也在欣赏他的德性而享用他的祭品。

先世王者所制定的礼，自有其精神基础和形式原则。忠信，是礼的精神基础；义理，是礼的形式原则。没有精神基础，礼就不能成立；没有形式的原则，礼就无法施行。

礼，是合乎天时，配合地的物产，顺应鬼神意旨，切合人的心理，而治理万物的。只有如此，能使天时生生不已，地利各适其宜，人体各显所能，万物各具其效用。凡不是天生、地长的东西，君子都不会用来行礼的，鬼神也不享用。居住在山中，却使用水里的鱼鳖来赠礼；居住在水滨，却使用山里的鹿豕来赠礼，这样做，君子也认为是不懂得礼的。所以一个国家必须根据自己国内物产的多少，作为行礼的基本条件。行礼的大的类别，是根据所拥有土地的大小而定的，礼的厚薄，要依据年成的好坏而定。因为有了这种制度保证，即使在年成不好的时候，民众也不会恐惧。因为他们相信先王制定礼是有分寸的。

礼，时^①为大，顺次之，体^②次之，宜次之，称^③次之。尧授舜，舜授禹，汤放桀，武王伐纣，时也。《诗》云："匪革其犹，聿追来孝。"天地之祭，宗庙之事，父子之道，君臣之义，伦也。社稷山川之事，鬼神之祭，体也。丧祭之用，宾客之交，义也。羔、豚而祭，百官皆足，大牢^④而祭，不必有余，此之谓称也。诸侯以龟为宝，以圭为瑞；家不宝^⑤龟，不藏圭，不

台门，言有称也。

礼有以多为贵者：天子七庙，诸侯五，大夫三，士一。天子之豆二十有六，诸公十有六，诸侯十有二，上大夫八，下大夫六。诸侯七介⑥、七牢，大夫五介、五牢。天子之席五重，诸侯之席三重，大夫再重。天子崩，七月而葬，五重八翣⑦；诸侯五月而葬，三重六翣；大夫三月而葬，再重四翣。此以多为贵也。

注 释

①时：天时，方悫："天之运谓之'时'"。

②体：指不同的祭祀对象，方悫："形之辨谓之'体'"。

③称：相称，恰当。

④大牢：以牛、羊、猪三牲为祭品。

⑤宝：意动用法，把……当作宝贝。

⑥介：随同国君或大夫前来朝觐的官员。

⑦翣（shà）：遮盖棺材的装饰物，形状像扇子，用木头所做，外面罩着白布，上面画有图形。

译 文

制礼之要点，最重大者是天地四时的运行，其次是伦理顺序，再其次是分辨所祭的对象，再其次是事情包含的义理，最后是注意要与身份相称。例如尧把位传给舜，舜把位传给禹，商汤放逐夏桀，武王讨伐商纣，这些都是合天时而行的。《诗经》上说："并非急于贯彻自己的谋划，而是追怀先人的功业，显示自己的孝心。"王者对天地的祭祀，宗庙里对祖先的祭祀，父子间的道德，君臣间的大义，就是礼所顺应的伦常。对社稷、山川、鬼神的祭祀，对象不同，礼也有所不同，这就叫作各得其体。丧葬祭祀及宾客交往所需的费用，都必须适合于礼。大夫及士的祭祀，仅用一只羔羊、一头小猪，但这也要向参加祭祀的人分享；天子国君的祭祀，用牛、羊、豕三牲，但不会浪费，这便是礼与身份相称。再如诸侯有宝龟有瑞圭，而大夫们则不能有宝龟、瑞圭，也不能修僭越的台门，这就是礼与身份相称。

礼，有时以多为贵。如天子为祖先建七庙，诸侯建五庙，大夫建三庙，士只建一庙。天子吃饭有二十六件豆盛放菜肴，诸公十六，诸侯十二，上大夫八，下大夫六。诸侯出国访问，有七个副员帮助传话，主国以七席太牢招待来宾；大夫奉诸侯之命出国访问则只有五个副员帮助传话，五席太牢。天子的座席有五层，诸侯的有三层，大夫的只有两层；天子去世，七个月以后才能下葬，葬时，棺下的抗木和茵席各有五层，翣用八个；诸侯去世，五个月后便下葬，葬时，棺下的抗木和茵席各用三层，翣用六个；大夫去世，三个月便下葬，葬时，棺下的抗木和茵席各有两层，翣用四个。从这里，就知道礼有时是以多为贵。

有以少为贵者：天子无介，祭天特牲①。天子适诸侯，诸侯膳以犊。诸侯相朝，灌②用郁鬯③，无笾④、豆之荐。大夫聘，礼以脯、醢⑤。天子一食，诸侯再，大夫、士三，食力无数。大路繁缨一就，次路繁缨七就。圭璋特，琥璜爵。鬼神之祭单席。诸侯视朝，大夫特，士旅之。此以少为贵也。

有以大为贵者：宫室之量，器皿之度，棺椁之厚，丘封⑥之大，此以大为贵也。

有以小为贵者：宗庙之祭，贵者献以爵，贱者献以散，尊者举觯，卑者举角，五献⑦之尊，门外缶，门内壶，君尊瓦甒⑧。此以小为贵也。

有以高为贵者：天子之堂九尺，诸侯七尺，大夫五尺，士三尺。天子、诸侯台门⑨。此以高为贵也。

有以下为贵者：至敬⑩不坛⑪，埽地而祭。天子、诸侯之尊废禁，大夫、士棜禁⑫。此以下为贵也。

注　释

① 特牲：祭天只用一只牛。

② 灌：敬酒。

③ 鬯（chàng）：用于祭祀的香酒。

④ 笾（biān）：祭祀宴飨礼器的一种，用于盛放肉干、肉酱。

⑤脯、醢：干肉和肉酱类的食品。

⑥丘封：墓葬之上的封土堆。

⑦五献：指享礼的献数。

⑧瓦甒(wǔ)：古代的一种有盖瓦器，口小，腹大，用于盛酒。

⑨台门：天子、诸侯宫门外所建的楼观。

⑩至敬：最崇高的祭礼，这里指祭天的郊祀之礼。

⑪坛：名词用作动词，筑祭坛。

⑫棜(yù)禁：古代礼器。无足名棜，有足名禁。

译文 ─────────────

礼也有以少贵的：诸侯出门有七个副官，而天子出门则一个都不用；在最隆重的祭天仪式，却只用一头牛。天子到诸侯国视察，诸侯也只用一头牛犊招待；诸侯相互访问，彼此互敬可用香酒，而不设盛肉干、肉酱的笾、豆等物；大夫出国访问，却用肉干、肉酱来款待。在食礼上，天子品尝一口便说吃饱了，诸侯则两口，大夫和士三口，而从事体力劳动的人则没有数量限制，吃饱为止。殷代祭天所用的大车，只用马腹部和颈部的一圈革带来装饰马匹，平常杂事所用的车马却用七圈装饰；诸侯朝见天子所献的贵重玉器，如圭璋，全都单独捧出；至于次等的，如琥璜，则以饮酒用的爵为配。祭祀鬼神只用一层席，而不像天子使用五层坐席，诸侯三层，大夫二层。诸侯临朝时，对大夫须个别地行拜见之礼，而对士则向众人行一次拜见之礼。从此可见，有的礼是以少为贵。

礼有的以大为贵，例如：官室的规模，器皿的尺寸，棺椁的厚度，封土的大小，都是越贵者越大。

礼有的以小为贵，例如，宗庙之祭，主人献尸则以小杯，而贱者为献（此礼不可考）则用大杯。在诸侯举行"五献"时，放置酒器的方法，是把最大的盛酒器缶置于门外，较大的壶于门内，而主客互酬却使用最小的酒壶。这些都是以小为贵的例子。

礼有的以高为贵，例如：天子殿堂的堂高九尺，诸侯的堂高七尺，大夫的堂高五尺，士的只有三尺；天子和诸侯建造台门，而大夫门前只有一个较低的门楼。这些都是以高为贵的例子。

礼有的以低下为贵，例如：祭天是最高的礼仪，但却并不特意营建祭坛，只是在坛下扫地而祭。天子、诸侯放置酒樽不用禁，大夫和士却要用无足的椫禁。这些都是以低为贵的例子。

礼也者，犹体也。体不备，君子谓之不成人。设①之不当，犹不备也。礼有大，有小，有显，有微。大者不可损，小者不可益，显者不可揜，微者不可大也。故经礼②三百，曲礼③三千，其致一也。未有入室而不由户④者。

君子之于礼也，有所竭情尽慎，致其敬而诚若⑤，有美而文而诚若。君子之于礼也，有直而行也，有曲而杀也，有经而等也，有顺而讨也，有摲⑥而播也，有推而进也，有放⑦而文也，有放而不致也，有顺而摭⑧也。

三代之礼一也，民共由之，或素或青，夏造殷因。

周坐尸，诏侑武方，其礼亦然。其道一也。夏立尸而卒祭，殷坐尸，周旅酬六尸。曾子曰："周礼其犹醵⑨与？"

注 释 ————

①设：安排。

②经礼：一说常用的礼仪，一说指《周礼》，郑玄注："经礼谓《周礼》，曲礼即《仪礼》。"

③曲礼：指礼的条目、细节。一说指《仪礼》。

④户：门。

⑤诚若：至诚和顺。

⑥摲（chàn）：除去，消除。

⑦放（fǎng）：仿效。

⑧摭（zhí）：拾取。

⑨醵（jù）：众人凑钱喝酒。

尚书·礼记◎礼记

礼，就像人体一样。如果人体不完备，君子就被称为不完善的人。礼如果施行得不妥当，那就像身体不完备一样。礼有规模盛大的大礼，也有形式精短的小礼，有的礼意义一目了然，有的不容易看出它的用意。该大的礼不能缩小，该小的礼不能增大；意义明显的不必掩盖，意义隐晦的不必张扬。常用的礼要有三百，礼的细节有三千，其精髓都是一样的，都是以诚为基本。这就像人要进屋，没有不经过门的一样。

君子施行礼，有时是竭尽自己的真情实意的，致其敬爱来表达这种诚意，在施行大礼时，以极力表现器物之美与纹饰之美来表达这种诚意。君子对于礼，有时直接顺着自己的情感表达，有时则要酌情变通，减少才能施行，有时依照常法人人平等，有时却要从尊到卑、顺次减损的，有的是取法其上者而及于下者的，有的却是自下而上、逐级推进的，有的是向上仿效而更加文饰的，有的却是向上仿效而不敢超越最高标准的，还有自上而下依序有所取舍的。

夏商周三个时代的礼本质上是一样的，要求民众共同遵循它。三代虽然有时崇尚白色，有时崇尚黑色，但礼的基本原则却是从夏代开始制定，商代传承下来的。

周代祭祀时让尸坐着受祭，告尸威仪、劝尸饮食，并无例行的常规，礼仪与殷代是相同的。这种行礼时都要怀有诚心的道理也是一致的。夏代让尸站着受享，直到祭祀结束。殷代的尸，坐着受祭。周代的尸坐着，还把六亲祖庙之尸聚集到太庙，自上而下地举酒酬送。曾子说："周代的礼，在太祖面前互相劝饮，就像大伙儿凑钱在一块儿喝酒一样吧？"

天道至教，圣人至德。庙堂之上，罍尊①在阼，牺尊在西；庙堂之下，县鼓②在西，应鼓③在东。君在阼，夫人在房，大明生于东，月生于西，此阴阳之分，夫妇之位也。君西酌牺象，夫人东酌罍尊，礼交动乎上，乐交应乎下，和④之至也。

礼也者，反其所自生⑤；乐也者，乐其所自成。是故先王之制礼也以节⑥事，修乐以道志。故观其礼乐，而治乱可知也。蘧伯玉曰："君子之人达。"故观其器而知其工之巧，观其发而知其人之知⑦。故曰：君子慎其所以与人者。

注 释

①尊：与"樽"相通，酒器。

②县鼓：大鼓。"县"通"悬"。

③应鼓：小鼓。

④和：和谐。

⑤所自生：本源。

⑥节：节制。

⑦知：与"智"相通，智慧、才智。

译 文

天道是对人的最高教诲，圣人的德行是最高的德行。宗庙举行祭祀时，在庙堂之上，罍尊置于东阶，牺尊置于西阶。在庙堂之下，悬鼓置于西面，应鼓置于东面。国君站在堂上东阶的主位，夫人立在西房中，如同太阳从东方升起，新月在西方出现，这就是阴阳的分界，从而安排祭礼中夫妇的位置。到举祭时，国君由东边走向西边，在牺尊、象尊中斟酒，夫人则从东边罍樽中斟酒。堂上交互着行礼，而堂下亦应和着奏乐，这是和谐的最高境界。

制礼要回溯到生命的本源，作乐则是表达对取得成就的喜悦。因此先王制定礼用来节制人们的行事，修习音乐用来引导人们传达心志。所以观察一国的礼乐，便可以知道其国家治理的情况。蘧伯玉说："君子都明达事理。"他们只要观察器物，便能知道工匠的技巧；观察一个人的外在表现，便能知道这个人的才智。因此说：君子都十分慎重其与人交往所用的礼乐。

大庙之内敬矣：君亲牵牲，大夫赞币①而从；君亲制祭，夫人荐盎；君亲割牲，夫人荐酒。卿大夫从君，命妇②从夫人。洞洞③乎其敬也，属属乎其忠也，勿勿乎其欲其飨之也！纳牲诏于庭，血、毛诏于室，羹定诏于堂。三诏皆不同位，盖道求而未之得也。设祭于堂，为祊乎外，故曰：于彼乎，于此乎？

一献质④，三献文，五献察，七献神。

大飨，其王事与？三牲、鱼、腊⑤，四海九州之美味也。笾、豆之荐，四时之和气也。内金⑥，示和也。束帛加璧，尊德也。龟为前列，先知也。金次之，见情也。丹漆、丝纩⑦、竹箭，与众共财也。其余无常货，各以其国之所有，则致远物也。其出也，《肆夏》而送之，盖重礼也。

祀帝于郊，敬之至也。宗庙之祭，仁之至也。丧礼，忠之至也。备服器，仁之至也。宾客之用币⑧，义之至也。故君子欲观仁义之道，礼其本也。

注 释 ————————

①赞币：帮助君主执币帛。

②命妇：指卿大夫之妻。

③洞洞：恭敬虔诚的样子。

④质：质朴。

⑤腊（xī）：干肉。

⑥内金：指诸侯贡纳的铜钟。内，通"纳"。

⑦纩（kuàng）：丝绵。

⑧币：宾主之间互相赠送的币帛。

在太庙里祭祖是特别恭敬的：国君亲自牵着祭牛进至庭中，而大夫帮着捧币帛跟随在后；到了杀牲之后，国君又亲手捧着祭品供祭于室中，而夫人献盎齐酒；然后国君又亲自进献煮熟了的牲体，夫人再次献酒。在这个过程中，卿大夫们跟随着国君，命妇们跟随着夫人。人们虔诚又恭敬，专心又忠诚，十分勤勉地一献再献，希望祖先们来饮享丰盛的祭品。牵牲入庙时，在庭中向神禀告；杀牲后，进献血毛时，在室内禀告；进献煮熟的食物时，在堂上禀告。三次在三个不同的方位告神，意味着祖先的神灵还没有找到。因此把祭品供在堂中，又在大门外施行了绎祭。好像是在问："神灵是在那里吗？还是在这里啊？"

举行一献之礼还比较质朴粗略，举行三献之礼，仪式就稍加文饰了，举行五献时仪式就更加显盛了，举行七献之礼，那样的隆重程度就等于敬之如神了。

在太祖庙中举行的大飨之礼，只有天子才能做到吗？祭祀用的牛肉、羊肉、猪肉、鱼肉、干肉，是来自四海九州内的美味。笾、豆中盛放的各种供品，也是包罗了四季和气的产物。四方国君的贡金显示着天子和国君们的和睦融洽。诸侯入庙，捧着束帛，外加玉璧，献于祭堂之上，表示其崇敬天子的恩德。在堂下则陈列着各地进贡的物品，龟放在最前面，因为龟可以预知吉凶；铜放在第二位，因为铜可以用来照见物情，再次是丹砂、大漆、蚕丝、丝绵、大竹、小竹，表示天子与民众共有这些财物。其余贡品则没有固定的品种，都是各国就其所有而贡献的特产，显示着天子能够招致远方之物。到了祭祀完毕，诸侯走出庙门时，奏起《陔夏》的乐章以送别各地的诸侯，则是显示其礼节隆重。

天子亲自祭祀天帝于南郊，这是极度虔敬的事；在宗庙里祭祀先人，体现着极度的仁爱；举行丧礼，体现着极度的忠诚；丧服和随葬品的完备，表现了对死者极大的仁爱；宾客交际赠送币帛，体现了极高的道义。所以，君子要观察什么叫作仁义，就必须以礼作为根本。

君子曰："甘①受和，白受采。忠信之人，可以学礼，苟无忠信之人，则礼不虚道②。是以得其人之为贵也。"

孔子曰："诵《诗》三百，不足以一献；一献之礼，不足以大飨；大飨之礼，不足以大旅；大旅具矣，不足以飨帝。毋轻议礼！"

子路为季氏宰。季氏祭，逮暗③而祭，日不足，继之以烛。虽有强力之容④，肃敬之心，皆倦怠矣。有司跛倚以临祭，其为不敬大矣。他日祭，子路与。室事⑤交乎户⑥，堂事交乎阶⑦。质明而始行事，晏朝而退。孔子闻之，曰："谁谓由也而不知礼乎！"

注 释

①甘：甘甜美味。

②虚道：凭空而行。

③暗：天没有大亮。

④强力之容：强壮的体力。

⑤室事：指在室内举行祭祀。

⑥交乎户：指室外的人把祭品送到室门，交给室内的人献尸。

⑦交乎阶：指堂下的人把馔具备好，在台阶处交给堂上的人。

译 文

君子说："甜味可以被五味调和，白色可以用来绘上五色。忠信的人，才可以学礼。如果是没有忠信品质的人，那么礼也不能凭空跟从他。所以说从礼中学到忠信品质之人难能可贵。"

孔子说："纵使能诵读《诗经》三百篇，但却未必能行一献之礼；纵使能行一献之礼，却未必能行大飨之礼；纵使能行大飨之礼，却未必能行祭祀五帝的大旅礼；纵使能行大旅之礼，也未必能行祭天礼。所以切不可轻率地议论礼。"

子路是鲁国大夫季孙氏家里的邑宰。以前季氏举行宗庙祭祀，都是天未亮就开始了，行了一整日没有祭完，夜里还要点烛继续。即使是身强力壮，有虔诚恭敬之心的

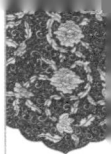

人，也都疲惫懈怠了。以至于执事人员一脚支撑歪歪倒倒地执掌祭事，那简直是大不敬啊！ 有一次，子路参与祭事，在室内举行正祭时，室外的人把应办的祭品都准备好了，在室门口交与室内的人端着去献尸；到了举行傧尸时，也照样由堂下的人在台阶上把馔具交与堂上的人，送去招待受祭的尸。天亮开始祭祀，到傍晚就结束。孔子听到这件事。说道："谁能说仲由（子路）不懂得礼呢？"

玉　藻

天子玉藻，十有二旒，前后邃延，龙卷①以祭。

玄端而朝日于东门之外，听朔于南门之外，闰月则阖门左扉，立于其中。

皮弁以日视朝，遂以食；日中而馂②，奏而食。日少牢，朔月大牢。五饮：上水、浆、酒、醴、酏③。卒食，玄端而居。

动则左史书之，言则右史书之，御瞽几声之上下。年不顺成，则天子素服，乘素车，食无乐。

诸侯玄端以祭，裨冕以朝。皮弁以听朔于大庙，朝服以日视朝于内朝。

朝，辨色④始入。君日出而视之，退适路寝听政，使人视大夫，大夫退，然后适小寝，释服。

又朝服以食。特牲，三俎。祭肺，夕深衣，祭牢肉。朔月少牢，五俎四簋。子、卯稷食菜羹，夫人与君同庖。

君无故⑤不杀牛，大夫无故不杀羊，士无故不杀犬豕。君子远庖厨，凡有血气之类，弗身践也。至于八月不雨，君不举。年不顺成，君衣布搢⑥本，关梁不租，山泽列而不赋，土功不兴，大夫不得造车马。

注释

①卷（gǔn）：卷通"衮"，指古代君王的礼服。

②馂（jùn）：吃剩下的食物。

③酏（yǐ）：清粥。

④辨色：天色微明。

⑤故：祭祀之事。

⑥搢（jìn）：插。

天子在祭祀时戴的冕冠上悬垂着玉藻，称为十二旒，上面是一块板，天子头戴这种冕，身穿龙袍，然后才能举行祭祀。

春分之日，天子穿着玄衣黄裳，戴着冕，在国都东门的外面举行迎日的祭礼。每月初一，天子在国都南门外面举行听朔之礼。逢闰月，要合上左边的门扉，站在正门里面行听朔之礼。

天子每日视朝时，戴着白鹿皮冠，身穿素衣、素裳、缁带，朝食的时候也是如此。到了中午，吃的是早饭剩余的东西，吃饭时要奏乐。每天的饭食，只用猪、羊二牲，每月初一就增为牛、羊、猪三牲。饮品有五种，以水为上，还有酢浆、酒、醴酒、稀粥等。饭后换衣冠，穿上玄衣黄裳，戴上冕，而后休息。

天子的行动由左史记载，言语由右史记载。御用的盲乐人侍奉在旁，他可以察觉天子说话的声响，随时进谏。年景不好，那么天子要穿素服，乘素车，吃饭时也不奏乐。

诸侯祭祀先君时要穿戴玄冕，朝见时就穿戴稍次一等的裨冕。在太庙听朔要戴皮弁，平日在路寝门外视朝，穿缁衣素裳的朝服。

大臣朝见国君，天色微明时才开始入朝。国君在日出后接见群臣，然后退到路寝听政，大夫有事要讲就入内，没有就退下。然后国君燕寝，脱去朝服。

诸侯早饭的时候要穿朝服，杀一头猪，设三俎，即猪肉、鱼肉、干肉，餐前用猪肺祭祀。晚上吃饭要穿深衣，用切成小段的肉行祭礼。每个月初一，用猪羊二牲，加上五俎、四簋。子日、卯日祭祀时要吃稷谷饭和菜羹。国君夫人和国君同样饭食，不专门杀牲。

没有祭祀、宴客之类的事，诸侯不能杀牛，大夫不能杀羊，士不能杀狗和猪。凡是有仁爱之心的君子，都离庖厨远远的，避免耳闻目睹禽兽被宰杀。对于一切有血、有气的动物，君子都是不会亲自下手宰杀的。如果连续八个月不下雨，造成旱灾，国君的膳食就不能杀牲为食、不以肺为祭。如果年景不好，国君要穿麻布衣服，腰际插竹制之笏，在关口和过桥之处不收租税，不到节令不许进入山泽采伐渔猎，也不征税，不兴土木工程，大夫也不准造新车马。

卜人定龟,史定墨,君定体。

君羔幭①虎犆②;大夫齐车鹿幭豹犆,朝车;士齐车鹿幭豹犆。

君子之居恒当户,寝恒东首。若有疾风、迅雷、甚雨,则必变,虽夜必兴,衣服冠而坐。

日五盥,沐稷而靧粱③。栉用樿栉,发晞用象栉。进禨④进羞,工乃升歌。浴用二巾:上絺下绤。出杅,履蒯席,连用汤,履蒲席,衣布晞身,乃屦,进饮。将适公所,宿齐戒,居外寝,沐浴。史进象笏,书思对命。既服,习容观、玉声,乃出。揖私朝,辉⑤如也,登车则有光矣。

天子搢珽,方正于天下也。诸侯荼,前诎后直,让于天子也。大夫前诎⑥后诎,无所不让也。

注释 ——————————

①幭(mì):古代车前横木上的覆盖物。

②犆(zhí):镶边。

③靧(huì)粱:靧,洗脸。粱,高粱汁。靧粱即以高粱汁洗脸。

④禨(jì):洗头后饮的酒。

⑤辉(huī):同"辉",比喻有神气,容光焕发。

⑥诎(qū):弯。郑玄注:"谓圜杀其首,不为椎头。"

译文 ——————————

占卜时,由卜师选择使用的龟甲,由太史炙烧龟甲并判定裂纹的走向,最后由国君决定吉凶。

国君的斋车的车轼以羊羔皮覆盖,虎皮为缘饰。大夫的斋车,车轼覆盖鹿皮,豹皮为缘饰,朝车亦然。士人的斋车用鹿皮覆盖车轼,豹皮为缘饰。

君子居处总是对着门,就寝时一定头朝向东方。如果有疾风、响雷、暴雨天气,就必须改变仪态,即使是夜里也要起来,穿衣戴冠,坐在房中等待天气变化。

每天要洗五次手。用淘稷米的水洗头,用淘粱米的水洗脸。梳理刚洗完的湿发,要用白理木制作的梳子;头发干了之后要用象牙梳子。洗过以后,要喝点酒,吃些东

西，同时命乐工升堂唱歌。洗澡的时候，要用两种浴巾：上身用细葛巾，下身用粗葛巾。从浴盆中出来，要先站在蒻席上面，用热水冲洗双脚，然后再脚踩蒲席，穿上浴衣，擦干身上水滴，最后穿上鞋子，接着再喝点酒，吃些东西，听听音乐。做臣子的将去朝见国君，就要在前一天斋戒，在正寝休息，沐浴。史官献上记事用的笏，大夫就将见君时想要告诉国君的话、君有所问则自己将怎样回答、执行君命的情况等等都简洁地写在上面，以防临时有所遗忘。朝服穿戴整齐以后，要先练习一下自己的仪容举止，使佩玉之声和行走的步伐相合，然后才启程。在自己处理家事的私朝和家臣揖别时，就显得神采飞扬；到了上车时，就更是容光焕发了。

天子插珽，珽上尖而下方，是表示用端方正道治理天下；诸侯插荼，荼前圆而后直，表示顺服天子。大夫的笏前后两端都作圆形，表示对天子、诸侯无所不顺服。

侍坐则必退席，不退则必引而去君之党。登席不由前，为躐①席。徒坐不尽席尺。读书、食，则齐。豆去席尺。

若赐之食而君客之，则命之祭然后祭。先饭，辩尝羞，饮而俟。若有尝羞者，则俟君之食，然后食。饭，饮而俟。君命之羞，羞近者，命之品尝之，然后唯所欲。凡尝远食，必顺近食。君未覆手，不敢飧。君既食，又饭飧。饭飧者，三饭也。君既彻，执饭与酱，乃出授从者。

凡侑食，不尽食。食于人不饱。唯水浆不祭，若祭，为已僭卑。

君若赐之爵，则越席再拜稽首受，登席祭之；饮，卒爵而俟，君卒爵，然后授虚爵。君子之饮酒也，受一爵而色洒如②也，二爵而言言③斯，礼已三爵，而油油以退。退则坐取屦，隐辟而后屦，坐左纳右，坐右纳左。

凡尊必上玄酒。唯君面尊。唯飨野人皆酒。

大夫侧尊，用棜④；士侧尊，用禁。

始冠缁布冠，自诸侯下达，冠而敝之可也。玄冠朱组缨，天子之冠也。缁布冠缋缕，诸侯之冠也。玄冠丹组缨，诸侯之齐冠也。玄冠綦组缨，士之齐冠也。缟冠玄武，子姓之冠也。缟冠素纰⑤，既祥之冠也。垂缕五寸，惰游之士也。玄冠缟武，不齿之服也。居冠属武，自天子下达，有事然后缕。五十不散送。亲没不髦。大帛不缕。玄冠紫缕，自鲁桓公始也。

朝玄端，夕深衣⑥。深衣三袪，缝齐倍要，衽当旁，袂可以回肘。长、中继揜尺。祫二寸，袪尺二寸，缘广寸半。以帛里布，非礼也。士不衣织。无君者不贰采。衣正色，裳间色。非列采不入公门，振绤、绤不入公门，表裘不入公门，袭裘不入公门。纩为茧，缊为袍，禅为䌹，帛为褶。朝服之以缟也，自季康子始也。孔子曰："朝服而朝，卒朔然后服之。"曰："国家未道，则不充其服焉。"唯君有黼裘⑦以誓省，大裘非古也。

尚书·礼记
礼记

注 释

① 躐（liè）：越过，超越。

② 洒（xiǎn）如：恭敬严肃的样子。

③ 言言（yín）：和气恭敬的样子。

④ 棜（yù）：古代礼器，用以放置兽、酒等的木盘。

⑤ 纰（pí）：边缘。

⑥ 深衣：其他衣服都是上衣与下裳不相连接，而深衣则衣裳相连，被体深邃，故曰深衣。

⑦ 黼（fǔ）裘：用黑羔皮和狐白皮杂为黼文的裘。

译 文

臣子陪侍国君坐，必定要把自己的座席向侧后退一点。假如座席后退，也必定要向后坐，离国君所坐之处有距离。登席入座，要按次序，由下而升，不能从席的前方登上，不然就是躐席。空坐的时候，身子要与席的前沿保持一尺的距离。读书时为了使

尊者听见读书声，吃饭时为了避免弄脏席子，因此在这两种情况下，身子要坐得与席缘齐平。盛豆类食物的食器离席有一尺远的距离。

如果国君赐臣子吃饭，而且是以客礼招待臣子，那么臣子在进食以前要祭食，但也要先奉君命，然后再祭。祭过以后，臣子要先尝遍各种食品，然后缓慢地喝饮品，以等待国君先吃。如果有膳宰尝食，则臣子既不必祭，也不必尝，而是等待国君吃过之后再吃。在等候国君吃饭时，自己喝点饮品。国君命令臣子吃菜，臣子应该先吃临近的菜。国君命令臣子尝遍各种菜，然后臣子才能够想吃什么菜就吃什么菜。凡是想食用远处的菜肴，必定要从近处开始，按照顺序，由近而远。臣子陪侍国君吃饭，在国君没有表示吃饱以前，臣子不敢劝食。在国君表示吃饱之后，臣子还要向国君劝食。劝食的礼节是臣子用汤浇饭吃，但以吃三口为限。国君吃饱退席之后，侍食的臣子就能够携带吃剩的饭与酱，出门授给自己的侍从以带回家。

凡陪侍尊者吃饭，不能把食物吃尽。凡是做客，都不要吃饱。只有水、浆可不行食前祭礼，如果饮用水、浆也要祭祀，就太降低自己的身份了。

国君如果赐给臣酒，臣就越过自己的座席，上前行两次稽首礼，接受酒回座，行祭礼后饮干。等国君饮干，把空杯给侍者。君子陪侍饮酒，饮下一杯时面色庄重，饮下两杯时温和恭敬，饮下三杯时喜悦恭敬地退席，退的时候要跪坐着拿起脱下的鞋，到隐蔽处穿上，穿右脚的鞋时跪左腿，穿左脚的鞋时跪右腿。

凡是设樽必以盛着玄酒的樽为上，只有国君对着酒樽，表示国君专有赐予臣下。只有宴飨乡野人才只用普通的酒而无玄酒。大夫、士饮酒时，设樽于旁侧，以示不是主人专有，与宾客共享。但大夫用棜，士用禁放樽。

行冠礼时，第一次加的冠是缁布冠，上到诸侯下到士，都是这样。这种缁布冠在行过冠礼之后就不再戴，丢弃即可。天子行冠礼时，第一次加的冠是玄冠，而以朱红色的丝带为帽带；诸侯行冠礼时，第一次加的冠尽管是缁布冠，但配上彩色的帽带。玄冠配以红色的丝质帽带，这是诸侯斋戒时所戴的冠。玄冠配上青黑色的丝质帽带，这是士斋戒时头戴的冠。用白色生绢制冠而冠圈染为玄色，这种以白表凶、以玄表吉的凶吉参半之冠，是孙子在祖父去世后父亲丧服未除而自己丧服已除时所戴之冠。用白色的生绢制冠，又用白缯为冠沿镶边，这是孝子在大祥之后戴的冠。正在劳教当中的惰游之民，其所戴冠与孝子大祥之后所戴之冠一样，但冠缕只准有五寸长。玄冠而配上白

色生绢做的冠圈，这是劳教结束后的惰游者在一段时期内所戴的冠。闲居时头戴的冠，其冠緌不下垂，而要分别绾到冠圈两侧，自天子以下都能如此，只有有事时才让其垂下。五十岁的人已进入老年，在送葬时能够不让腰绖散垂。父母去世之后，做子女的就不必再戴髦了。用白缯制的素冠不用垂緌作饰，因为这是一种凶冠。玄冠配上紫色帽带，这种冠的形制是从鲁桓公开始的。

大夫、士早上要穿玄端，晚上穿深衣。深衣的袖围是二尺四寸，腰围是袖围的三倍，即七尺二寸，其下摆又比腰大一倍。深衣的衣襟在右旁，袖子较大，手肘可在袖内来回屈伸。穿在深衣里头的中衣或长衣，其袖口比外衣长一尺。弧形的衣领宽二寸，袖口宽长一尺二寸，下裳的滚边均宽一寸半。如果用帛制的中衣作布质衣服的里子就不符合礼制。士不能用先染丝而后织成的"织"做衣料。离开本国的大夫、士，上衣与下裳应该颜色一致。凡是衣的颜色，要用正色；凡是裳的颜色，要混杂两种颜色。穿着正色之外的服装是不可进入公门的，夏天光穿着细葛布、粗葛布的单衣也是不可进入公门的，冬天光穿着皮裘也是不可进入公门的，冬天穿着皮裘，掩住礼服上襟，不使裼衣的领缘露出，这是对国君不够恭敬的装束，所以也不可进入公门。用新丝绵套到夹衣里制成的衣叫茧，用陈旧丝绵套到夹衣里制成的衣叫袍，有面无里的单衣叫绚，有面和里但中间任何东西也不套的衣叫褶。朝服本是用麻布做的，改为用缟来做，是从鲁国的季康子开始的。孔子说："上朝时都应穿朝服。国君在听朔时要穿皮弁服，听朔礼毕又换上朝服。"又说："在国家不合正道的时候，国君的礼服就不可能完备了。"只有国君才可以穿着黼裘去参加为祭社而举行田猎的仪式，如果穿着天子祭天的大裘去参加，这不符合古制。

君衣狐白裘，锦衣以裼之。君之右虎裘，厥左狼裘。士不衣狐白。君子狐青裘豹襃①，玄绡衣以裼之；麛②裘青犴③襃，绞衣以裼之；羔裘豹饰，缁衣以裼之；狐裘，黄衣以裼之。锦衣狐裘，诸侯之服也。

犬羊之裘不裼。不文饰也不裼。裘之裼也，见美也。吊则袭，不尽饰也。君在则裼，尽饰也。服之袭也，充④美也。是故尸袭，执玉、龟袭。无事则裼，弗敢充也。

译　文

国君穿狐白裘，一定要穿白绢制成而以朱锦为领缘的中衣，并露在外面。国君右边的卫士穿虎皮裘，其左边的卫士穿狼皮裘。士不能穿狐白皮。大夫、士所穿各种裘服的中衣为狐青裘，用豹皮缘饰袖口，用玄色绡衣为中衣；若穿鹿皮裘则用青犴皮缘饰袖口，穿苍黄色中衣；若穿黑羔皮裘，则用豹皮缘饰袖口，用缁衣为中衣；若穿狐裘，则用黄衣为中衣（这是燕居或蜡祭所穿皮衣）。穿狐裘而用锦衣为中衣，这是诸侯的礼服。

犬、羊之裘是平民穿的，用不着裼。在不需要文饰的场合，也用不着裼。裼裘是为了显露内服之美。吊丧时要有悲痛的表情，所以要袭，不可显露文饰。在国君面前要有恭敬的表情，所以要裼，显露文饰。袭服是为了掩盖内服之美。尸是象征鬼神的，为了显示对尸的尊敬，所以要袭；玉和龟甲是宝瑞，所以手执玉和龟甲时要袭。但在行礼完毕后要裼，不敢掩盖内服之美。

笏：天子以球玉①，诸侯以象，大夫以鱼须文竹，士竹本，象可也。见于天子与射，无说笏。入大庙说笏，非古也。小功不说笏，当事免则说之。既搢必盥，虽有执于朝，弗有盥矣。凡有指画于君前，用笏；造受命于君前，则书于笏。笏，毕用也，因饰焉。笏度二尺有六寸，其中博三寸，其杀^②六分而去一。

注 释

①球玉：美玉。

②杀（shài）：削减。

译 文

笏：天子的笏是用美玉做的，诸侯的笏是用象牙做的，大夫的笏是用竹做的，而用有斑纹的鲛鱼皮装饰。士的笏也是用竹做的，而下端用象牙装饰。朝见天子，参加射礼，笏不离身。进入太庙脱笏，不合古制。参加葬礼，若是小功之丧不离笏，举行殡殓而悲痛哀哭时就可离笏。把笏插入绅带之后必须洗手，以后上朝执笏，也无须再洗手了。凡在国君面前指画什么，就用笏。前往国君面前接受命令，记录在笏上。笏，指画、记事的时候都用它，所以要加以装饰。笏长二尺六寸，中间宽三寸，诸侯的笏削减去六分之一。

韠^①：君朱，大夫素，士爵^②，韦。圜、杀、直：天子直，公侯前后方，大夫前方后挫角，士前后正。韠下广二尺，上广一尺，长三尺，其颈五寸，肩、革带，博二寸。

一命缊韨幽衡，再命赤韨幽衡，三命赤韨葱衡。天子素带，朱里，终辟。而素带，终辟。大夫素带，辟垂。士练带，率，下辟。居士锦带，弟子缟带。

并纽约用组，三寸，长齐于带。绅长制：士三尺，有司二尺有五寸。子游曰："三分带下，绅居二焉。"绅、韠、结三齐。

大夫大带四寸。杂带，君朱绿，大夫玄华，士缁辟二寸，再缭四寸。凡带有率，无箴功。肆束及带，勤者有事则收之，走则拥之。

王后袆衣，夫人揄狄，君命屈狄。再命袆衣，一命襢衣，士褖衣。唯

尚书·礼记◎礼记

180

世妇命于奠茧,其他则皆从男子。

凡侍于君,绅垂,足如履齐③,颐霤④,垂拱。视下而听上,视带以及袷,听乡任左。

凡君召以三节。二节以走,一节以趋。在官不俟屦,在外⑤不俟车。

士于大夫,不敢拜迎,而拜送。士于尊者,先拜,进面,答之拜则走。

士于君所言,大夫没矣则称谥若字,名士。与大夫言,名士,字大夫。于大夫所,有公讳,无私讳。凡祭不讳,庙中不讳,教学临文不讳。

注 释

①韠(bì):古代一种遮蔽在身前的皮质围裙。

②爵(què):通"雀",指像雀头那样的颜色。

③齐:衣裳下边。

④霤(liù):屋檐。

⑤外:朝廷之外,指在家。对"官"则为外。

译 文

蔽膝,国君的是红色、大夫的是白色、士的是赤黑色,都是用熟牛皮制成的。蔽膝有圆、方、直的三种形制:天子的,从下向上都是直的;公侯的蔽膝,上下前后都是方的;大夫的蔽膝,下端是方角的,上端则削去两角而呈圆形。士的蔽膝下端和上端都是直的。蔽膝下端宽二尺,上端宽一尺,长三尺。蔽膝上端的颈宽五寸,两肩和革带各宽二寸。

蔽膝在祭服中叫作"韍"。士用的是赤黄色的韍,黑色玉珩为配饰;大夫用的是赤色的韍,黑色玉珩为配饰;卿用的是赤色的韍,青色玉珩为配饰。天子的大带是素带,大红衬里,并且整条大带都有滚边;诸侯的大带里外都是素色,没有大红衬里,也是整个加滚边;大夫用素带,纽及大带的下垂部分有滚边。士用熟绢的大带,没有衬里,只在下垂部分加滚边;有学问、技能却没有做官或不愿做官的士人用锦带;在学的弟子用缟带。

纽、约都要用三寸宽的丝带扎起来,打结之后的下垂部分和大带的绅平齐。绅的

長度規定：士三尺，有司二尺五寸。子游說："大帶以下分三份，紳占據其中兩份。"紳、韠、結的長度都是三尺，下端是平齊的。

從天子到大夫的大帶都是四寸寬。燕居服之帶，天子、諸侯用的是紅、綠兩色，大夫用的是黑、紅兩色。士的大帶是用黑色滾邊，滾邊二寸寬，如果連折進裡面的滾條計算，共有四寸寬。凡是帶都是兩條邊對著縫起來，看不見針腳。紐、約和大帶的下垂部分，從事勞作時就收起，在疾走的時候要拿在手中。

王后穿褘衣，是上有彩色雉雞圖紋的黑色衣裳。侯、伯的夫人穿揄狄，是上有彩色雉雞圖紋的青色衣裳。子、男的妻子穿屈狄，是上有無色雉雞圖紋的赤色衣裳。卿的妻子穿鞠衣，大夫的妻子穿襢衣，士的妻子穿褖衣。世婦即諸侯之妾，只有在獻繭時才受命穿屈狄，其他的婦人，自公侯夫人直至士妻就都按照自己丈夫的地位穿相應的命服。

凡侍奉在君前，身體要稍前傾，使紳下垂，衣裳下邊也隨著身體前傾，好像能和鞋相接。低著頭，臉頰垂得像屋檐似的，雙手交拱，恭敬地聽國君的教導，但目光不能直視國君，只能停留在國君的交領和腰帶之間。頭微偏，側過左耳來聽國君講話。

國君召見臣下用三節。臣下接到二節要跑步去見國君，接到一節也要疾走前去。由於急於復命，在官署時等不及穿鞋，在官署外面則等不及乘車。

大夫來見士人，因地位不相等，士不敢到門外拜迎，只在大夫走時拜送。士人去見比自己地位高的人，對方在門內，士先在門外行拜，然後進門相見。如果對方在門內答拜，那麼士要趕快避開，以示不敢當。

士在國君的面前說話，對已去世的大夫，要稱呼謚號或字，對已故的士就稱呼名。和大夫講話，對士稱呼名，而對大夫稱呼字。在大夫那裡，要有公諱，不避私諱。在祭祀中不避諱，在宗廟的祝嘏之辭中也不避諱，老師教學生，以及簡牘法律之事中，都可以不避諱。

古之君子必佩玉，右徵、角，左宫、羽。趋以《采齐》，行以《肆夏》，周还中规，折还中矩。进则揖之，退则扬之，然后玉锵鸣也。故君子在车则闻鸾、和之声，行则鸣佩玉，是以非辟①之心无自入也。

君在不佩玉，左结佩，右设佩。居则设佩，朝则结佩。齐则綪结佩而爵韠。凡带必有佩玉，唯丧否。佩玉有冲牙，君子无故玉不去身，君子于玉比德焉。

天子佩白玉而玄组绶，公侯佩山玄玉而朱组绶，大夫佩水苍玉而纯组绶，世子佩瑜②玉而綦组绶，士佩瓀玟而缊组绶。孔子佩象环五寸而綦组绶。

译 文

古代天子、诸侯必定佩玉，其佩玉右边发出徵角之音，左边发出宫羽之音。快速行走时，其声如《采齐》之乐；慢步行走，则其声如《肆夏》之音。其周旋合乎规，俯仰合乎矩；其进揖让，其退俯仰，如此就能听到佩玉之鸣，铿锵作声。因此君子乘车则能听到鸾铃、和铃的和鸣之声，行走则能听到佩玉叮当之音，这样，种种邪念就无法产生。

臣下在国君面前不佩玉，所谓"不佩玉"，是说把左边的佩玉用丝带绾结起来，右边还正常佩玉。在家闲居时，腰的左右都佩玉；朝见面君时，就要绾起左佩。斋戒时一定要绝对肃静，因此要把左右佩都屈折向上披到革带上，避免发出任何声响，同时要服玄端，用赤而微黑的蔽膝。从天子到士，他们的革带上必定有佩玉，只有在办丧事时例外。佩玉上有个部件叫作冲牙。君子假如没有特殊原因，玉不离身，因为君子是以玉来象征德行的。

天子戴白玉，用玄色丝带；公侯戴山玄色玉，用朱色丝带；大夫戴水苍色玉，用黑色丝带；世子戴美玉，而用杂色丝带；士戴像玉的美石，而用赤黄色丝带。孔子燕居时戴五寸象牙环，用杂色丝带。

童子之节也：缁布衣，锦缘，锦绅并纽，锦束发，皆朱锦也。童子不裘，不帛，不屦絇。无缌服，听事不麻。无事则立主人之北，南面。见先生，从人而入。

侍食于先生、异爵者，后祭先饭。客祭，主人辞曰"不足祭也"。客飧，主人辞以"疏"。主人自置其酱，则客自彻之。一室之人，非宾客，一人彻。壹食之人，一人彻。凡燕食，妇人不彻。

食枣、桃、李，弗致于核。瓜祭上环，食中，弃所操。凡食果实者后君子，火孰者先君子。有庆，非君赐不贺。

孔子食于季氏，不辞，不食肉而飧。

君赐车马，乘以拜赐；衣服，服以拜赐。君未有命，弗敢即乘、服也。君赐，稽首，据掌，致诸地。酒肉之赐弗再拜。凡赐，君子与小人不同日。

凡献于君，大夫使宰，士亲，皆再拜稽首送之。膳于君，有荤、桃、茢①。于大夫去茢，于士去荤，皆造于膳宰。

大夫不亲拜，为君之答己也。大夫拜赐而退。士待诺而退，又拜，弗答拜。大夫亲赐士，士拜受，又拜于其室。衣服弗服以拜。敌者不在，拜于其室。凡于尊者有献，而弗敢以闻。士于大夫不承贺。下大夫于上大夫承贺。亲在，行礼于人称父。人或赐之，则称父拜之。礼不盛，服不充②，故大裘不裼，乘路车不式。

父命呼，唯而不诺。手执业则投之，食在口则吐之，走而不趋。亲老，出不易方，复不过时。亲癠③，色容不盛，此孝子之疏节也。父没而不能读父之书，手泽存焉尔。母没而杯、圈不能饮焉，口泽之气存焉尔。

注 释

①荤、桃、茢（liè）：荤指姜一类有辛味的食品；桃，桃木；茢，笤帚。辛味可除秽气，桃木是鬼所畏惧的，笤帚用以扫除不祥。

②充：掩盖。

③癠（jì）：病。

译文

未冠男孩的礼仪是：穿缁布衣，用丝绸饰边；绅带及纽带全用丝绸，束发带也用丝绸，以上全是朱色丝绸。未成年孩子不穿裘，不穿帛，鞋头无装扮。可以不穿缌麻之服，服务丧家不扎麻绖的带子。通常当站立在主人北侧，为教使方便，面朝南，以区别于主人。见老师，要跟从成年人一起入内。

陪伴老师或爵位高于自己的人吃饭，尊者祭食后自己再祭，而尝饭则自己在先。客人祭食的时候，主人要谦虚推辞说："饭菜不丰盛，不值得行祭。"客人用汤浇饭吃时，主人要说"粗茶淡饭，不值得吃饱"来推让。为表示敬客，如果主人自己动手摆设酱，吃过后，客人要自己动手将它撤除。同事而共居一室的人一块吃饭，不分宾主，饭后，由年纪最轻的一个人撤除食具。大家有事一块共聚吃饭，吃完之后，也由其中年纪最轻的人把食具撤除。凡是一般的早饭、晚饭，妇女就不须动手撤食具。

吃枣子、桃子、李子，不要把核随便乱扔。吃瓜的时候要先祭，祭时要用连着瓜蒂的那半个，然后吃瓜瓤，至于手拿着的瓜皮部分就扔掉了。凡吃果实，要让君子先吃，因为果实是大地所生，好坏容易区分，用不着自己先尝；凡吃熟食，要先帮君子尝食，因为熟食是人所加工，味道怎样，必尝而后知。家中有了喜庆之事，但如果没有国君的赏赐，就不敢接受亲友道贺。

孔子在季氏那里吃饭，季氏身为主人失礼了，孔子也以非礼相答，吃饭前没有推辞，还没食肉就说用汤浇饭已经吃饱了。

国君赐予臣下车马，臣下除了当时拜受外，第二天还要乘着所赐车马再去拜谢；国君赐予臣下衣服，臣下除了当时拜受外，第二天还要身穿所赐的衣服再去拜谢。对于国君所赐的车马和衣服，在行过再拜礼以后，如果国君没有再下能够乘、服的命令，臣下就不敢乘坐、穿衣。对于国君的赏赐，臣下要行再拜稽首之礼，把左手按在右手之上，手着地，头也着地。对于国君的酒肉之赐，由于所赐的较轻，只要当时拜受就可以，不需要第二天登门再拜。凡国君赐物，不可在同一天里既赐君子又赐小人，这样会导致贤良与不肖没有区别。

凡向国君呈献物品，大夫要派自己的总管送去，士要自己去送，送到国君门外，交与国君的小臣，然后行再拜稽首之礼。向国君呈献美食，要同时带上姜之类的辛辣之

尚书·礼记◎礼记

185

物、桃木、笤帚；如果是向大夫呈献美食，只带上姜之类的辛辣之物、桃木，去掉笤帚；如果是向士呈献美食，只附上桃木，去掉姜之类的辛辣之物和笤帚。所有呈献的美食，都由主管膳食的官员负责接纳。

大夫不亲自去向国君进献物品，是担心国君要向自己行答拜礼。大夫前往拜谢国君的赏赐，在国君门前向小臣致谢就退下了。士在国君门前行拜过礼后要等待小臣出来转告国君的话说"知道了"，再退下；退去之前还当行拜礼以感谢国君的回话，国君最后不需要答拜。大夫亲自奖赏士，士行拜礼接纳，又要到大夫的家里去拜谢。大夫赐予士衣服，士不穿着去拜谢大夫。赐物给地位同等的人而受赐者不在家，受赐者回来后就要到赐者家中去拜谢。凡是向地位高贵的人进献礼物，不敢向高贵者直说，而是说将其送给高贵者的随从。士有喜庆的事不敢接纳大夫的祝贺，下大夫则能够接受上大夫的祝贺。父亲在世，给人送礼就要用自己父亲的名义。如果有人赐予礼物，就要用自己父亲的名义拜谢。如果典礼不是很隆重，则礼服的前襟无须遮掩，而祭天之礼非常隆重，因此天子穿大裘不裼，天子乘玉辂沿途也不必凭轼致敬。

父亲呼唤儿子的时候，儿子要答应"唯"而不能答应"诺"，因为"唯"的尊敬程度更甚于"诺"，手中拿有东西要赶紧放下，嘴里含有食物要马上吐出，要跑着前往而不仅仅是快步走。双亲年老了，做儿子的出门不能随意改变去处，说什么时候回来就要及时回来，以免双亲挂念。如果双亲病了，则表现出忧愁的神情，这就是做儿子的基本礼节的体现。父亲去世之后，做儿子的不忍翻阅父亲看过的书，那是由于上面有他手汗沾润的痕迹。母亲去世之后，做儿子的不忍心使用母亲用过的杯、圈，那是由于上面有她口液沾润的痕迹。

君入门，介拂阑①，大夫中枨与阑之间，士介拂枨。宾入不中门，不履阈。公事自阑西，私事自阑东。君与尸行接武②，大夫继武，士中武。徐趋皆用是，疾趋则欲发，而手足毋移。圈豚行，不举足，齐如流。席上亦然。端行，颐霤如矢。弁行，剟剟起屦。执龟、玉，举前曳踵，踽踽如③也。

凡行，容惕惕④，庙中齐齐，朝廷济济翔翔。君子之容舒迟，见所尊者齐遬。足容重，手容恭，目容端，口容止，声容静，头容直，气容肃，立容德，色容庄，坐如尸。燕居告温温。凡祭，容貌颜色如见所祭者。丧容

累累,色容颠颠,视容瞿瞿梅梅,言容茧茧。戎容暨暨,言容诺诺⑤,色容厉肃,视容清明。立容辨,卑毋谄,头颈必中。山立,时行,盛气颠实扬休,玉色。

注 释 ——————————————

①阑(niè):竖在门中央的短木。

②武:足迹,脚印。

③蹜蹜(sù)如:小步快走的样子。

④惕惕(shāng):形容行路身正而步快。

⑤诺诺(è):教令严厉貌。

译 文 ——————————————

　　两国君见面时,客君进入大门时,上介靠近门中短木进入,大夫介从中枨与橜之间进入,士介挨着枨进入。大夫来访,进入主国朝廷时,不可从中门进入,而应挨着西枨进入,也不可踏门槛。凡大夫奉国之命行聘享之事的,从橜的西边进入,行的是宾礼;如未奉君命而来,则当从橜东进入,从橜西出来,行的是臣礼。

　　在宗庙中,国君与尸在走路时步子小,速度慢,后脚的脚印要压住前脚脚印的一半,这称为"接武";大夫走路时步子稍大,速度稍快,后脚脚印和前脚脚印相连,这称为"继武";士走时步伐更大,速度更快,前后两脚之间相隔一足的距离,这称为"中武"。国君、大夫、士行礼时的步伐快慢都是这样,在疾趋的时候,脚跟抬起离地,步子大小就像平常,而速度加快,这时要注意手足不要摇晃。在徐步趋行的时候脚不离地,衣裳下摆不离地,像水流一样。在入席或离席时,步伐也应这样。直线急趋时身体端正,头微前倾,两颊下垂如屋檐,走的路线要如箭一样直。在跑步时,快速抬脚。手中持有龟、玉等宝器的时候,走路要抬起足尖,脚跟在地面上拖过去,脚步紧密而小心翼翼。

　　君子平时在道路上走路时,身体姿势端正,步子要快;在宗庙中行走,神情要恭敬诚恳;在朝廷里行走,神态要庄重严肃。君子的神态举止文雅从容,见到长者则肃然起敬。君子举足稳重,抬手恭敬,目视端正,口不妄言,声气安静,头正不斜,神态严肃,

站立庄重，神情安详，端坐如尸。君子燕居、教导别人时态度温和。君子参加祭祀，神态如同面对受祭者本人一样恭敬。君子居丧，神态虚弱疲惫，神色忧伤，目光惊惧茫然，说话声音微弱。君子穿戎装时，显得果断坚毅，教令严厉，神态严肃，目光清醒明察。君子站立姿势既要卑俯恭敬，又不能表现诌态，头和脖颈要挺直。站立稳重如山，行走时精神饱满，并且展现在外，神态温润和悦如玉。

凡自称：天子曰"予一人"，伯曰"天子之力臣"。诸侯之于天子，曰"某土之守臣某"；其在边邑，曰"某屏之臣某"；其于敌以下，曰"寡人"。小国之君曰"孤"，摈者亦曰"孤"。上大夫曰"下臣"，摈者曰"寡君之老"。下大夫自名，摈者曰"寡大夫"。世子自名，摈者曰"寡君之適"。公子曰"臣孽"。士曰"传遽之臣"，于大夫曰"外私"①。大夫私事使，私人摈则称名；公士摈，则曰"寡大夫""寡君之老"。大夫有所往，必与公士为宾也。

注 释

①外私：士在面对别家大夫时的谦称，"私"指家臣。

译 文

凡自称，天子自称"予一人"，伯自称"天子的力臣"，诸侯对于天子自称"某地的守臣某"，诸侯封国在境内的就自称"某地藩卫之臣某"，诸侯对于同自己地位同等和地位在己之下的人自称"寡人"。小国的国君自称"孤"，傧者在向天子汇报时也称他为

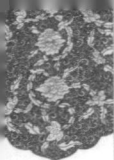

"孤"。上大夫面对自己的国君自称"下臣"，如果去往他国觐见主国之君，在传话时叫他为"寡君之老"。下大夫在自己的国君面前自称己名，如果去往他国，在传话时叫他为"寡大夫"。太子在国君面前自称己名，如果去往他国，在报告时称之为"寡君之嫡子"。公子在国君面前自称"臣孽某"。士在国君面前自称为供驱使的"传遽之臣"，在别家大夫面前自称"外私"。大夫因自己的私事派人去往他国，派遣家臣报告则称大夫之名；如果奉国君之命出聘，则由公士汇报，称之为"寡大夫"或者"寡君之老"。大夫如果出聘，必定要以公士为介。

学　记

　　发虑①宪②，求善良，足以谀闻③，不足以动众。就④贤体⑤远，足以动众，未足以化民⑥。君子如欲化民成俗，其必由学乎！

　　玉不琢，不成器；人不学，不知道。是故古之王者建国君⑦民，教学为先。《兑命》⑧曰："念终始典于学。"其此之谓乎！

　　虽有嘉肴，弗食，不知其旨⑨也；虽有至道，弗学，不知其善也。是故学然后知不足，教然后知困。知不足，然后能自反也；知困，然后能自强也。故曰：教学相长也。《兑命》曰："学学半。"其此之谓乎！

注 释

①虑：思考。

②宪：法则、原则。

③谀闻：小有声名。

④就：接近。

⑤体：体恤。

⑥化民：教化百姓。化，教化，教育。

⑦君：这里的意思是统治。

⑧《兑（yuè）命》：即《尚书》中的《说命》。

⑨旨：指食物的味道。

译 文

　　思考问题符合法则，广求善美贤良之士，能达到稍有声誉的程度，还不足以感动群众。如果亲近贤者、体察远方的人，就能够感动大众，但却不足以教化大众，改变民心。君子如果志在教化人民、形成良好的风俗，就必须从教育着手。

　　玉石不经过琢磨，则不会成为器皿。人不通过学习，就不懂得道理。因此，古代的君王建立国家、治理人民，以兴办教育作为首要任务。《尚书·兑命》中说："要自始至

终想着学习。"讲的就是这个意思吧。

虽然有美味好菜摆在那里，不亲口尝一尝，就不能知道它的味美。虽然有最深刻的道理，但不去学习就不知道它好在何处。所以只有学习过后才能了解自己的不足，只有教别人之后才能知道自己有哪些不懂的地方。知道了自己的不足之处，然后才能自我反省；知道了自己不懂的地方，然后才能勉励自己。所以说教和学是相互促进的。《尚书·兑命》说："教育别人和自我学习，二者获益均等。"就是这个意思吧。

古之教者，家有塾①，党有庠②，术有序③，国有学④。比年入学，中年考校：一年视离经⑤辨志，三年视敬业乐群，五年视博习亲师，七年视论学取友，谓之"小成"。九年知类通达，强立而不反，谓之"大成"。夫然后足以化民易俗，近者说服而远者怀之，此大学之道也。《记》曰："蛾⑥子时术之。"其此之谓乎！

大学始教，皮弁祭菜⑦，示敬道也。《宵雅》肄三，官其始也。入学鼓箧⑧，孙⑨其业也。夏、楚⑩二物，收其威也。未卜禘不视学，游其志也。时观而弗语，存其心也。幼者听而弗问，学不躐等也。此七者，教之大伦也。《记》曰："凡学，官先事，士先志。"其此之谓乎！

注 释

① 家有塾：家，这里指"闾"，二十五户人共住一巷称为闾。塾，闾中的学校。

② 党有庠：党，五百家为党。庠，党中的学校。

③ 术有序：术当为"遂"，一万二千五百家为遂。序，设在遂中的学校。

④ 国有学：国，都城。学，国都里设立的大学堂。

⑤ 离经：将经书中的句子逐一断开学习。

⑥ 蛾（yǐ）：同"蚁"，蚂蚁。

⑦ 皮弁（biàn）祭菜：皮弁指皮弁服，一种礼服。菜，用作祭品的芹藻之类。

⑧ 鼓箧（qiè）：击鼓召集学生，打开书箧取书。是一种入学仪式。

⑨ 孙（xùn）：通"逊"，恭顺。

⑩ 夏、楚：体罚学生用的木条。

尚书·礼记

礼记

古时教学，二十五家的间则有塾，一党（古时五百家为党）中有"庠"，一遂（一万二千五百家为遂）中有"序"，一国中有"学"（国子学）。年年都有新生入学，隔一年举行一次考试。入学第一年结束时，考查其断句的能力，辨别学习志向所在；第三年考查他是否专心于学业，是否乐于和同学相处；第五年考查他是否广博学习、敬爱师长；第七年考查他对学术的见解，能否选择有益的人做朋友，如果能做到这些，就叫作"小成"。第九年考查他能否知识畅达，触类旁通，遇事有主见，不违背老师的教导，这就叫作"大成"。学业大成然后才能教化民众、移风易俗，使附近的人心悦诚服，使远处的人都来归附，这就是大学教育的宗旨。古书《记》上说："蚂蚁时时学习衔泥，然后能垒成大的土丘。"说的就是这个道理吧。

大学开学的时候，士子穿着礼服，用藻菜祭祀先圣、先师，表示尊敬师道。学习《小雅》中的《鹿鸣》《四牡》《皇皇者华》三首诗，诱导学生立下做官入仕的志向。入学授课时，先击鼓召集学生，然后打开书箱取书，要他们对学业恭顺。夏和楚两样教具是用来笞罚不听教的学生的，使他们有所畏惧，整顿威仪。天子、诸侯没有通过占卜举行禘祭之前，不视察学校，考查学生的目的是让学生按自己志向努力学习。教师要经常观察学生的学习，到必要时才加以指导，是为了使学生主动自觉地思考。年幼的学生只听老师的讲解而不随便提问题，这是因为学习应当循序渐进而不能越级。以上七项就是教学的大原则。古书《记》上说："凡是教学，如果学做官要先教他与职务有关的事情，如果学做士就先树立学习的志向。"这话说的就是这个道理吧。

大学之教也，时教必有正业，退息必有居学。不学操缦①，不能安弦②；不学博依，不能安《诗》；不学杂服，不能安礼；不兴③其艺④，不能乐学。故君子之于学也，藏焉，修焉，息焉，游焉。夫然，故安其学而亲其师，乐其友而信其道，是以虽离师辅⑤而不反也。《兑命》曰："敬孙⑥务时敏，厥修乃来。"其此之谓乎！

今之教者，呻⑦其佔毕⑧，多其讯言⑨，及于数进，而不顾其安，使人不由其诚，教人不尽其材。其施之也悖，其求之也佛。夫然，故隐其学而疾

其师，苦其难而不知其益也。虽终其业，其去⑩之必速。教之不刑，其此之由乎！

译 文 ————————————

大学的教学要按照时序进行，所教的都必须是先王遗留的经典，学生课余及休假时，都有课外研究。学习当循序渐进，不练习指法，琴瑟就弹不好；不学习各种比兴的方法，就不能理解《诗经》；不学习各种冕服的知识，行礼就行不好；不喜欢学习各种技艺，就不能激发对学业的兴趣。所以君子对于学习，要藏之于心，表现于外，甚至休息或游乐时，都念念不忘。如果能这样，就能学懂课业并尊敬师长，乐于同朋友交往并信守正道，即使离开了师长和朋友，也不会违背他们的教诲。《尚书·兑命》中说："敬重所学的道，恭顺地对待学业，时时刻刻不停止努力，那么所修的学业就一定能成功。"讲的就是这个意思吧。

现在教书的人，只知道看着竹简照本宣科，经常学生还没来得及思考就将道理告诉他们，急于追求快速进步，不管学生能否适应，不是诚心地教育学生，教育学生的过程中也没有竭尽所学。他们对学生的教育既然违背了规律，学生求学也就生出逆反之心理。因此，学生便厌恶学习，厌恶老师，只感到学习的困难而不知道学习的益处。虽

然勉强完成学业，但很快便忘得一干二净。教育的不成功，原因就在这里吧！

大学之法：禁于未发之谓豫①，当其可之谓时，不陵节②而施之谓孙③，相观而善之谓摩。此四者，教之所由兴也。

发然后禁，则扞格而不胜④；时过然后学，则勤苦而难成；杂施而不孙，则坏乱而不修；独学而无友，则孤陋而寡闻；燕朋⑤逆其师；燕辟⑥废其学。此六者，教之所由废也。

君子既知教之所由兴，又知教之所由废，然后可以为人师也。故君子之教喻⑦也，道⑧而弗牵⑨，强而弗抑，开⑩而弗达。道而弗牵则和，强而弗抑则易，开而弗达则思。和、易以思，可谓善喻矣。

学者有四失，教者必知之。人之学也，或失则多，或失则寡，或失则易，或失则止。此四者，心之莫同也。知其心，然后能救其失也。教也者，长善而救其失者也。

注　释

①豫：同"预"，防备。

②陵节：超越限度。陵，超过。

③孙（xùn）：通"逊"，顺。

④扞（hàn）格：相互抵触。胜：取得良好的教育效果。

⑤燕朋：对朋友怠慢。燕，轻慢。

⑥燕辟：谓轻慢老师为讲解深义而作的浅近比喻。

⑦喻：通过诱导的方式来启发。

⑧道（dǎo）：同"导"，引导。

⑨牵：强逼。

⑩开：启发。

大学的教育方法是，问题还没有发生就加以防范，叫作防患于未然；在最适当的时候进行教育，这叫作合乎时宜；不超越学生的接受能力进行教育，叫作循序渐进；使学生相互观摩，学习他人的长处，叫作切磋琢磨。这四点，就是教育振兴的法则。

坏习惯已经养成再禁止，就产生抵触情绪，而不容易起作用；适宜的学习时期已经过了才开始学习，则即使勤奋刻苦，也难有成就；教育时不按部就班、循序渐进，而是杂乱无章，学习就会搞得杂乱以至无法收拾；独自学习，不跟同学在一起切磋研讨，便会落得学识浅薄，见闻不广；怠慢朋友就会违反师长的教诲；亵慢嘲笑老师的劝告之语，会使学生荒废学业。这六点，是导致教育失败的原因。

君子只有知道了教育振兴的根由，又知道了教育失败的原因，才可以做别人的老师。所以君子的教育，善于引导而不强迫，对学生要多加鼓励，而不是使他沮丧压抑，讲解时在于启发而不是全部讲解。只引导而不强迫，就会使师生关系和谐；多鼓励而不压抑，则学生学习时就会感到比较容易；只启发而不全部讲解，则学生就会善于思考。使学生平和，容易领悟知识，又能主动思考，这可以称得上善于晓谕了。

学生常有四种过失，当教师的一定要知道。人在学习的时候，有的一味贪多，有的所知太少，有的把学习看得太容易而不肯深入思考，有的自以为懂得了知识就停止不进。这四种过失的产生，其心理是不同的。做教师的一定要先了解学生的心理，然后才能补救其过失。教育的目的，就在于发展学生的优点，纠正他们的过失。

善歌者，使人继其声；善教者，使人继其志。其言也约而达，微而臧①，罕譬而喻，可谓继志矣。

君子知至学②之难易，而知其美恶③，然后能博喻。能博喻然后能为师，能为师然后能为长，能为长然后能为君，故师也者，所以学为君也。是故择师不可不慎也。《记》曰："三王、四代④唯其师。"此之谓乎！

凡学之道，严师为难。师严⑤然后道尊，道尊然后民知敬学⑥。是故君之所不臣于其臣⑦者二：当其为尸⑧，则弗臣也；当其为师，则弗臣也。大学之礼，虽诏于天子，无北面，所以尊师也。

①臧；善。

②至学：求学。

③美恶：指先天禀赋的高低优劣。

④三王、四代：三王指夏禹、商汤、周文王。四代指虞、夏、商、周四个朝代。

⑤严：尊重之意。

⑥敬学：尊重知识之意。

⑦不臣于其臣：不用对待臣下的礼节来对待其臣。

⑧尸：祭主。

译 文

善于唱歌的人，能使人沉醉在歌声中而和着他的歌声唱。善于教学的人，能够启发人心，使学生继承他的治学志向。这样的人，言辞简约而通达，精妙而善美，少用比喻也容易使人明白，可说是善于使人继承其志向的人了。

君子知道求学的难易深浅，又知道学生资质的高低，然后才能够博采譬喻、因材施教。能博采譬喻、因材施教，才能当老师。能当老师，然后才能做官吏。能当官吏，然后才能做国君。因此跟随老师学习，就是学做国君。因此选择老师不可以不谨慎。古书《记》上说："虞、夏、商、周四代三王，对老师的选择都很慎重。"大概说的就是这个道理吧。

凡从师学习的原则，最难做到的是尊敬教师。教师受到尊敬，那么他所传的道术才能受到尊重；道术受到尊重，然后人们才懂得尊重知识，严肃地

对待学习。所以国君不以对待臣下的礼节来对待臣下的情形有两种：一种是在祭祀中臣子担任祭主时，不应以臣下之礼来待他；另一种是臣子是君主的老师时，不应以臣下之礼来待他。大学规定的礼法，天子入大学听课，讲授的臣下无须面朝北方居臣位，这就是为了表示尊敬老师。

善学者，师逸①而功倍，又从而庸②之；不善学者，师勤而功半，又从而怨之。善问者，如攻③坚木，先其易者，后其节目④，及其久也，相说⑤以解；不善问者反此。善待问者，如撞钟，叩之以小者则小鸣，叩之以大者则大鸣，待其从容，然后尽其声；不善答问者反此。此皆进学之道也。

记问之学，不足以为人师。必也其听语⑥乎！力不能问，然后语之；语之而不知，虽舍之可也。

良冶⑦之子，必学为裘；良弓⑧之子，必学为箕⑨；始驾⑩马者反之，车在马前。君子察于此三者，可以有志于学矣。

注 释 ————————————

①逸：安闲，这里指费力小、轻松。

②庸：功劳。

③攻：治理，指加工处理木材。

④节目：指的是难处理的地方。节，本指树的枝干相连的地方。目，纹理混乱之处。

⑤说（tuō）：通"脱"，解脱、解决的意思。

⑥听语：听取学生的问题并解答。

⑦冶：冶铸金属的工匠。

⑧弓：造弓的匠人。

⑨为箕：制作簸箕。

⑩始驾：开始训练小马驾车。

善于学习的学生，老师很轻松而教学效果反而加倍，学生得力于老师的启发，都归功于老师。不善于学习的学生，老师虽严加督促，效果却只得一半，学生都埋怨老师教导无方。善于提问的人，就像加工处理坚硬的木材。先从容易处理的地方下手，然后处理节疤和纹理不顺的地方，时间长了，问题就解决了。不善于提问的人与此相反。善于回答问题的老师，就像撞钟一样，轻轻敲击则钟声较小，重重敲击则钟声大响，打钟的人一定要从容不迫有间隙，然后钟声才会余音渐消。不善于回答问题的老师则与此相反。这些都是增进学问的方法。

只会背诵书本上的知识，缺乏独到见解，这种人不够资格当教师。当教师的人，一定要善于听取学生的提问，并能够予以解答。学生心里有疑难，却没有向老师提问，老师才能加以指点。如果老师指点了之后，学生还是不懂，那就暂时先放一放，等以后再讲。

好铁匠的儿子，一定要学着补缀皮衣。好弓匠的儿子，一定要学着把柳条弯曲编成箕畚。刚开始学驾车的小马，一定要先把它系在车的后面，使车在它前面。君子懂得了这三件事中的道理，就可以立定求学的志向了。

古之学者，比物丑类①。鼓无当于五声②，五声弗得不和；水无当于五色③，五色弗得不章；学无当于五官④，五官弗得不治；师无当于五服⑤，五服弗得不亲。

君子曰："大德不官，大道不器，大信⑥不约，大时⑦不齐。察于此四者，可以有志于学矣。"

三王之祭川也，皆先河而后海，或源也，或委⑧也。此之谓务本⑨。

①比物丑类：比较同类事物，以做到触类旁通。丑，比。

②五声：指古代音乐中的宫、商、角、徵、羽五大音阶。

③五色：青、黄、赤、白、黑五种颜色。

④五官：指司徒、司马、司空、司士、司寇，此处泛指政府各部门之官职。

⑤五服：斩衰、齐衰、大功、小功、缌麻五种丧服，它们分别用以表示血缘关系的亲疏远近。

⑥大信：最大的诚信。

⑦大时：天时。

⑧委：众水汇集之处。

⑨本：根本之意。

译文

古代的学者能够比较事物的异同，从而触类旁通。比如，鼓的声音并不属于于五声中的任何一种音。但是当乐器演奏时，没有鼓则五声就没有和谐的节奏。水的颜色并不是五色中的任何一种，但是当绘画的时候，没有水的晕染调和，五色就不能彰显。有学问并不等于官署的任何一种官职，可是官吏如果没有学问就做不好工作。老师并不相当于五服中的哪一种亲属，但是五服之亲如果没有老师的教诲，也就不懂得怎样亲近相处了。

君子说："伟大德行并不是某一种官职所特有；最伟大的道理并不局限于某一种用途；最大的诚信不需要订立盟约；恒久的天时不需要万物运行的节奏整齐划一。能懂得这四种道理就能有信心专注于学习了。"

夏、商、周三代君王祭祀河流，都是先祭河后祭海，因为河是海的源头，海是河汇聚而成，这就叫务本。

乐　记

　　凡音之起，由人心生也。人心之动，物使之然也。感于物而动，故形于声。声相应，故生变，变成方，谓之音。比①音而乐之，及干戚、羽旄，谓之乐。

　　乐者，音之所由生也，其本在人心之感于物也。是故其哀心感者，其声噍以杀②；其乐心感者，其声啴③以缓；其喜声感者，其声发以散；其怒心感者，其声粗以厉；其敬心感者，其声直以廉；其爱心感者，其声和以柔。六者，非性也，感于物而后动。是故先王慎所以感之者。故礼以道其志，乐以和其声，政以一其行，刑以防其奸。礼、乐、刑、政，其极一也，所以同民心而出治道也。

注 释

①比：比合。
②杀（shài）：声音细小。
③啴（chǎn）：宽裕。

译 文

　　"音"是由人的感情产生的。人们心中情感的波动是由外物引起的。人被外物感触而心情波动，就表现在"声"上。高低不同的声相互应和，故有许多变化，这变化按照一定的形式排列表现，就成为"音"。再把这乐音进行编排，再配上干、戚、羽、旄，这样就成为"乐"。从以上可知，所谓"乐"，是由音所组成的，而其源头乃在于人心对于外界事物的感想。因此，人心有了悲痛的感受，发出的声音就急促而衰减；人心有了欢乐的感受，发出的声音就宽和而舒缓；人心有

了喜悦的感受，发出的声音就开朗而轻快；人心有了愤懑的感受，发出的声音就粗犷而凌厉；人心有了崇敬的感受，发出的声音就正直而端正；人心有了喜爱的感受，发出的声音就温和而轻柔。这六种声音并不是人们的内心原本就有，而是人们的内心受到外界事物影响才出现的。所以古代圣王非常注意能够影响人心的外界事物。用礼来指导人们的意志，用乐来调和人们的性情，用政令来统一人们的行动，用刑法来防止人们做坏事。用礼、用乐、用政令、用刑法，手段尽管不同，但其目的是相同的，就是要统一民心而达到天下大治。

凡音者，生人心者也。情动于中，故形于声。声成文，谓之音。是故治世之音安以乐，其政和；乱世之音怨以怒，其政乖；亡国之音哀以思，其民困。声音之道，与政通矣。

宫为君，商为臣，角为民，徵为事，羽为物。五者不乱，则无怗懘①之音矣。宫乱则荒，其君骄；商乱则陂，其官坏；角乱则忧，其民怨；徵乱则哀，其事勤；羽乱则危，其财匮。五者皆乱，迭相陵，谓之慢。如此则国之灭亡无日矣。

郑、卫之音，乱世之音也，比于慢矣。桑间濮上之音，亡国之音也，其政散，其民流，诬上行私而不可止也。

凡音者，生于人心者也；乐者，通伦理者也。是故知声而不知音者，禽兽是也；知音而不知乐者，众庶是也，唯君子为能知乐。是故审声以知音，审音以知乐，审乐以知政，而治道备矣。是故不知声者不可与言音；不知音者不可与言乐。知乐，则几于礼矣。礼、乐皆得，谓之有德。德者，得也。是故乐之隆，非极音也；食飨之礼，非致味也；《清庙》之瑟，朱弦而疏越，壹倡而三叹，有遗音者矣。大飨之礼，尚玄酒而俎腥鱼，大羹②不和③，有遗味者矣。是故先王之制礼乐也，非以极口腹耳目之欲也，将以教民平好恶而反人道之正也。

①怗懘（zhān chì）：声音不和谐。

②大羹：肉汁。

③不和：不用佐料调和。

译 文 ━━━━━━━━━━━━━━━

音，皆出自人心。感情激动于心，因此就表现为"声"。把声组成动听的曲调，就称为"音"。因此太平盛世的音，其曲调安详而欢乐，反映了当时政治的和谐；世道混乱的音，其曲调哀怨而愤怒，反映了当时政治的混乱；亡国之音，其曲调悲伤而深沉，反映了当时人民的困苦。声音的道理和政治是贯通的：有什么样的政治就有什么样的声音。

五音之中，宫如同君，商如同臣，角如同民众，徵如同劳役，羽如同财物。这五者不混乱，就没有不和谐之音。如果宫音混乱，则为放诞，表示国君骄横；商音乱，则为邪僻，表示吏治腐败；角音乱则为忧伤，表示民有怨恨；徵音乱则为悲哀，表示劳役繁重；羽音乱则危急，表示财用缺乏。如果五者都乱，则相互混杂，就叫"慢音"，即放肆无行的音乐。这样，则距离国之灭亡没有多少时日了。

郑卫的音乐，是乱世的音乐，相当于慢音。桑间濮上的音乐，是殷纣亡国的音乐，当时政治散乱，人民不受约束，欺君妄上只顾一己之私的人很多，根本不能制止。

所谓"音"，都出自人的内心。所谓"乐"，是和伦理相互贯通的。因此，只懂得声音不知道音调的，便是禽兽。只懂得音调而不知道音乐的，便是庶民。只有君子才知道音乐。因此，由审察声音进而知道音调，由审察音调进而知道音乐，由审察音乐进而知道政治，这就具有完备的治国之道。因此不懂得声音的人，不可与他商讨音调。不懂得音调的人，不能与他讨论音乐。懂得了乐，就近于懂得礼了。礼和乐都学有所得，就称为有德。德，也就是对礼、乐有心得的意思。因此音乐的兴盛，并不是为了追求极致美妙的音乐；食礼、飨礼，不在于佳肴美味。《清庙》乐曲中的瑟，朱红色的弦，底部的孔疏通，一个人领唱而三个人应和，形式虽然简单，但是乐声之外寓意无穷。大飨的礼仪，崇尚玄酒而以生鱼为俎实，肉汁不用佐料调和，但却在实际的滋味之外另有滋味。由此可见，先王在制作礼乐的时候，不是为了极力满足人们的口腹耳目之欲，而是要以此教导百姓使百姓有正确的好恶之心，从而归于人道的正路上来。

人生而静，天之性也。感于物而动，性之欲也。物至知知，然后好恶形焉。好恶无节于内，知诱于外，不能反躬①，天理灭矣。夫物之感人无穷，而人之好恶无节，则是物至而人化物也。人化物也者，灭天理而穷人欲者也。于是有悖逆诈伪之心，有淫泆作乱之事。是故强者胁弱，众者暴寡，知者诈愚，勇者苦怯，疾病不养，老幼孤独不得其所，此大乱之道也。

译 文

人天生是安静的，这是人的天性。但人总是感于外物情绪冲动，这是天然的本能。外物触动，使人的心智开始感知外物，然后内心产生了喜欢与厌恶。一个人如果对自己内心的好恶无法节制，而一味受外物诱惑，又不能自我反省，这样，人的天性就慢慢泯灭了。外物影响人是无穷的，而人如果对自己的好恶又无所约束，这样，外物不断出现，而人被逐渐物化。人被物化，就会泯灭天理和放任欲望。于是，就会出现犯上作乱、狡诈虚伪等歹心，就会出现淫佚放任、扰乱社会等恶事。所以，就导致强者威胁弱者，众人欺负少数，聪明的人欺骗愚钝的人，胆大的人困辱胆怯的人，以至病者得不到医治，老人、小孩、鳏、寡、废、疾得不到安身之所，这便是导致国家大乱的奸邪之道。

是故先王之制礼乐，人为之节。衰麻哭泣①，所以节丧纪也；钟鼓干戚，所以和安乐也；昏姻冠笄，所以别男女也；射乡食飨，所以正交接也。礼节民心，乐和民声，政以行之，刑以防之。礼、乐、刑、政，四达而不悖，则王道备矣。

乐者为同，礼者为异。同则相亲，异则相敬。乐胜②则流③，礼胜则离。合情饰貌者，礼、乐之事也。礼义立，则贵贱等矣。乐文同，则上下和矣。好恶着，则贤不肖别矣。刑禁暴，爵举贤，则政均矣。仁以爱之，义以正之，如此则民治行矣。

①衰(cuī)麻哭泣：指丧服之礼和哭泣之礼。

②胜：过度。

③流：放纵，无节制。

译 文

有鉴于此，古代圣王就制作礼乐，为人们制定出自我约束的办法：有关丧服、哭泣的规定，这是用来约束丧事的；钟鼓干戚等乐器舞具，这是用来调和安乐的；婚礼、冠礼、笄礼，这是用来区分男女的；射礼、乡饮酒礼、食礼、飨礼，这是用来规范人们交往的。用礼来约束民心，用乐来调和民愿，用政令进行治理，用刑罚防范奸恶。礼、乐、刑、政，如果这四个方面都得到落实而不被梗阻，也就是完备的王道之治了。

乐的作用是调整好恶情感，礼的作用是分别差异。能同一便相互亲近，有差别便相互尊敬。乐超出了限度，就会流于散漫不恭敬；礼超出了限度，就会导致疏远不亲近。调和感情，修饰仪容，便是礼乐的作用。礼仪确立了，贵贱等级才能区别开来；乐章的形式统一，上下便能和谐相处。好恶的标准明确了，贤与不肖就容易区分。用刑罚制止暴乱，用赏爵选贤举能，政事就公平清明了。用仁来关爱民众，用义来端正百姓，这样就能管理好民众了。

乐由中出，礼自外作。乐由中出，故静①；礼自外作，故文。大乐必易，大礼必简。乐至则无怨，礼至则不争。揖让而治天下者，礼乐之谓也。暴民不作，诸侯宾服，兵革不试，五刑不用，百姓无患，天子不怒，如此则乐达矣。合父子之亲，明长幼之序，以敬四海之内，天子如此，则礼行矣。

大乐与天地同和，大礼与天地同节。和，故百物不失；节，故祀天祭地。明则有礼乐，幽则有鬼神。如此，则四海之内合敬同爱矣。礼者，殊事合敬者也；乐者，异文合爱者也。礼、乐之情同，故明王以相沿也。故事与时并，名与功偕。

尚书·礼记
礼记

①静：平静。

　　乐由内心产生，礼通过外表来体现。乐由内心产生，因此能够使人平静；礼通过外表来体现，所以形成仪节。盛大的音乐必定是平易的，盛大的礼节必定是简朴的。乐教通行于内心，则民众没有怨恨；礼教通行，则民众没有纷争。能用谦恭礼让统治天下，说的就是礼乐。不出现违法作乱的暴民，诸侯都来归服，不需使用武力，不动用多种刑罚，百姓自然没有忧患，天子不需展示威怒，这就表示乐教普遍实行了。父子相互亲睦，长幼秩序明确，使天下的人都尊敬天子，如果这样，就是礼教得到普遍推行了。

　　最高之乐和天地一样调和万物，最高之礼和天地一样节制万物。因为能调和，故万物不失本性；因为有节制，故人间以祭祀天地相报。外在有礼乐教化，冥冥之中则有鬼神庇佑。这样，四海之内都能互敬互爱。礼，是人们通过各种礼仪规范显现相同的敬意；乐，是人们通过不同的乐曲来相亲相爱。礼乐所体现的内心情感一致，因此受到先王重视，各代相沿相因。这样，各代圣王所制礼仪与时代并进，所作的乐名与功绩相称。

　　故钟、鼓、管、磬，羽、籥①、干、戚，乐之器也。屈、伸、俯、仰，缀、兆②、舒、疾，乐之文也。簠、簋、俎、豆，制度、文章，礼之器也。升、降、上、下，周还③、裼袭④，礼之文也。故知礼乐之情者能作，识礼乐之文者能述。作者之谓圣，述者之谓明。明圣者，述作之谓也。

①籥（yuè）：古代乐器。

②缀、兆：缀是舞位的位置，兆是舞者活动的范围。

③周还（xuán）：即周旋。

④裼袭：行礼时，敞开正服前襟叫裼，掩好正服前襟叫袭。

所以说，钟、鼓、管、磬、羽、籥、干、戚，都是乐的器具。屈、伸、俯、仰，舞者的定位、行动的区域，一开一合、忽快忽慢的姿态变化，都是乐的表现形式。簠、簋、俎、豆这样的器皿，还有各种礼节制度、图案纹饰，都是行礼的器具。升、降、上、下，回旋、袒开或掩闭上衣，都是礼的表现形式。因此，凡是懂得礼乐性质的人就能够制作礼乐，懂的礼乐形式的人就能够传承礼乐。能制作礼乐的人是圣人，能传承礼乐的人是贤明的人。"明圣"，就是传承、制作礼乐的意思。

乐者，天地之和也；礼者，天地之序也。和，故百物皆化；序，故群物皆别。乐由天作①，礼以地制。过制则乱，过作则暴。明于天地，然后能兴礼乐也。论伦无患，乐之情也；欣喜欢爱，乐之官也。中正无邪，礼之质也；庄敬恭顺，礼之制也。若夫礼乐之施于金石，越于声音，用于宗庙社稷，事乎山川鬼神，则此所与民同也。

王者功成作乐，治定制礼。其功大者其乐备，其治辩②者其礼具。干戚之舞，非备乐也；孰亨而祀，非达礼也。五帝殊时，不相沿乐；三王异世，不相袭礼。乐极则忧，礼粗则偏矣。及夫敦乐而无忧，礼备而不偏者，其唯大圣乎！

①乐由天作：音乐的创作源于天地间的和谐。
②辩：通"遍"。

乐，所体现的是天地间的和谐；礼，所体现的是天地间的秩序。因为和谐，万物都能化育生长；因为有秩序，万物又各有分别。乐根据天的规律制作，礼根据地的规律制作。礼的制作超出了秩序，就会出现混乱；乐的制作破坏了和谐，就会显得暴戾。只有

懂得天地的规律，然后才能制作礼乐。和伦理、无隐患，是乐内在的精神；让人高兴欢乐，是乐的功用。中正无邪，是礼的实质；庄重恭敬，是礼对人的约束。至于运用乐器来体现礼乐，通过声音来传播，用于宗庙社稷的祭奠活动，祭奠山川鬼神，这些是天子与民众都一样的。

君王在大功告成以后才制定乐，在社会安定以后才制定礼。他的功劳越大，他所制的乐也就越完备；他的政治越安定，他所制的礼也就越完善。只有手执干戚的武舞，不能算完备之乐；用熟肉来祭祀，不能算通达之礼。五帝不同时，因而不互相沿用前代之乐；三王不同代，因而不互相传袭前代之礼。过度之乐，则有沉迷忘返之忧；粗制之礼，或失中正无邪之质。能够做到让乐曲盛大但没有沉迷忘返之忧，礼仪完善但不失中正无邪之质的，大概只有伟大的圣人吧。

天高地下，万物散殊，而礼制行矣。流而不息，合同而化，而乐兴焉。春作夏长，仁也；秋敛冬藏，义也。仁近于乐，义近于礼。乐者敦和，率神而从天；礼者别宜，居鬼而从地。故圣人作乐以应天，制礼以配地。礼乐明备，天地官矣。

天尊地卑，君臣定矣。卑高已陈，贵贱位矣。动静有常，小大殊矣。方①以类聚，物以群分，则性命不同矣。在天成象，在地成形，如此，则礼者，天地之别也。地气上齐，天气下降，阴阳相摩，天地相荡，鼓之以雷霆，奋之以风雨，动之以四时，煖之以日月，而百化兴焉。如此，则乐者天地之和也。化不时则不生，男女无辨则乱升，天地之情也。

及夫礼乐之极乎天而蟠②乎地，行乎阴阳而通乎鬼神，穷高极远而测深厚。乐著大始，而礼居成物。著不息者天也，著不动者地也，一动一静者，天地之间也。故圣人曰"礼乐"云。

注 释 ————

①方：指禽兽之属，郑玄注："谓行虫也"，即走兽。

②蟠：委。

译文

　　天尊地卑,万物各异,为了区分尊卑,显示差异,制定了礼。天地万物周而复始,合而同化,因此兴起了乐。春生夏长,表现天地之仁;秋收冬藏,表现天地之义。仁近于乐,义近于礼。乐主和同,遵循神的旨意而顺应天道;礼主别异,遵循鬼的旨意而顺应地道。因此圣人作乐以应天道,制礼而配地道。礼乐明确而齐备,就可以发挥天地之职能了。

　　按照天尊地卑的现象,君臣的关系就依此明确了。按照高山低泽的分布情况,贵贱的名位也就明确了。按照天地运动和静止的常态,大小事物也就分别开来了。禽兽按照类别聚集,草木按照群属分辨,那么它们的天性和生命是不同的。在天上有日月星辰之象,在地上有万物的不同形态,这样,就用礼来表现天地之间的差异。地气上升,天气下降,阴阳二气彼此摩擦,天地之气彼此激荡,再加上雷霆来鼓动,风雨来振奋,四时来运转,日月来照耀,因此万物便化育而生长了,这样,就用乐来体现天地间的和谐。化育不合时节,就不会生长;男女不加分别,就会导致社会的混乱,这就是天地之间的道理。

　　说到礼乐的功能,上达于天,下至于地,可以行乎阴阳,可以通于鬼神,无远不至,穷极深厚。乐处于创始万物的天上,礼处于形成万物的大地。显示着不停运动的是天,显示着静止不动的是地,一动一静,就生成了天地间的一切。所以圣人治理天下,言必称礼乐。

　　昔者舜作五弦之琴以歌《南风》,夔始制乐以赏诸侯。故天子之为乐也,以赏诸侯之有德者也。德盛而教尊,五谷时熟,然后赏之以乐。故其治民劳者,其舞行缀远[①];其治民逸者,其舞行缀短。故观其舞,知其德;闻其谥,知其行也。《大章》,章之也。《咸池》,备矣。《韶》,继也。《夏》,大也。殷、周之乐,尽矣。

天地之道，寒暑不时则疾，风雨不节则饥。教者，民之赛暑也，教不时则伤世；事者，民之风雨也，事不节则无功。然则先王之为乐也，以法治也，善则行象德矣。夫豢豕②为酒，非以为祸也，而狱讼益繁，则酒之流生祸也。是故先王因为酒礼。壹献之礼，宾、主百拜，终日饮酒而不得醉焉，此先王之所以备酒祸也。

译文

以前，舜制作五弦琴演奏《南风》，乐臣夔制乐以赏赐诸侯。所以，天子制乐是用来奖赏诸侯当中有德行的人。凡诸侯德行显著，政教严厉，不失农时，五谷丰登，天子就奖给乐一部。对劳民之君，赏赐的舞队规模小，舞者少所以间隔远；对安民之君，赏赐的舞队规模大，舞者多所以间隔近。因此，一看天子赏给他的乐，就可知道该诸侯的德行；而一听天子赐给他的谥号，就可知道其功绩。尧乐《大章》，即显示尧的德行。黄帝之乐《咸池》，即表明黄帝的恩德咸施于天下。舜乐《韶》，表明舜继承尧之德行。禹乐《夏》，表明能光大尧舜之德。直至商乐《大濩》、周乐《大武》，反映当时的政治已经实现完善之境。

天地的规律，寒暑不适时就出现疾病，风雨不合节令就会发生饥荒。教化，就好比寒暑，教化不适时，就会伤害世风。劳作，好比风雨，不合节令就会徒劳无功。所以先王制礼作乐，也就是效法天地来治理国家，做得好，民众的行为就能表现出高尚的道德。人们养猪酿酒，本来不是为了惹祸，然而诉讼纠纷却日益增多，这就是饮酒过度引出的祸患。所以先王制定了酒礼，光是"一献"的礼，就要求宾主互相多次拜谢，这样即使整天饮酒也不会醉倒，这就是先王用来预防饮酒惹祸的方法。

故酒食者所以合欢也，乐者所以象德也，礼者所以缀淫也。是故先王有大事，必有礼以哀之；有大福①，必有礼以乐之。哀乐之分，皆以礼

终。乐也者，圣人之所乐也，而可以善民心，其感人深，其移风易俗，故先王著其教焉。

夫民有血气心知②之性，而无哀乐喜怒之常，应感起物而动，然后心术形焉。是故志微、噍杀之音作，而民思忧；啴谐、慢易、繁文、简节之音作，而民康乐；粗厉、猛起、奋末、广贲之音作，而民刚毅；廉直、劲正、庄诚之音作，而民肃敬；宽裕、肉好、顺成、和动之音作，而民慈爱；流辟、邪散、狄成、涤滥之音作，而民淫乱。

是故，先王本之情性，稽之度数，制之礼义，合生气之和，道五常之行，使之阳而不散，阴而不密，刚气不怒，柔气不慑。四畅交于中而发作于外，皆安其位而不相夺也。然后立之学等，广其节奏，省其文采，以绳德厚。律小大之称，比终始之序，以象事行③，使亲疏、贵贱、长幼、男女之理皆形见于乐，故曰："乐观其深矣。"

注释

①大福：指吉庆大事。

②血气心知：血气，指肉体生命。心知，指思想感情。

③事行：指下文所谓亲疏、贵贱、长幼、男女等人伦关系。

译文

酒食，是用来使大家欢聚的。乐，是用来显现道德的。礼，是用来禁止人们的越轨行为的。因此先王遇到死丧的大事，必定有一定的礼来表示哀悼；遇到吉庆的喜事，也必定有一定的礼来表示欢乐：悲哀和欢乐的程度，最终都要合乎礼。乐是圣人所喜爱的，它能够使民心向善，深刻地感化人心，使民风习俗变化，因此，先王非常重视乐的教化作用。

人有血气情知之本性，而无哀乐喜怒之常情，都是接触感觉于外而情绪波动于内，然后其情志表露出来。正因为这样，急促隐微之乐，可使民思虑而忧愁；宽和、平易、婉曲、舒缓之乐，可使民健康和乐；激荡、猛烈、奋发、昂扬之乐，可使人刚强勇敢；正直、厚重、庄重、诚实之乐，可使人听了肃然起敬；宽和、顺畅、和悦之乐，能使人慈

爱;放荡、怪诞、疾速、懒散之音,能使人淫乱。

所以先王以人的性情为根本出发点,审核音律的度数,制定礼义,配合天地之气的和谐,遵循五行的规律,使其阳气奋发而不流散,阴气收敛而不闭塞,刚气坚强而不暴怒,柔气和顺而不畏缩。四个方面通畅交融于内部,表现于外部,各得其所而不互相妨害。然后制定学习的级别,逐渐增强学习音乐的节奏,审察音乐的文采,用以衡量道德仁厚。规范音律的大小高低,排列乐章的先后次序,用来表现人伦关系。使亲疏、贵贱、长幼、男女之间的伦理关系都表现于音乐。所以说:"通过对音乐的观察,可以看到很深刻的道理。"

土敝则草木不长,水烦则鱼鳖不大,气衰则生物不遂,世乱则礼慝①而乐淫。是故其声哀而不庄,乐而不安,慢易以犯节,流湎以忘本。广则容奸,狭则思欲,感条畅之气,而灭平和之德,是以君子贱之也。

凡奸声感人而逆气应之,逆气成象而淫乐兴焉。正声感人而顺气应之,顺气成象而和乐兴焉。倡和有应,回②邪曲直各归其分;而万物之理各以类相动也。是故君子反情以和其志,比类以成其行。奸声、乱色不留聪明,淫乐、慝礼不接心术,惰慢、邪辟之气不设于身体。使耳、目、鼻、口、心知、百体皆由顺正,以行其义。

然后发以声音,而文以琴瑟,动以干戚,饰以羽旄,从以箫管。奋至德之光,动四气之和,以著万物之理。是故清明象天,广大象地,终始象四时,周还象风雨。五色成文而不乱,八风从律而不奸,百度得数而有常。小大相成,终始相生。倡和清浊,迭相为经。故乐行而伦清,耳目聪明,血气和平,移风易俗,天下皆宁。

故曰:"乐者,乐也。"君子乐得其道,小人乐得其欲。以道制欲,则乐而不乱;以欲忘道,则惑而不乐。是故君子反情以和其志,广乐以成其教。乐行而民乡方③,可以观德矣。德者,性之端也;乐者,德之华也;金石丝竹,乐之器也。诗,言其志也;歌,咏其声也;舞,动其容也。三者本于心,然后乐器从之。是故情深而文明,气盛而化神,和顺积中而英华发外,唯乐不可以为伪。

①慝（tè）：邪恶。

②回：违背。

③乡方：朝向正
道。"乡"通"向"。

译 文

土地贫瘠，草木就不可生
长；水流不稳定，鱼鳖就长不大；阴
阳之气枯竭，万物就不能生长；世道混乱，
礼就污秽，乐就淫逸。因此这种音乐，悲哀却不
庄严，喜悦却不安详，散漫而不合节拍，放纵而失去根
本，缓慢的节奏中包含着邪恶，短促的节奏则激发淫欲。这种声
音激发人们的放荡之气，而泯灭人们的平易之德，因此君子轻视这样的
音乐。

凡以邪僻淫乱之声去影响人们，而人们就会以背逆叛乱之气相共鸣，那就一定产
生背逆现象，从而生成淫乱的音乐。凡以中正平易之声去影响人们，而人们又以忠诚
和乐之气相应和，那就会显现和顺的景象，从而生成和谐的声音。有唱必有和，有响必
有应。凡乖舛邪僻、歪曲忠直就各归本分。万事万物的常道，总是以类相感而动。因
此君子去除淫逆之情理，回到本心和悦自己的情志，比拟善类成就自己的善行。务使
奸邪之声、淫乱之色不驻留在自己的耳目，荒淫之乐、邪秽之礼不触及自己的心灵，懒
散怠慢、邪恶乖僻的习气不沾染于自身，一定要使自己的耳朵、眼睛、鼻、口、心灵、躯
体都遵循着忠顺之道，践行其应当做的正事。

然后用声音来抒发，并以琴瑟伴奏，又舞动干戚，装扮羽毛旌旗，并用箫管相和。
彰显最高德行的光辉，感受四季之和谐，体现万事万物的至理。因此，乐所体现的清丽
明朗象征天，广漠辽阔象征地；其开头结尾像四时，前后呼应循环往复像风雨。五声构
成音乐而不乱，如同五色；八音按律而不杂乱，如同八风；音乐节奏有规律，如同昼夜

分为一百刻。音律高低相成而不乱，前后相生而有法，唱和清浊适度，循环重叠合情。因此，这样的音乐被推行而厘清了人伦之序，使人耳聪目明，心气平和，进一步移风易俗，天下和谐。

因此说："乐，就是乐。"但君子快乐是因为得到道义，小人快乐是因为得到满足，以道义控制欲望，则快乐而不混乱；为欲念而忘道义，则惑乱而无乐。因此，君子必内自反省而使己心和洽，实行礼乐而教化人民。这样，礼乐推行而使人民走向正道，因此，看其礼乐便可知君子的德行。德，是人性的发端。乐，是德的花朵。金石丝竹，是乐的工具。诗，是用来抒发自己的志向的；歌，是用来传达自己的心声的；舞，是用来展现自己的仪容的。诗、歌、舞，这三者都发自内心，然后用乐器加以伴奏。所以情感深厚，文采就鲜明，气氛浓烈就会出神入化。内心积累着和顺，乐的精华就会表现在外，只有乐是无法作假的。

乐者，心之动也；声者，乐之象也；文采节奏，声之饰也。君子动其本，乐其象，然后治其饰。是故先鼓以警戒，三步以见方；再始以著往，复乱①以饬归。奋疾而不拔，极幽而不隐。独乐其志，不厌其道，备举其道，不私其欲。是故情见而义立，乐终而德尊。君子以好善，小人以听过。故曰："生民之道，乐为大焉。"

乐也者，施也；礼也者，报也。乐，乐其所自生；而礼反其所自始。乐章德，礼报情反始也。所谓大辂者，天子之车也。龙旂九旒，天子之旌也。青黑缘②者，天子之宝龟也。从之以牛羊之群，则所以赠诸侯也。

注释

①乱：指乐曲的结束部分。
②青黑缘：指龟甲的边缘呈青黑色。只有千岁之龟才有此色。

译文

乐，是出于内心的感动。声音，是音乐的表达形式。文采节奏，是声音的修饰。君子心有所感，就以音乐的形式抒发，然后对音乐进行整理修饰。所以《大武》之乐的演

奏，首先敲鼓叫舞蹈人员做好准备，再跺三次脚表示舞蹈行进的方向，第一段舞毕，再开始跺三次脚表示前往的方向；到结束曲时再整理队列一次，象征武王凯旋。舞者步伐迅速，但不乱跳离谱；音乐的寓意极其深切，但却不隐晦。《大武》之乐既表现武王志得意满的欣喜，又不失却其中包含的仁义之道；全面地显现了仁义之道，因而不至于会纵容个人享受的欲念。这种音乐既表达了情感，又确立了道义。乐舞结束的同时，也显现了道德的崇高。君子听了这样的音乐，更加喜欢善德；小人听了这样的音乐，也会省察自己的过失。因此说："抚育人民的方法之中，音乐是最重要的。"

乐，是给予后人的；礼，是报答先人的。乐，是发自内心的喜乐；礼，是后人对祖先的感恩和回报。乐显现德行，礼则是寄托报本之情，追溯根源。所谓"大辂"原是天子的车子，有九条飘带和龙形纹饰的旗是天子的旗帜，青黑缘边的龟也是天子的宝龟，但天子也都赐予诸侯，而且要馈赠一群牛羊，这也都是表现天子对诸侯护卫、进贡的报答。

乐也者，情之不可变者也；礼也者，理之不可易者也。乐统同，礼辨异，礼、乐之说，管乎人情矣。穷本知变，乐之情也；著诚去伪，礼之经也。礼乐偩①天地之情，达神明之德，降兴上下之神，而凝是精粗之体，领父子、君臣之节。是故大人举礼乐，则天地将为昭焉。天地诉合②，阴阳相得，煦妪覆育万物，然后草木茂，区萌达，羽翼奋，角骼生③，蛰虫昭苏，羽者妪伏，毛者孕鬻，胎生者不殰④，而卵生者不殈，则乐之道归焉耳。

乐者，非谓黄钟、大吕、弦歌、干扬也，乐之末节也，故童者舞之。铺筵、席，陈尊、俎，列笾、豆，以升降为礼者，礼之末节也，故有司掌之。乐师辨乎声诗，故北面而弦；宗、祝辨乎宗庙之礼，故后尸；商祝⑤辨乎丧礼，故后主人。是故德成而上，艺成而下；行成而先，事成而后。是故先王有上有下，有先有后，然后可以有制于天下也。

注 释

① 偩（fù）：依顺。

② 诉（xī）合：交合，和合融洽。

③角骼（gé）生：指兽类长出犄角，得到生养。

④殰（dú）：还未出生就在胎中死亡。

⑤商祝：熟悉商代丧葬礼仪的太祝。

译文

乐所表达的，是感情之不可变易者；礼所表达的，是道理之不可变易者。乐强调调和同一，礼强调区别差异。礼和乐的学说，贯通了全部人情。探索人们内心的本源，推知它的变化规律，这是乐的实质；发扬人们真诚的品德，除去那些虚伪的东西，这是礼的原则。礼和乐能够顺应天地的情意，通达鬼神的恩德，感动天神地祇降临，化育万物大小之体，调整父子、君臣的关系。所以圣人推行礼乐，天地就会因此而变得光明起来。天地欣然交合，阴阳互相感应，万物得到抚育。于是草木茂盛，作物萌芽，鸟儿展翅飞翔，兽类长出犄角，蛰虫从冬眠状态中苏醒过来，鸟类孵卵育雏，兽类受孕育子，胎生的不至于流产，卵生的不至于蛋壳破裂。这一切都应归功于乐的功能。

所谓乐，并不只是指黄钟、大吕等乐律、弹奏琴瑟吟唱、手执干戚起舞等，这些仅仅是乐的次要部分，因此孩子就能歌舞。铺设宴席，陈设祭器，摆放笾、豆等食器，上堂下阶，这也是礼的次要部分，因此只需司仪就可以掌管。乐师能清楚地理解声乐诗歌，因此在下位面朝北弹琴；宗伯、太祝了解宗庙的详细礼仪，因此站在尸的后面主持祭礼；商祝懂得丧事的礼仪，因此站在主人的后面主持丧礼。因此，德高望重的人应处在上位，而谙熟技艺的人却应居于下位。有德行者在前，有技艺者在后。因此，先王知晓天下万物有上下先后的道理，然后才制定礼乐，施行于天下。

魏文侯问于子夏曰："吾端冕而听古乐，则唯恐卧；听郑、卫之音，则不知倦。敢问：古乐之如彼何也？新乐之如此何也？"子夏对曰："今夫古乐，进旅退旅①，和正以广。弦、匏、笙、簧，会守拊、鼓，始奏以文，复乱以武，治乱以相，讯疾以雅。君子于是语，于是道古，修身及家，平均天下。此古乐之发也。今夫新乐，进俯退俯，奸声以滥，溺而不止；及优、侏儒，獶杂子女，不知父子。乐终不可以语，不可以道古。此新乐之发也。今君之所问者乐也，所好者音也。夫乐者，与音相近而不同。"

文侯曰："敢问何如?"子夏对曰："夫古者,天地顺而四时当,民有德而五谷昌,疾疢不作而无妖祥,此之谓大当。然后圣人作为父子、君臣,以为纪纲。纪纲既正,天下大定。天下大定,然后正六律,和五声,弦歌《诗·颂》,此之谓'德音',德音之谓乐。《诗》云:'莫②其德音,其德克③明。克明克类,克长克君。王此大邦,克顺克俾。俾于文王④,其德靡悔。既受帝祉⑤,施于孙子⑥。'此之谓也。今君之所好者,其溺音乎?"

文侯曰："敢问溺音何从出也?"子夏对曰："郑音好滥淫志,宋音燕女溺志,卫音趋数烦志,齐音敖辟乔志。此四者皆淫于色而害于德,是以祭祀弗用也。《诗》云:'肃雍和鸣,先祖是听。'夫肃肃,敬也;雍雍,和也。夫敬以和,何事不行?为人君者,谨其所好恶而已矣。君好之,则臣为之;上行之,则民从之。《诗》云:'诱民孔⑦易',此之谓也。"

注 释

①旅:共同。郑玄注:"犹俱也。"

②莫:通"默"。

③克:能够。

④俾于文王:影响到文王。

⑤帝祉:上天降下的福祉。

⑥孙子:指后代子孙。

⑦孔:很、甚。

译 文

魏文侯问子夏说:"我穿戴玄端、玄冕听古代的音乐,唯恐睡着;而倾听郑、卫两国的音乐时,就不知疲劳。请问古乐为什么能让我这样呢?新乐让我这样,又怎样解释?"子夏说:"所谓古乐,表演时舞列同进同退,动作严密,乐音和平中正而宽广。各种管弦乐器,等领乐的拊搏和鼓敲响后才一同演奏。开始演奏时敲鼓,乐曲结束时鸣铙,用拊搏来调节最后的乐章,用雅来调节音乐的速度。君子聚在一起评论乐舞的深刻含义,或谈论古代的事迹内容,都是关于通过修身达到和睦家庭,以至于使天下安定

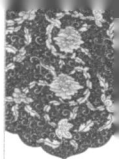

的言论，这是演奏古乐的作用。而所谓的新乐，舞蹈人员表演起来参差不齐，歌和曲的声音淫邪放任，使人沉迷其中而不能自控；甚至还加上倡优、侏儒的演出，男女混杂，父子不分，音乐完结了，既不能供人座谈，也不能通过它来称赞古代事迹。这就是演奏新乐的结果。现在你问的是'乐'，而您所喜爱的是'音'，乐和音尽管相似，但实际上却是不同的。"

　　魏文侯又问道："那他们是如何不同呢？"子夏说："古代的时候，天地和顺，四时风调雨顺，人民有德，五谷丰登，疾病灾难不出现，怪异现象不出现，这就称为'大当'了。这时就有圣人出现，制定父子、君臣的名分，作为约束人们的纲常。纲常明确了，天下就太平了。天下太平了，然后再制定六律、调节五音，演奏乐器来歌唱《诗经》中的《颂》，这样的音乐，就称为'德音'，德音才能称为乐。《诗经》说：'王者的德音天下无不和应，他的盛德辉耀四方。盛德辉耀四方又能勤施无私，教诲不倦又能赏罚分明。治理这块广大的国土，待民慈和，而且择善而从，传到文王，他的德行完美无缺，因此受到上天的福佑，传给子孙后代。'这就是德音的作用。而您所喜爱的大概是那些使人消沉惑乱的溺音吧！"

　　文侯问："请问，令人沉溺之音从何而来？"子夏答复道："郑地之音轻佻放任，宋地之音使人沉溺女色而意志消沉，卫地之音急促烦心，齐地之音倨傲邪恶。这四种乐音，都是令人沉湎声色又妨碍道德的，因此祭祀是不用的。《诗·周颂·有瞽》云：'肃雍和鸣，先祖是听。'这里的'肃肃'就是恭敬的含义；'雍雍'，就是和谐的含义。恭敬而和谐，还有何事办不到？身为人君，就是要慎重看待自己的好恶。因为人君所喜欢的，大臣们就会去做；上面倡导的，民众就会跟着做。《诗·大雅·板》说：'诱导民众很简单。'就是这个意思。"

　　"然后圣人作为鞉、鼓、椌、楬、埙、篪，此六者，德音之音也。然后钟、磬、竽、瑟以和之，干、戚、旄、狄以舞之，此所以祭先王之庙也，所以献、酬、酳、酢也，所以官序贵贱各得其宜也，所以示后世有尊卑长幼之序也。

　　"钟声铿，铿以立号，号以立横①，横以立武。君子听钟声，则思武臣。石声磬，磬以立辨，辨以致死。君子听磬声，则思死封疆之臣。丝声

哀，哀以立廉，廉以立志。君子听琴瑟之声，则思志义之臣。竹声滥②，滥以立会，会以聚众。君子听竽、笙、箫、管之声，则思畜聚之臣。鼓鼙之声讙，讙以立动，动以进众，君子听鼓鼙之声，则思将帅之臣。君子之听音，非听其铿锵而已也，彼亦有所合之也。"

注 释

①横：气势雄壮。

②滥：揽聚，聚合。

译 文

"圣人又制作出鞉、鼓、椌、楬、埙、篪，这六件乐器奏出的是淳朴素雅的道德之音。然后再用钟、磬、竽、瑟和它们相和，舞动干、戚、旄、狄的舞蹈，这样的乐就可以用来祭祀先王之庙了，就可以用来设宴招待宾客了，就可以用来排列官爵高低了，身份贵贱的排列就得当了，就可以启示后人，使他们懂得尊卑长幼的次序了。

"钟声铿铿，铿铿之声好像发布号令，号令就让人充满雄壮之气，充满雄壮之气就能建立战功。因此君子一听到钟声就应联想到武臣。石声磬磬，磬磬之声使人分辨是非，产生以死报国之情。因此君子一听敲磬之声，就要想到守卫边疆为国捐躯的志士仁人。丝弦之声哀怨，会让人产生廉正之心，令人立志向善。因此君子听到琴瑟之声，就应想起廉洁正义之臣。竹声聚合众音，众音吸引了民众集聚。因此君子一听见竽、笙、箫、管之声，就要想到为国广聚人才的大臣。鼓鼙之声喧嚣，喧嚣易让人振奋，振奋起来就能让人想要前进。因此君子听到鼓鼙之声，就要想到身为将帅带人前进的大臣。君子听音，并不是只听到铿锵的声音而已，而是听到了音乐中与自己心志相契合的意蕴。"

宾牟贾侍坐于孔子，孔子与之言，及乐，曰："夫《武》之备戒之已久，何也？"对曰："病不得其众也。""咏叹之，淫液之，何也？"对曰："恐不逮事也。""发扬蹈厉之已蚤，何也？"对曰："及时事也。""《武》坐，致右宪①左，何也？"对曰："非《武》坐也。""声淫及商，何也？"对曰："非《武》音也。"子曰："若非《武》音，则何音也？"对曰："有司失其传也。

若非有司失其传，则武王之志荒矣。"子曰："唯。丘之闻诸苌弘，亦若吾子之言是也。"

宾牟贾起，免席②而请曰："夫《武》之备戒之已久，则既闻命矣。敢问迟之迟而又久，何也？"子曰："居，吾语女。夫乐者，象成者也。总干而山立，武王之事也。发扬蹈厉，大公之志也。《武》乱皆坐，周、召之治也。且夫《武》，始而北出，再成而灭商，三成而南，四成而南国是疆，五成而分，周公左，召公右，六成复缀，以崇天子。夹振之而驷伐，盛威于中国也。分夹而进，事蚤济也。久立于缀，以待诸侯之至也。且女独未闻牧野之语乎？武王克殷反商，未及下车而封黄帝之后于蓟，封帝尧之后于祝，封帝舜之后于陈；下车而封夏后氏之后于杞，投殷之后于宋，封王子比干之墓，释箕子之囚，使之行商容而复其位。庶民弛政，庶士倍禄。济河而西，马散之华山之阳而弗复乘，牛散之桃林之野而弗复服，车甲衅③而藏之府库而弗复用，倒载干戈，包之以虎皮，将帅之士使为诸侯，名之曰'建櫜'④。然后天下知武王之不复用兵也。散军而郊射，左射《狸首》，右射《驺虞》，而贯革之射息也。裨冕搢笏，而虎贲之士说剑也。祀乎明堂而民知孝，朝觐然后诸侯知所以臣，耕藉然后诸侯知所以敬。五者，天下之大教也。食三老、五更于大学，天子袒而割牲，执酱而馈，执爵而酳，冕而总干，所以教诸侯之弟也。若此，则周道四达，礼乐交通，则夫《武》之迟久，不亦宜乎！"

注 释

①宪：通"轩"，抬起。

②免席：避席，离席。表示尊敬。

③衅：谓以血涂物。

④建櫜（gāo）：把兵器收于府库，意即不再发动战争。

译 文

宾牟贾陪坐在孔子旁，孔子与他谈话，谈到乐，孔子问他："《武》乐开始之前敲鼓警众，敲鼓很长才开始舞，这是什么原因？"宾牟贾答道："表示武王担心不得众人的支持。"孔子又问："既长歌咏唱，又流连反复，这是什么原因？"宾牟贾说："表示当年武王担心各诸侯未能及时赶到，唯恐错失时机的意思。"孔子又问："那舞一开始就动作勇猛，是什么原因？"宾牟贾说："表示及时讨伐。"孔子又问："《武》舞五成时，舞者右膝着地而左膝提起，是什么意思？"宾牟贾说："这并非《武》乐的坐法，《武》舞结尾则双膝跪地。"孔子问："演唱的音调流露出觊觎商朝权柄之意，这是什么原因？"宾牟贾说："这不是《武》乐之音。"孔子说："如果不是《武》乐之音，那是何音呢？"宾牟贾说："我想是乐官传授时有错误。如果不是传授有误，那就是武王当年的心情杂乱了。"孔子说："是的。我曾听周大夫苌弘所说，与您所说相同，这就是了。"

宾牟贾站立，离开坐席对孔子说："那《武》乐的上述情况，您已经听到我的回答了。现在请问：《武》乐的每一段都有舞者久久站立的情形，这是为什么？"孔子说："请坐下，我告诉你。乐，是表示事业成功的。那舞有手执戈盾、如山而立的，即表示武王伐纣的威重之容；手舞足蹈、坚强有力，表示将帅之勇和太公之用心；《武》乐曲终时全体跪地，又表示周公、召公的太平之治。再从《武》乐的表演过程来讲，第一节象征武王北出孟津与诸侯会合，第二节象征武王灭商，第三节象征向南继续征伐，第四节象征南国归入版图，第五节时舞者分为两列，这象征周公和召公一左一右地辅佐天子，第六节时舞者回到表演开始的位置，这象征诸侯凯旋，尊崇武王为天子。在表演过程中，天子在舞队中摇动铎铃，而舞者以戈矛四度击刺，这象征军威雄壮，威振中国；舞者夹队而进，这象征要早一点渡河伐纣。至于舞者站在舞位上久立不动，这象征武王在等待各路诸侯的到来。再说，你难道没有听说过牧野之战吗？武王战胜了殷纣王，来到了殷都，未等下车，就把黄帝的后代封于蓟，把帝尧的后代封于祝，把帝舜的

后代封于陈。下车以后又封夏禹的后代于杞，把商汤的后代安置于宋，整修了王子比干的墓，把箕子从牢中释放出来，让他去寻访商容并且使后者官复原位。为民众废除了殷纣的苛捐杂税，为官员士人成倍地增加俸禄。然后渡过黄河向西，把驾车的马放牧于华山南面，表示不再用它们拉战车；把牛放牧于桃林的原野，表示不再役使它们；把兵车铠甲涂抹牲畜的血以后收藏到府库里，表示不再使用它们。把干戈等武器倒放，用虎皮包裹起来，把带兵的将帅封为诸侯。这叫作'建橐'。这样一来，普天之下都知道武王不再用兵打仗了。散去了军队，在郊外举办郊射祭之礼，行礼时，东郊的学宫奏《狸首》乐章，西郊的学宫唱《驺虞》，那种力道之大穿透皮革的射箭终止了；大臣们都身穿礼服、头戴礼帽、插上笏板，武士们身上的箭也解下了；天子在明堂祭奠祖先，而使民众就懂得孝悌了；定期朝见天子，诸侯就知道如何为臣了；天子在籍田中举办耕种仪式，诸侯就懂得敬事天帝鬼神了。上述五个方面，是教导天下的重大措施。在大学中举办食礼，供养三老、五更，天子露出左臂，亲自切割牲肉，手捧酱，请他们食用。接着又捧上酒爵，请他们漱口饮酒，还头戴冠冕、手拿盾牌为他们起舞，这就是教育诸侯尊敬兄长的悌道。像这样，周朝的政教就便弘扬四方，礼乐畅通天下。由此可知，《武》乐演奏的时间长，不是理所应当的事吗？"

君子曰：礼乐不可斯须去身。致乐以治心，则易、直、子①、谅之心油然生矣。易、直、子、谅之心生则乐，乐则安，安则久，久则天，天则神。天则不言而信，神则不怒而威，致乐以治心者也。致礼以治躬则庄敬，庄敬则严威。心中斯须不和不乐，而鄙诈之心入之矣；外貌斯须不庄不敬，而易慢之心入之矣。故乐也者，动于内者也；礼也者，动于外者也。乐极和，礼极顺，内和而外顺，则民瞻其颜色而弗与争也，望其容貌，而民不生易慢焉。故德辉动于内，而民莫不承听；理发诸外，而民莫不承顺。故曰："致礼乐之道，举而错之，天下无难矣。"

乐也者，动于内者也；礼也者，动于外者也。故礼主其减②，乐主其盈③。礼减而进，以进为文；乐盈而反，以反为文。礼减而不进则销，乐盈而不反则放，故礼有报而乐有反。礼得其报则乐，乐得其反则安。礼之报，乐之反，其义一也。

①子：通"慈"，慈爱。

②减：削减省略，指礼本身十分繁复，需要删繁就简。

③盈：丰富充足，指乐本身令人快乐，需要饱满丰富。

译 文 ——————————

君子说："礼乐片刻也不能离开人们的身心。"通过研究礼乐来调节内心修养，那么平和、正直、仁爱、诚信的心就自然出现了。有了这样的心就能心情和乐，心情和乐了内心就能安定，内心安定了就能寿命久长，寿命久长就能感通天道，感通天道了就能与神明相通。上天不必说话而让人信服；神明不发怒而让人敬畏，这就是运用乐来调节内心修养。运用礼来调节自己的容貌仪表，那么态度就会庄严恭敬。态度庄严恭敬了就会显得有威严。心里如有片刻不平和、不快乐，那么卑鄙狡诈的心思就会乘虚而入。外貌只要有片刻不庄严、不恭敬，那么轻率怠慢的想法就会乘虚而入。所以，乐是用于调节内心修养的，礼是作用于外表的。乐的极致是平易，礼的极致是恭顺，内心平易而外表恭顺，那么人民只要见到他的脸色，就不会跟他争执了，见到他的容貌，就不会对他产生轻率怠慢的想法了。因此，道德的光辉发动于内心，人们就不会不归顺；理从行为上体现出来，人们也不会不顺从他的领导。因此说，运用礼和乐的教导，再把它们施行于天下，天下的治理就不难了。

乐，修养人的内心精神。礼，端正人的外表言行。所以礼要删繁就简，变得更加可行，乐则要饱满充盈，令人欢愉。礼虽被削减，但也要自勉，礼以自勉为佳。乐虽饱满充盈，但也要克己，乐以克己为佳。礼，如果不自勉就会消减；乐，如果不克己就会放纵流湎。因此礼要求自我勉励而乐要求自我克制。礼得到勉励，人才乐于遵从；乐自我克制，才会使人心安定。因此礼的"报"和乐的"反"，两者的意义是一样的。

夫乐者，乐也，人情之所不能免也。乐必发于声音，形于动静，人之道也。声音动静，性术之变尽于此矣。故人不耐无乐，乐不耐无形。形而不为道，不耐无乱。先王耻其乱，故制《雅》《颂》之声以道之，使其声足

乐而不流，使其文足论而不息，使其曲直、繁瘠、廉肉①、节奏足以感动人之善心而已矣，不使放心、邪气得接焉。是先王立乐之方也。

是故乐在宗庙之中，君臣上下同听之则莫不和敬；在族长乡里之中，长幼同听之则莫不和顺；在闺门之内，父子兄弟同听之则莫不和亲。故乐者，审一以定和，比物以饰节②，节奏合以成文。所以合和父子、君臣，附亲万民也。是先王立乐之方也。

故听其《雅》《颂》之声，志意得广焉。执其干戚，习其俯仰诎伸；容貌得庄焉。行其缀兆，要③其节奏，行列得正焉，进退得齐焉。故乐者，天地之命，中和之纪，人情之所不能免也。

注 释

①廉肉：声音有棱角或圆润饱满。
②比物以饰节：比、饰，都是配合的意思。物，乐器。
③要：郑玄注："要犹会也。"

译 文

乐，就是使人快乐之物，是人的情感所不能免除的。每一个人，心中喜悦就要从声音发泄出来，以动作表示出来，这是人之常情。因此一个人的声音动作，就是他的性格、修养的全部展现。因此，人不能没有乐，而乐又不可能没有表达形式。但如果他的表达形式没有被合理引导，也就不可能不乱。先代圣王就以不合规则的混乱为耻辱，因此创作《雅》《颂》之乐来引导，使人们既能获得充分的快乐又不至于放纵邪恶，使文辞足以评说义理又不至于无话可说，也就是要让乐章的迂回平直、复杂简略、锐利润泽，以及节奏高低、快慢、强弱等，都足以感动人们的善心，而不让放纵邪僻之气入侵人心。这就是先王立乐的道理。

因此乐在宗庙之中演奏，君臣上下同听，没有不和谐而尊敬国君的；在家族乡里中演奏，长辈晚辈同听，没有不和睦相处而孝顺老人的；在家门之内演奏，父子兄弟同听，没有不感情融洽互相亲爱的。所以，乐，先审察一个声音，然后再调和，用各种乐器来配合节奏，按一定的节奏调和五声构成乐曲。乐用来使父子、君臣的关系融洽，使

万民亲附为一体，这就是先王制定乐的宗旨。

因此，听到《雅》《颂》的乐歌，会让人思想境界变得宽广；拿着盾戚等舞具，学习俯、仰、屈、伸等舞蹈动作，会让人仪态容貌变得庄重；按一定的行列和区域行动，附和着音乐的节奏，行列就会整齐了，一进一退的动作也就和谐统一了。因此，音乐仿佛是天地的教化，是调节一切关系的纲纪，是满足人的情感需要所不能缺少的。

夫乐者，先王之所以饰喜也。军旅、铁钺者，先王之所以饰怒也。故先王之喜怒皆得其侪①焉。喜则天下和之，怒则暴乱者畏之。先王之道，礼乐可谓盛矣。

子赣见师乙而问焉，曰："赐闻声歌各有宜也。如赐者，宜何歌也？"师乙曰："乙，贱工也，何足以问所宜！请诵其所闻，而吾子自执②焉。宽而静，柔而正者，宜歌《颂》；广大而静，疏达而信者，宜歌《大雅》；恭俭而好礼者，宜歌《小雅》；正直而静，廉而谦者，宜歌《风》；肆直而慈爱者，宜歌《商》；温良而能断者，宜歌《齐》。夫歌者，直己而陈德也，动己而天地应焉，四时和焉，星辰理焉，万物育焉。故《商》者，五帝之遗声也，商人识之，故谓之《商》；《齐》者，三代之遗声也，齐人识之，故谓之《齐》。明乎《商》之音者，临事而屡断；明乎《齐》之音者，见利而让。临事而屡断，勇也；凡利而让，义也。有勇有义，非歌孰能保此？故歌者，上如抗，下如队，曲如折，止如槁木，倨中矩，句中钩，累累乎端如贯珠。

"故歌之为言也，长言之也。说之，故言之；言之不足，故长言之；长言之不足，故嗟叹之；嗟叹之不足，故不知手之舞之，足之蹈之也。"

《子贡问乐》

尚书·礼记◎礼记

注 释

①侪（chái）：类，辈。

②执：斟酌，琢磨。

　　所谓乐，是先王用来表示喜悦的。军队和武器，是先王用来表达愤怒的。因此先王的喜怒哀乐，都有与之相配的东西来表达。先王喜悦，天下的百姓都跟着欢乐；先王愤怒，暴乱的人就害怕。先王治理天下的办法，在盛大的礼乐中可以说是充分地体现出来了。

　　子贡去见师乙，向他求教说："我听说，唱歌要适应各自的个性。像我这样的人，适合唱什么样的歌呢？"师乙说："我只是个卑贱的乐工，怎么敢来让您询问我适合唱什么歌呢？但请允许我陈说我的所知，然后由您自己判断吧！宽厚沉静、温柔而正直的人，适宜唱《颂》；胸襟宽广而沉静、豁达而诚信的人，适宜唱《大雅》；恭敬俭朴而爱好礼仪的人，适宜唱《小雅》；正直而沉静，廉洁而谦虚的人，适宜唱《国风》；率直而慈爱的人适宜唱《商》；善良而果断的人适宜唱《齐》。唱歌，是直抒心意并展示自身德行，唱歌的人心中受到感动而与天地相应，使四季节候调和，使星辰运行合乎规律，使万物生长发育。因此，《商》是五帝时期流传下来的，商人把它记录下来，所以称之为《商》；《齐》是三代时期流传下来的，齐人把它记录下来，所以称之为《齐》。通晓《商》这首歌曲，在处理事情时就能决断；通晓《齐》这首歌曲，在见到利益时能谦让。处理事情时能决断，是勇敢的表现；见到利益时能谦让，是义气的表现。勇敢而有义气，如果不是通过歌曲来加强修养，谁能够永远保持这种品质呢？所以歌唱时，声音高吊如举起，低沉如坠落，转折处如弯拐回转，静止时寂如枯木，直转之音合乎曲尺，弯转之言恰似弯钩，歌声绵绵不绝如用线串穿起来的珍珠。

　　"唱歌好像也是一种语言，只是把语言的音调拉长而已。心中高兴，因此就说出来了；只说还不能尽意，因此要拉长声调来说；拉长声调说仍然不能尽意，因此就咏叹起来；咏叹仍然不能尽意，因此就手舞足蹈起来。"

《子贡问乐》

哀公问

　　哀公问于孔子曰："大礼①何如？君子之言礼，何其尊也？"孔子曰："丘也小人，不足以知礼。"君曰："否，吾子言之也。"孔子曰："丘闻之，民之所由生，礼为大。非礼无以节事天地之神也，非礼无以辨君臣、上下、长幼之位也，非礼无以别男女、父子、兄弟之亲，昏姻、疏数②之交也。君子以此之为尊敬然，然后以其所能教百姓，不废其会节③。有成事④，然后治其雕镂、文章、黼黻以嗣。其顺之，然后言其丧筭，备其鼎、俎，设其豕、腊，修其宗庙，岁时以敬祭祀，以序宗族，即安其居，节丑⑤其衣服，卑其宫室，车不雕幾，器不刻镂，食不贰味，以与民同利。昔之君子之行礼者如此。"公曰："今之君子，胡莫之行也？"孔子曰："今之君子，好实无厌，淫德不倦，怠荒敖慢，固⑥民是尽⑦，午⑧其众以伐有道，求得当欲，不以其所。昔之用民者由前，今之用民者由后，今之君子莫为礼也。"

注　释

①大礼：礼的用处特别多，包含的礼数特别繁杂，称之为"大礼"。

②疏数（shuò）：亲疏。

③会节：行礼的日期。

④有成事：指教化有了成效。

⑤丑：类。

⑥固：以力量强取。

⑦尽：指耗尽财力。

⑧午：通"忤"，违逆。

译　文

　　鲁哀公向孔子请教，说："大礼的内涵是怎样的？为什么君子提及礼，都把礼说得那样重要呢？"孔子说："我孔丘只是个小人物，还不够资格了解礼。"鲁哀公说："不！先生您尽管说吧！"孔子于是说道："我孔丘听说人赖以生存的，礼是最重要的。没有礼，就无以指导祭祀天地间的神灵；没有礼，就不能辨明君臣、上下、长幼的身份地位；没有礼，就不能区别男女、父子、兄弟之间的不同关系，以及婚姻、朋友亲疏等。因此，君子对礼特别尊敬、重视，然后君子就尽自己的能力来教化百姓，使他们不失时节地进行各种礼的活动。教导有了成效之后，然后置办雕刻纹饰的礼器、绘制有各种色彩花纹的礼服，来区别尊卑上下的等级。百姓顺从礼仪，然后计算好服丧的期限，准备好祭祀用的鼎、俎等器具和豸、腊等供品，修建宗庙，按年按季地来恭敬地举行祭祀，并借以排列宗族里长幼亲疏的秩序。安心地居生，有节制地穿起俭朴的衣服，宫室不求高大，日常所乘的车子上不雕饰花边，祭器上不刻镂图纹，饮食不同时吃两种菜肴，以这种方式来和民众同甘共苦。从前的君子就是这样施行礼教。"鲁哀公接着又问道："现在的君子，为什么没有这样施行礼教呢？"孔子说："现在做君长的人，只图享受财货，而且贪欲无度，过分贪求，又从不肯收敛罢手，心荒体懒而又态度傲慢，顽固地要搜刮尽民脂民膏，而且违反大众的意志去侵犯有道之国，为了满足个人的欲望，肆无忌惮，不择手段。从前君主是依照前面所说的行礼，而如今的君主却是照刚才所说的这一套做的，没有肯认真行礼的了。"

孔子侍坐于哀公。哀公曰："敢问人道谁为大？"孔子愀然①作色而对曰："君之及此言也，百姓之德也。固臣敢无辞而对？人道政为大。"公曰："敢问何谓为政？"孔子对曰："政者，正也。君为正，则百姓从政矣。君之所为，百姓之所从也。君所不为，百姓何从？"公曰："敢问为政如之何？"孔子对曰："夫妇别，父子亲，君臣严，三者正，则庶物从之矣。"公曰："寡人虽无似也，愿闻所以行三言之道，可得闻乎？"孔子对曰："古之为政，爱人为大。所以治爱人，礼为大。所以治礼，敬为大。敬之至矣，大昏②为大，大昏至矣。大昏既至，冕而亲迎③，亲之也。亲之也者，亲之也。是故君子兴敬为亲，舍敬，是遗亲也。弗爱不亲，弗敬不正。爱与敬，其政之本与？"公曰："寡人愿有言然。冕而亲迎，不已重乎？"孔子愀然作色而对曰："合二姓之好，以继先圣之后，以为天地、宗庙、社稷之主，君何谓已重乎？"公曰："寡人固④。不固，焉得闻此言也！寡人欲问，不得其辞，请少进⑤！"孔子曰："天地不合，万物不生。大昏，万世之嗣也，君何谓已重焉！"孔子遂言曰："内以治宗庙之礼，足以配天地之神明；出以治直言⑥之礼，足以立上下之敬。物耻⑦足以振之，国耻足以兴之。为政先礼，礼其政之本与！"

孔子遂言曰："昔三代明王之政，必敬其妻子也，有道⑧。妻也者，亲之主也，敢不敬与？子也者，亲之后也，敢不敬与？君子无不敬也。敬身为大。身也者，亲之枝也，敢不敬与？不能敬其身，是伤其亲；伤其亲，是伤其本；伤其本，枝从而亡。三者，百姓之象也。身以及身，子以及子，妃以及妃，君行此三者，则忾⑨乎天下矣，大王之道也。如此，则国家顺矣。"

注 释

①愀（qiǎo）然：面色严肃的样子。

②大昏：国君的婚礼。

③冕而亲迎：身穿冕服亲自迎接。

④固：固陋。

⑤少进："少"字与"稍"字相通假。进，继续，往下说的意思。

⑥直言：犹"正言"，指发布政令。

⑦物耻：犹言"事耻"，指臣子做事有失职。

⑧有道：是很有道理的。

⑨忾：遍及。

译文

孔子在鲁哀公身旁陪坐。鲁哀公说："请问治理人的道理，最重要的是什么？"孔子露出严肃庄重的面容说："您能问到这个问题，真是老百姓的福气啊！固陋之臣岂敢不认真回答呢？要说治理人的道理，当然要以'为政'最为重要。"鲁哀公问："请问什么是'为政'呢？"孔子回答说："所谓'政'，就是'正'的意思。君主如果能做到正，百姓就跟着做正了。国君的所作所为，就是百姓所效法的榜样。国君如果无所作为，百姓怎能随从效法呢？"哀公说："那么究竟应该怎么为政呢？"孔子说："夫妻之间有分际，父子之间有恩情，君臣之间相敬重，这三者都做得端正，那么其他一切事情也就步上正道了。"哀公说："寡人尽管不是个贤明的人，但是很愿意听你说一说怎样实现那三句话，可以说给我听听吗？"孔子说："古人行政，首要的是做到爱人；要做到爱人，礼是最重要的；要实行礼，首先要恭敬；而恭敬的表现，则在于国君的大婚之礼。国君的大婚之礼是最极致的恭敬的表现。大婚的婚期到来时，君主要头戴冠冕、身穿礼服亲自去迎娶，这是要表示对于对方的亲爱。向对方表示亲爱，就是亲爱对方。所以君子以恭敬的态度迎亲，如果舍弃恭敬的态度，那就丢掉亲爱的诚意。没有爱，

关系就不亲密；不恭敬，行为就不端正。所以仁爱和恭敬，大概就是行政的根本吧？"哀公说："寡人想问一句，王侯娶亲，也穿戴大礼服亲自去迎娶，是不是过于隆重了？"孔子严肃地回答："两姓结为婚姻，为前代圣主传宗接代，成为天地、宗庙、社稷的主人，您怎么能说过于隆重了呢？"哀公说："我真顽固，若是不顽固，怎么能听到这样的话呢？我想再问，但一时又找不到适当的词语，那就请您接着说吧！"孔子说："天地之气不配合，万物就不能生长。国君大婚，就是为千秋万世生育后代呀，您怎么能说这样过于隆重了呢？"孔子于是接着说道："国君和夫人，在内，治理宗庙祭祀，功德可以和天地神明相配；在外，主持发布朝政命令，彼此能够做上下相敬的楷模。臣子有失职的事，就可以用礼进行纠正；国事有失误，也可以用礼来复兴。所以说国君行政要以行礼为先，行礼是政的基础。"

孔子接着又说道："从前，夏商周三代的贤明君主，他们执政治国，同时必定敬重他们的妻、子，这是很有道理的。所谓'妻'，与自己在一起，同是祭祀祖先的主人，怎敢不敬重她呢？所谓'子'，是父母的后代，怎敢不尊敬他呢？所以君子都应该尊敬妻与子。敬，尤其以尊敬自身为最重要。因为自己的身体是父母身体衍生出的枝条，怎敢不自敬自重呢！不能尊敬自己，也就是伤害了父母。伤害父母，就是伤害了自身的根本。伤害了根本，那枝条也就从而枯死了。国君自身和妻、子这三者组成的家庭，也是百姓的象征。国君由自己之身推想到百姓之身，由自己之子推想到百姓之子，由自己的配偶推想到百姓的配偶，君子如能施行这三种教化，影响所及，普天下都必行此三种教化，这是先王古公亶父所实行的道理。如果能这样做，国家的发展就会顺遂了。"

公曰："敢问何谓敬身？"孔子对曰："君子过言①则民作辞②，过动则民作则③。君子言不过辞，动不过则，百姓不命而敬恭。如是，则能敬其身，能敬其身④，则能成其亲⑤矣。"

公曰："敢问何谓成亲？"孔子对曰："君子也者，人之成名也。百姓归之名，谓之'君子之子'。是使其亲为君子也，是为成其亲之名也已。"

孔子遂言曰："古之为政，爱人为大。不能爱人，不能有其身；不能有其身，不能安土⑥；不能安土，不能乐天⑦；不能乐天，不能成其身。"公曰："敢问何谓成身？"孔子对曰："不过乎物。"

尚书·礼记 礼记

235

公曰："敢问君子何贵乎天道也？"孔子对曰："贵其不已。如日月东西相从而不已⑧也，是天道也。不闭其久，是天道也。无为而物成，是天道也。已成而明，是天道也。"

公曰："寡人蠢愚、冥烦⑨，子志之心也。"孔子蹴然⑩辟席而对曰："仁人不过乎物，孝子不过乎物。是故仁人之事亲也如事天，事天如事亲。是故孝子成身。"

公曰："寡人既闻此言也，无如后罪何？"孔子对曰："君之及此言也，是臣之福也。"

注 释

①过言：指言语有过失。过，即过失、过当之意。

②作辞：称道其言辞。

③作则：作为法则。

④敬其身：敬重自己。

⑤成其亲：给父母争得了荣誉，成就了父母的美名。

⑥不能安土：为避免受到迫害而流徙搬移，不能安于固定的居所。

⑦乐天：顺其自然，自以为乐。

⑧不已：不停止。

⑨冥烦：昏聩，不能明白道理。

⑩蹴然：局促的样子。

译 文

哀公说："请问什么叫作尊敬自身呢？"孔子答道："君子说错了话，百姓还当作是对的；君子做错了事，百姓还当作是法则。所以，如果君子说话没有过错，做事不会做错，那么民众不用国君命令，就会恭敬服从了。这样就能尊敬自身。能尊敬自身，实际上也就能成就自己父母的名声了。"

哀公接着又问："什么称为成就父母的名誉呢？"孔子答道："君子这个美称，是人们所加的。百姓敬仰而归向于他，加给他的名称叫作'君子之子'，那么他的父母成为

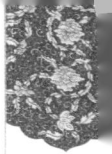

'君子'了，这就是成就了父母的名誉。"

孔子又接着说道："古代为政之人，莫不把爱他人放在首位。如果不能爱人，他就不能保住自身；不能保住自身，也就不能安居其所；不能安居其所，就看不到自己的过失而要埋怨老天的不公；埋怨老天的不公，就不能成就自身。"哀公说："请问什么叫成就自身呢？"孔子答道："自己的一切作为，都不逾越事体的天理，这就叫作成就自身。"

哀公又说："请问君子为什么要尊崇天道呢？"孔子答道："这是因为崇拜它的运动没有止境。譬如太阳和月亮从东到西运行不息，这是天道。既不闭塞，又能天长地久，这就是天道。看起来不做什么，而成就万物，也是天道。成就万物，而功绩分明显著，这同样是天道。"

哀公说："我实在很愚昧，您心中对此很清楚吧。"孔子不安地离开坐席，回答道："仁人做事没有越过事理的，孝子做事也没有越过事理的。所以仁人孝敬父母就像孝敬天一样，孝敬天就像孝敬父母一样。所以孝子能够成就自身。"

哀公说："我已经听取了您的这番高论，只怕将来还有过失，该怎样办呢？"孔子答道："您能说出这样的话，这是我们做臣下的福气了。"

仲尼燕居

仲尼燕居，子张、子贡、言游侍①，纵言至于礼。子曰："居②！女三人者。吾语女礼，使女以礼周流③，无不遍也。"子贡越席而对曰："敢问何如？"子曰："敬而不中礼谓之野，恭而不中礼谓之给④，勇而不中礼谓之逆。"子曰："给夺⑤慈仁。"

子曰："师！尔过，而商也不及。子产犹众人之母也，能食之，不能教也。"子贡越席而对曰："敢问将何以为此中者也？"子曰："礼乎礼。夫礼，所以制中⑥也。"子贡退。

注 释 ———

①侍：陪伴在一旁。

②居：坐下。

③周流：周旋流动、到处运用。

④给（jǐ）：伪巧谄媚。

⑤夺：混淆。

⑥中：使其适中，适当。

译 文 ———

孔子在家休息，弟子子张、子贡、子游三人陪侍着老师，闲谈中谈到了礼。孔子说："你们三人坐好，听我告诉你们礼是怎么回事，以便你们周游时行礼不要不合规矩。"子贡马上站起来，离开坐席答道："请问礼该怎样做呢？"孔子说："表示诚敬而不合乎礼，那就显得粗鄙；一味恭顺而不合乎礼，那就近于谄媚；好逞勇敢而不合乎礼，那就只是逆乱。"孔子又说："谄媚往往会掩盖慈仁的本意。"

孔子说："子张做得有点过头，而子夏则往往做得不够。子游很像郑国大夫子产，虽有一片慈母心肠，但只会喂食而不会教育孩子。"子贡又站起来离开坐席，问道："请问怎样才能做到恰到好处的'中'呢？"孔子说："就是不要忘记那个'礼'啊！只有礼

才能使人的言行适中。"然后子贡退过一旁。

言游进曰："敢问礼也者，领恶①而全好者与？"子曰："然。""然则何如？"子曰："郊、社之义，所以仁鬼神也；尝、禘之礼，所以仁昭穆②也；馈、奠③之礼，所以仁死丧也；射、乡之礼，所以仁乡党也；食、飨之礼，所以仁宾客也。"子曰："明乎郊、社之义，尝、禘之礼，治国其如指诸掌而已乎！是故以之居处有礼，故长幼辨也；以之闺门之内有礼，故三族和也；以之朝廷有礼，故官爵序也；以之田猎有礼④，故戎事闲⑤也；以之军旅有礼，故武功成也。是故宫室得其度，量、鼎得其象⑥，味得其时，乐得其节，车得其式，鬼神得其飨，丧纪得其哀，辨说得其党⑦，官得其体，政事得其施，加于身而错于前，凡众之动得其宜。"

注 释 ———————————

①领恶：领，治。就是去除邪恶的意思。

②昭穆：指不同辈分的祖先，二、四、六世等为"昭"，三、五、七世等为"穆"。

③馈、奠：馈食、奠祭。

④田猎有礼：古代的田猎并不是为了获取猎物，而是主要通过田猎来进行军事训练，熟悉军礼。

⑤闲：通"娴"，娴熟。

⑥得其象：指符合礼所规定的标准式样。

⑦辨说得其党：辩论评议各有各的道理。孔颖达疏："谓分辨论说《诗》《书》《礼》《乐》之等，各得其党类，不乖事之义理。"

译 文 ———————————

子游上前问道："请问所谓礼，是不是就是指导人们抛弃坏的而保全良好的美德？"孔子说："是这样的。"子游说："那么礼如何指导人们治理邪恶，保全美德呢？"孔子说："敬天、祭社神的意义，就是对鬼神表示仁爱；秋尝、夏禘的宗庙祭礼，就是对祖先表示仁爱；馈食、祭奠之礼，就是对死者表示仁爱；乡射、乡饮酒之礼，就是对乡邻里民众表示仁爱；食飨之礼，就是对宾客表示仁爱。"孔子说："如果能明白敬天祭地的意义，懂得秋尝、夏禘的宗庙祭礼，那么，对于治理国家就容易得好像指着自己的掌中之物给别人看一样了。所以由于居处有居处之礼，长辈晚辈便分得清楚了；因此家门有家门之礼，父、子、孙三代便相处和睦；朝廷有朝廷之礼，官职和爵位便有了秩序；狩猎有狩猎之礼，军事行动便臻于娴熟；军队有军队之礼，战功便能顺利取得。因为有了礼，建筑房子得以有了尺度，量具和祭器得以有了标准式样，五味调和也得以与四时相配，音乐得以有了节拍，车辆得以符合规律，鬼神各自得到了享祀，丧事能够表达适当的悲哀，《诗》《书》《礼》《乐》辩论谈话得以有伦有类各有义理，百官得以各有尊卑各守其职，政事得以顺利施行。如果将礼运用于自身的行动并放在一切事情之前，便能使众人的举动恰如其分了。"

子曰："礼者何也？即事之治也。君子有其事必有其治。治国而无礼，譬犹瞽之无相①与，伥伥乎其何之②？譬如终夜有求于幽室之中，非烛何见？若无礼，则手足无所错③，耳目无所加，进退、揖让无所制。是故以之居处，长幼失其别，闺门、三族失其和，朝廷、官爵失其序，田猎、戎事失其策，军旅、武功失其制，宫室失其度，量、鼎失其象，味失其时，乐失其节，车失其式，鬼神失其飨，丧纪失其哀，辨说失其党，官失其体，政事失其施。加于身而错于前，凡众之动失其宜，如此，则无以祖洽于众也。"

①相：扶助。

②伥伥（chāng）乎其何之：迷茫而不知道该向何处去。伥伥，茫然失去方向的样子。

③手足无所错：手足无措，不知道该怎么办。"错"字与"措"字相通假。

译 文

孔子说："礼是什么呢？礼就是做事的准则。君子有君子的事，一定有其治事的礼。如果管理国家而没有礼，就好比盲人失去引导他的人，茫然不知往哪儿走。又好比黑夜中在暗室里摸索，没有蜡烛能看见什么呢？如果没有礼，那么手脚都不知该往哪儿放，耳目也不知道该怎么使用，进退、揖让就没有规矩。这样一来，日常起居就长幼不分，家庭内部就会三代不和睦，朝廷上官爵就丧失了秩序，田猎中就会失去指挥，军队打仗就将无法取胜，宫室建造就没有尺度，量具和祭器就丧失式样，五味也不能与四时调和，奏乐也失去了节拍，车辆也不合规格，鬼神就失去了祭飨，丧事就不能适当地表达悲哀，《诗》《书》《礼》《乐》的辩论谈话不伦不类没有义理，百官失去了相应职守，政事无法顺利实施。如果不能将礼运用于自身的行动，并放在一切事情之前，众人举动都不能恰如其分。真是这样的话，就没有办法以身作则而引导天下民众团结融洽了。"

子曰："慎听之！女三人者。吾语女：礼犹有九焉，大飨有四焉。苟知此矣，虽在畎亩之中，事之，圣人已。两君相见，揖让而入门，入门而县兴①，揖让而升堂，升堂而乐阕②。下管《象》《武》，《夏》籥序兴，陈其荐、俎，序其礼乐，备其百官，如此而后，君子知仁焉。行中规③，还中矩，和、鸾中《采齐》，客出以《雍》，彻以《振羽》，是故君子无物而不在礼矣。入门而金作，示情也。升歌《清庙》，示德也。下而管《象》，示事也。是故古之君子，不必亲相与言④也，以礼乐相示而已。"子曰："礼也者，理也；乐也者，节也。君子无理不动⑤，无节不作。不能《诗》，于礼缪；不能

乐，于礼素⑥。薄于德，于礼虚。"子曰："制度在礼，文为⑦在礼，行之，其在人乎！"

子贡越席而对曰："敢问夔⑧其穷⑨与？"子曰："古之人与！古之人也。达于礼而不达于乐，谓之'素'；达于乐而不达于礼，谓之'偏'。夫夔达于乐而不达于礼，是以传于此名也，古之人也。"

注 释 ━━━━━━━━━━━━━━

①县（xuán）：悬挂的乐器。

②乐阕：停止演奏。

③中规：行圆如规。

④亲相与言：亲自开口交谈。

⑤动：行动。

⑥素：质朴，没有文采。

⑦文为：人之文章所为。

⑧夔（kuí）：传说夔是尧的乐正，精通音乐。

⑨穷：不通。意谓夔只精通于音乐，不通于礼。

译 文 ━━━━━━━━━━━━━━

孔子说："你们三人仔细听着。我告诉你们礼是怎么回事：礼有九项之多，其中大飨之礼就占了四项，如果有人能全部知道这些礼，即使是个耕种于田野的农民，照其行事，也够称为圣人了。当两位国君相见时，相互作揖谦让，然后进入庙门。进入庙门时，乐师用所悬的乐器奏起音乐，两人又相互作揖谦让，分别登上大堂。登上大堂，各就各位时，钟鼓之声也刚好停下了。这时大堂下又有管乐奏起《象》《武》的乐曲并舞蹈，接着《夏》舞曲也开始演奏，舞队手持籥面舞。摆设鼎俎和供品，按照顺序安排礼乐，百官执事一应俱全。这样做了以后，来访国君就感到了主国国君的盛情厚意。行大飨之礼时，曲行如圆规画出的圆，方行如矩尺画出的折角，连车上的铃响也和着《采齐》乐曲的节拍。客人出去时，奏起《雍》曲以送别，撤去席上的供品时则奏起《振羽》的乐章。所以君子的一举一动，没有一点不是遵循礼法的。进门时钟鼓齐鸣，是表示

主人欢迎的情意。登堂时演唱歌颂文王的《清庙》之诗，是表示国君崇敬文王的崇高美德。堂下吹起《象》的乐曲，是表示国君崇敬武王伐纣的功业。因此古代君子，他们相见的时候，不必亲自张口，彼此间的情意但凭礼仪和音乐就可相互融通了。"

孔子说："所谓'礼'的意义说到底就是'理'，'乐'的意义说到底就是节制。君子对于没有道理的事就不能行动，不加节制的音乐也不演奏。如果不懂得《诗经》，行礼就难免会出现差错。如果不懂得音乐，那么礼就显得质朴枯燥了。如果道德浅薄，那么礼就只是空洞的形式了。"孔子又说："一切制度都在讲述礼，文章也都在讲述礼。要将礼变为具体的行动，还得要靠人啊。"

子贡离开坐席发言，说："传说夔只懂得声乐，难道他对于礼也有所不通吗？"孔子说："你问的夔是指古代的人吗？是古代的人。通晓礼而不通晓音乐，叫作质朴；通晓音乐而不通晓礼，就叫作偏颇。夔只有一只脚，他是通于乐而不通于礼，偏于一面，所以只流传下来一个精通音乐的名声，是个古人。"

子张问政。子曰："师乎！前，吾语女乎！君子明于礼乐，举而错之①而已。"子张复问。子曰："师！尔以为必铺几、筵，升降，酌、献、酬、酢，然后谓之礼乎？尔以为必行缀兆，兴羽籥②，作钟鼓，然后谓之乐乎？言而履之，礼也；行而乐之，乐也。君子力此二者，以南面而立，夫是以天下太平也。诸侯朝，万物服体，而百官莫敢不承事矣。礼之所兴，众之所治也；礼之所废，众之所乱也。目巧之室③，则有奥④、阼，席则有上下，车则有左右，行则有随，立则有序，古之义也。室而无奥、阼⑤，则乱于堂、室也；席而无上下，则乱于席上也；车而无左右，则乱于车也；行而无随，则乱于涂也；立而无序，则乱于位也。昔圣帝、明王、诸侯，辨贵贱、长幼、远近、男女、外内，莫敢相逾越，皆由此涂出也。"三子者，既得闻此言也于夫子，昭然若发矇矣。

注 释 ————————

①举而错之：把它运用到实际中。错，与"措"相通。

②羽籥（yuè）：跳舞的道具。

③目巧之室：指不用规矩、尺度，只凭眼力测量建成的房子。

④奥：室中的西南角，是尊贵的位置。

⑤室而无奥、阼：宫室没有室奥和阼阶。奥，室中的西南角，是一室中最尊贵的地方。阼，堂前东阶，是主人所站立的地方。

译文

子张问到怎样行政。孔子说："师（子张），你走上前来，我告诉你！君子通晓礼乐，把礼乐施行到治理政事上就可以了。"子张不理解，又问了一遍。孔子说："师，你以为必须摆下案几，铺下筵席，上下走动，酌酒献酒，举杯酬酢，那才叫作礼吗？你以为一定要排下队列，挥舞羽籥，鸣钟敲鼓，这才叫作乐吗？其实，说到就能做到，这就是礼；实现了并能使人感到愉快，这就是乐。君子力求做到这两点，并面朝南方去为政，就能使天下太平。诸侯都来朝拜，万事莫不顺应其理，百官没有人敢不奉公从事的。礼乐兴盛，天下太平；礼乐败坏，天下大乱。一座只凭眼力测量建造的房屋，也都有堂奥和台阶之分，坐席分上下，车座分左右，走路则要前后相随，站立也要讲求次序，这是自古就有的道理。如果房屋不分堂奥和台阶，那么尊卑长幼的位置在室中就乱了；坐席不分上下，尊卑长幼的位置在席上就乱了；乘车不分左右，尊卑长幼的位置在车上就乱了；走路不分前后，尊卑长幼的位置在路上就乱了；站立不分次序，那么尊卑长幼的位置在站立时就乱了。从前圣明的帝王和诸侯，都要划分贵贱、长幼、亲疏远近、男女、家中内外的界限，没有人敢逾越，就是从这个道理演变出来的。"三位弟子从孔子这里听到这番道理，心中豁然开朗，好像盲者重见光明了一样。

坊　记

　　子言之："君子之道，辟则坊与？坊民之所不足者也。大为之坊，民犹逾之。故君子礼以坊德，刑以坊淫，命以坊欲。"

　　子云："小人贫斯约①，富斯骄。约斯盗，骄斯乱。礼者，因人之情而为之节文，以为民坊者也。故圣人之制富贵也，使民富不足以骄，贫不至于约，贵不慊②于上，故乱益亡。"

　　子云："贫而好乐，富而好礼，众而以宁者，天下其几矣！《诗》云：'民之贪乱，宁为荼毒。'故制国不过千乘，都城不过百雉，家富不过百乘。以此坊民，诸侯犹有畔者。"

　　子云："夫礼者，所以章疑别微，以为民坊者也。故贵贱有等，衣服有别，朝廷有位，则民有所让。"子云："天无二日，土无二王，家无二主，尊无二上，示民有君臣之别也。《春秋》不称楚、越之王丧，礼，君不称天，大夫不称君，恐民之惑也。《诗》云：'相彼盍旦，尚犹患之。'"子云："君不与同姓同车，与异姓同车不同服，示民不嫌也。以此坊民，民犹得同姓以弑其君。"

　　注释

　　①约：贫穷。郑玄注："犹穷也。"
　　②慊（qiǎn）：恨、不满之貌。

　　译文

　　孔子说："君子的治民之道，就如同防止河水漫溢的堤防吧！它是为了防止百姓出现过错。尽管周密地为之设防，百姓中还是有人犯规。因此君子用礼来防止道德上的过错，用刑来防止邪恶的行为，用教令来防止贪婪的欲望。"

　　孔子说："小人贫穷而窘迫，富贵就骄奢。穷困就会做盗贼，骄奢就会为乱。礼，是因人之常情而加以节制，以对人们加以防范。因此圣人节制富贵，使人们富不足以

骄奢，贫不至于穷困，高贵的人不怨恨比上不足，这样违法作乱的事就愈益减少了。"

孔子说："贫困而能乐天知命，富贵而能彬彬有礼，家族人多势众而能和平共处，全天下能做到的人能够说是寥寥无几。《诗·大雅·桑柔》上就说：'百姓因为贪求而作乱，宁愿身受荼毒。'因此做出规定：诸侯的兵车不能超过千乘，国都的城墙高度不能超过百雉，卿大夫之家的兵车不能超过百乘。用这种办法来防范百姓，诸侯仍然还有叛乱的。"

孔子说："礼这东西，是用来辨明嫌疑、判别隐微，进而防范人们的道德行为出错的。所以人的贵贱分等级，穿的衣服有差别，朝廷之上有秩序，这样人们就会有所谦让。"孔子说："天上没有两个太阳，地上没有两个君王，一家没有两个主人，尊者没有并肩之人，这都是向人们表示人有君臣之别。《春秋》不书楚、越之君的丧葬，就是因为楚、越之君私自僭越称王。依照礼，诸侯不称天，大夫不称君，这都是以防民众的疑惑。《诗经》说：'看那夜鸣求旦的鸟，人们尚且讨厌，况且是僭越的人呢？'"孔子说："国君不与同姓的人同乘一辆车，与异姓的人同乘一辆车也穿着不同的衣服，这是向人们表示区别，使人们不至于误解。即使是用这些来规范人们的道德行为，仍然还有同姓之人而杀国君的。"

子云："君子辞贵不辞贱，辞富不辞贫，则乱益亡。故君子与其使食浮于人也，宁使人浮于食。"

子云："觯①酒、豆肉，让而受恶，民犹犯齿。衽席之上，让而坐下，民犹犯贵。朝廷之位，让而就贱，民犹犯君。《诗》云：'民之无良，相怨一方。受爵不让，至于己斯亡。'"

子云："君子贵人而贱己，先人而后己，则民作让。故称人之君曰'君'，自称其君曰'寡君。'"

子云："利禄先死者而后生者，则民不偝②；先亡者而后存者，则民可以托。《诗》云：'先君之思，以畜寡人。'以此坊民，民犹偝死而号无告。"

子云："有国家者贵人而贱禄，则民兴让；尚技而贱车，则民兴艺。故君子约言，小人先言。"

子云："上酌民言，则下天上施；上不酌民言，则犯也；下不天上施，

则乱也。故君子信让以莅百姓，则民之报礼重。《诗》云：'先民有言，询于刍荛③。'"

子云："善则称人，过则称己，则民不争。善则称人，过则称己，则怨益亡。《诗》云：'尔卜尔筮，履无咎言。'"子云："善则称人，过则称己，则民让善。《诗》云：'考卜惟王，度是镐京。惟龟正之，武王成之。'"子云："善则称君，过则称己，则民作忠。《君陈》曰：'尔有嘉谋嘉猷，入告尔君于内，女乃顺之于外，曰：'此谋此猷，惟我君之德。'於乎！是惟良显哉！'"子云："善则称亲，过则称己，则民作孝。《大誓》曰：'予克纣，非予武，惟朕文考无罪。纣克予，非朕文考有罪，惟予小子无良。'"

注释

① 觞（shāng）：古代用来盛酒的器具。

② 偝（bèi）：背弃。

③ 刍荛（ráo）：割草砍柴的人。

译文

孔子说："君子推辞尊贵而不推辞卑贱，推辞富有而不推辞贫穷，这样犯上作乱的事就会渐渐减少。所以君子与其使所受俸禄超过自己的道德才华，宁可使自己的道德才华超过所受俸禄。"

孔子说："盛酒于觞、盛肉于豆，君子谦让过后而接受较差的一份食品，而把较好的一份让给别人。尽管这样作出表率，但人们还有冒犯长者的行为。在飨、燕之礼中，君子谦让而坐在下位，尽管这样作出表率，但还有人做出冒犯尊者的行为。在朝廷，君子谦让而屈就贱位，但还有冒犯君上的事发生。因此《诗·小雅·角弓》有云：'总有人德性不良，总想憎恨对方；总有人受爵不谦让，行恶太多以至灭亡。'"

孔子说："君子尊敬别人而贬抑自己，先人而后己，这样在百姓中就会兴起谦让的风气。因此称呼别人的国君为君，称呼自己的国君为寡君。"

孔子说："利益和俸禄，应该先给予死者，后给予生者，这样民众就不会背弃死者；先给予远方的人，后给予在国中的人，这样民众就会被教化成仁厚、可以托付的人。

《诗经·邶风·燕燕》上说:'思念死去的先君,来激励我这寡人。'虽然用这样的方法来防范民众,而仍然会有人背弃死者,使得活着的家人悲呼哀号无处诉苦。"

孔子说:"有国有家的诸侯大夫,如果看重人才而不吝惜颁赏爵禄,百姓就会兴起礼让人才的风俗;如果看重技艺而不吝惜颁赏车马,百姓就会情愿学习技艺。因此君子说得少而做得多,而小人则做事之前夸夸其谈。"

孔子说:"如果国君选择采纳人们的意见办事,那么百姓对执行国君的政令就像得到上天的恩赐一样;如果国君不选择采纳人们的意见办事,那么就会与百姓的利益发生冲突,百姓就不把执行政令当作上天的恩赐,这样就会产生祸乱。所以君子以诚信谦让来对待百姓,民众回报的礼也会很隆重。《诗·大雅·板》说:'古人说过,政治措施要问及割草砍柴的人。'"

孔子说:"有成绩归给他人,有过失归给自己,则人民会不争名利。成绩归给别人,过失归给自己,则人民的憎恨就会消失。《诗·卫风·氓》云:'你卜你筮,卦体本无祸咎,而祸患总由自取。'"孔子说:"有善行就归功于别人,有过错就归咎于自己,这样人们就会互相推让。《诗·大雅·文王有声》说:'稽考龟卜的是武王,谋划定都在镐京。用龟卜制订了方案,而武王完成建都大业。'"孔子说:"有善行就归功于国君,有过错就归咎于自己,这样人们就会兴起忠君的风气。《君陈》说:'你有好的谋略、好的方法,就去跟你的国君说,你自己在外面顺从国君的政令办事,说:这些计谋办法,都是我们国君道德才华的体现。呜呼,国君的美好德行传扬于外。'"孔子说:"有功归给父母,有过归给自己,则人民会重视孝道。《尚书·大誓》说:'我若击败纣王,并不是我的武功,而是我父亲有

德行而无过失。如果我被纣王击败，那并不是我父亲有罪，而是我自己无能。'"

子云："君子弛其亲之过，而敬其美。《论语》曰：'三年无改于父之道，可谓孝矣。''高宗'云：'三年其惟不言，言乃讙。'"子云："从命不忿，微谏不倦，劳而不怨，可谓孝矣。《诗》云：'孝子不匮。'"

子云："睦于父母之党，可谓孝矣。故君子因睦以合族。《诗》云：'此令兄弟，绰绰有裕；不令兄弟，交相为瘉。'"子云："于父之执①，可以乘其车，不可以衣其衣。君子以广孝也。"子云："小人皆能养其亲，君子不敬，何以辨？"

子云："父子不同位，以厚敬也。《书》云：'厥辟不辟②，忝③厥祖。'"

注 释 ——————

①父之执：父亲的同辈。

②辟：君。

③忝：辱没。

译 文 ——————

孔子说："君子不把父母的过失记恨在心，但对于父母的美德却要牢记并敬重在心。《论语》上说：'三年不改变父亲生前的主张，就能够说是孝子了。'《尚书》上'高宗'说：'高宗守丧三年，一句话都不讲，一句政令都不发布，但是等到守丧期满，一开口发政令，就让天下欢喜。'"孔子说："听从父母的教导毫无不满，含蓄地劝谏父母轻声细语不知疲倦，为父母担心而毫无怨言，这样的儿子能够称得上孝顺了。《诗·大雅·既醉》上说：'孝子对父母的孝心是无止境的。'"

孔子说："能与父族和母族之人和谐相处，也称得上孝顺了。因此，君子总要每年举办合族祭祀与燕饮之礼。《诗·小雅·角弓》说：'友好的兄弟，关系融洽心情舒畅；不好的兄弟，相互坑害彼此指责。'"孔子说："对父亲的友人，自己能够坐他的车，但不能穿他的衣服。君子的孝道就这样传扬。"孔子说："对父母，小人尚且懂得供养。对于君子来说，如果不敬，与小人有什么不同呢？"

孔子说："父子不能并列于相同的位次，这是表达对父亲的敬意。《尚书·太甲》云：'君不像君，辱没了他的祖先。'"

子云："父母在，不称老，言孝不言慈。闺门之内，戏而不叹。君子以此坊民，民犹有薄于孝而厚于慈。"子云："长民者，朝廷敬老，则民作孝。"子云："祭祀之有尸也，宗庙之有主也，示民有事也。修宗庙，敬祀事，教民追孝也。以此坊民，民犹忘其亲。"

子云："敬则用祭器，故君子不以菲废礼，不以美没礼。故食礼，主人亲馈则客祭，主人不亲馈则客不祭。故君子苟无礼，虽美不食焉。《易》曰：'东邻杀牛，不如西邻之禴祭，实受其福。'《诗》云：'既醉以酒，既饱以德。'以此示民，民犹争利而忘义。"

子云："七日戒，三日齐，承一人焉以为尸，过之者趋走，以教敬也。醴酒左室，醍酒在堂，澄酒在下，示民不淫也。尸饮三，众宾饮一，示民有上下也。因其酒肉，聚其宗族，以教民睦也。故堂上观乎室，堂下观乎上。《诗》云：'礼仪卒度，笑语卒获。'"

子云："宾礼每进以让，丧礼每加以远。浴于中霤，饭于牖下，小敛于户内，大敛于阼，殡于客位，祖于庭，葬于墓，所以示远也。殷人吊于圹，周人吊于家，示民不偝也。"子云："死，民之卒事也。吾从周。以此坊民，诸侯犹有薨而不葬者。"

子云："升自客阶，受吊于宾位，教民追孝也。未没丧，不称君，示民不争也。故鲁《春秋》记晋丧曰：'杀其君之子奚齐，及其君卓。'以此坊民，子犹有弑其父者。"

子云："孝以事君，弟以事长，示民不贰①也。故君子有君不谋仕，唯卜之日称二君。丧父三年，丧君三年，示民不疑也。父母在，不敢有其身，不敢私其财，示民有上下也。故天子四海之内无客礼，莫敢为主焉。故君适其臣，升自阼阶，即位于堂，示民不敢有其室也。父母在，馈献不及车马，示民不敢专也。以此坊民，民犹忘其亲而贰其君。"

①不贰：没有二心。

译 文 ————————

孔子说："父母健在，自己不得称'老'，自己只讲孝敬而不能要求父母慈爱。在家门之内，可以笑嘻嘻，不得有叹息之声。君子以此规范百姓，人们仍有自己不尽孝而只顾自己对子女慈爱的。"

孔子说："为了表示对宾客的尊敬，宴飨就可以用祭器来款待。所以，君子不因祭品微薄而废除礼，也不因祭品丰美而逾越礼。所以食礼规定，主人亲自给客人布菜，客人就行食前祭礼；主人不亲自给客人布菜，客人就不祭。所以，君子如果遇到无理的接待，即便是佳肴美味也不去吃。《易经》上说：'东边国中的杀牛之祭，还不如西边国中的杀猪之祭，能够真正地得到神的保佑。'《诗·大雅·既醉》上说：'君子的设宴待客，不但让我把酒喝好，而且教我领会美德。'用这种办法来教育百姓，百姓仍然有争利而忘义的。"

孔子说："祭祀之前散斋七日、致斋三日，这样庄重地服侍一位担任尸的人，大夫、士一见他还得下车疾走，这一切都是为了教导人们对祖先对尊长的尊敬。醇厚的醴酒在室，稍淡一些的醍酒在堂，而经沪去滓的澄酒在堂下；这一切是为了向民众表示不能沉溺于酒食。祭礼之时，主人、主妇、宾长各向尸献酒一次，而主人对众宾只一献而已：这是为了向人们表达须分尊卑上下。又借祭奠之酒肉而聚集宗族于宗庙，是用来教育人们和睦相处。因此在祭礼中，堂上之人把室内之人作为榜样，堂下之人把堂上之人作为榜样。故《诗·小雅·楚茨》云：'祭祀礼仪皆适度，人人谈笑得体。'"

孔子说："迎宾的礼，每进一步宾主都要互相谦让。丧葬之礼，每行一次礼，死者就更加远离而去。初死浴尸是在室中，含饭在室内窗下，小殓在室门内当门处，大殓在阼阶上，将殡棺停在西阶上，祖奠设在庭中，葬在墓中，这样表示死者逐渐远去。殷人在墓穴前吊丧，周人在死者入土后，于死者家中吊丧，以此表示不背弃死者。"孔子说："死，是人的最后一件事，我遵从周人的凭吊方式。这样来对人们加以防范，却还有诸侯死了而不得如期安葬的。"

孔子说："葬毕回家之后，孝子还坚持从西阶升堂，在宾位受吊。这是教育人们不要马上忘掉亲人。三年之丧的守孝期限还没有完成，继承国君之位的儿子就不自称'国君'，这是向民众显示不要象征。因此，鲁国的《春秋》在登记晋国的丧事时说：'晋国大臣里克杀害了晋国国君的儿子奚齐及国君卓。'用这种办法来规范人们，却还有儿子杀害他的父亲的。"

孔子说："以孝亲之心服侍国君，以敬兄之心服侍长者，这都向民众显示对君上与尊长不敢有二心。因此，国君的嗣子，当国君健在时不能获取职位，只有在代君占卜时才能称'国君之副手某'。为父守丧三年，为君也守丧三年，显示敬重父亲与国君一样，这无可怀疑。父母在，不敢私爱自身，不敢私藏财物，向民众显示须有尊卑之别。因此，天子在四海之内没有做客之礼，由于天子为天下共主，各地诸侯都不敢做天子的主人。所以，国君到臣下家中，从主阶登堂，于堂上就位，表明臣下不敢认为此堂室是私有的。父母尚健在，作为子女如有礼物馈赠他人，不得有车马等大件物品，表现自己不敢擅用家财。这样教育规范人民，仍有忘其父母而对君王有二心的人。"

子云："礼之先币帛也，欲民之先事而后禄也。先财而后礼则民利，无辞而行情则民争，故君子于有馈者弗能见，则不视其馈。《易》曰：'不耕获，不菑畬，凶。'以此坊民，民犹贵禄而贱行。"

子云："君子不尽利，以遗民。《诗》云：'彼有遗秉[1]，此有不敛穧，伊寡妇之利。'故君子仕则不稼，田则不渔，食时不力珍。大夫不坐羊，士不坐犬。《诗》云：'采葑采菲，无以下体。德音莫违，及尔同死。'以此坊民，民犹忘义而争利，以亡其身。"

子云："夫礼，坊民所淫，章民之别，使民无嫌，以为民纪者也。故男女无媒不交，无币不相见，恐男女之无别也。以此坊民，民犹有自献其身。《诗》云：'伐柯如之何？匪斧不克。取妻如之何，匪媒不得。''蓺[2]麻如之何？横从其亩。取妻如之何？必告父母。'"

子云："取妻不取同姓，以厚别也。故买妾不知其姓则卜之。以此坊民，鲁《春秋》犹去夫人之姓，曰'吴'，其死，曰'孟子卒'。"

子云："礼，非祭，男女不交爵。以此坊民，阳侯犹杀缪侯而窃其夫

人，故大飨废夫人之礼。"

子云："寡妇之子，不有见焉，则弗友也，君子以辟远也。故朋友之交，主人不在，不有大故，则不入其门。以此坊民，民犹以色厚于德。"

子云："好德如好色。诸侯不下渔色，故君子远色，以为民纪。故男女授受不亲。御妇人则进左手。姑、姊妹、女子子已嫁而反，男子不与同席而坐。寡妇不夜哭。妇人疾，问之，不问其疾。以此坊民，民犹淫佚而乱于族。"

子云："昏礼，婿亲迎，见于舅姑，舅姑承子以授婿，恐事之违也。以此坊民，妇犹有不至③者。"

译 文

孔子说："相见之礼，要在行过相见之礼之后才奉上币帛等见面的礼物，这是要教导百姓先做事情而后接受俸禄。先奉上见面的礼物然后再行相见之礼，就会造成百姓产生贪财之心。不加辞谢，见礼就收，就会造成百姓相争。因此，君子在有人馈赠礼物时，如果自己不能亲自接见，就不接受对方的礼物。《易经》上说：'不耕种而收获成果，不开荒而获得良田，凶。'用这种办法来防范百姓不遵礼法，百姓还有重视利禄而轻视行礼的。"

孔子说："君子不能把利益全都占有，要给百姓遗留一部分。《诗·小雅·大田》上说：'那里有遗留下来的禾把，这里有撒在地上的禾穗，这是让寡妇们随便捡拾的。'因此君子当官就不种地，田猎就不打鱼，一年四季只吃应季食物，不追求山珍海味，大夫无故不杀羊，士无故不杀狗。《诗·邶风·谷风》上说：'采葑又采菲，叶子已摘下，不要连根拔。盛德盛名莫忘记，与你生死不离别。'用这种办法来防范百姓，百姓中还有由于忘义争利而丧生的。"

孔子说："礼是用来防范人们贪淫好色的，明辨男女并加以区别，不然男女无别、族姓不明，就会产生嫌疑，所以把礼定为人们奉行的纲纪。因此男女之间，不经过媒人就不能交往，没经过纳征就不能私自相见，这是怕男女双方没有分别。用这种办法规范人们，人们还是有私下擅自献身的。《诗·豳风·伐柯》说：'怎样才能砍伐一根斧柄呢？没有斧头就不行。怎样才能娶到妻子呢？没有媒人不行。''怎样才能种麻呢？那得先把地耕成纵横的田垅。怎样才能娶到妻子呢？必须先要禀告父母。'"

孔子说："娶妻不娶同姓，为加强族姓的区别。为此，买妾时如不知女方之姓，可用占卜决定是不是吉利。君子用这种方法来规范人们，但仍有娶同姓为妻者，如鲁国《春秋》就为鲁昭公娶了同姓的吴女而掩饰其姓只称'吴'，其死，亦只称'孟子卒'。"

孔子说："礼法规定，如果不是祭祀，男女不可相互敬酒。用这种办法规范人们，可是阳侯还是杀掉了缪侯而占有他的夫人。因此，诸侯大飨之礼就不要夫人参加献酒了。"

孔子说："寡妇的儿子，如果没有卓著的才艺，就不要和他交朋友。君子这是为了避嫌。为此，朋友之间，如主人不在家，没有丧、病等重大原因就不进入他的家门。即使这样规范人们，民众中还是有人好色超过好德。"

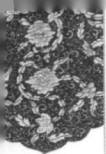

孔子说："人们的喜好道德之心，如果像喜好女色那样就好了。诸侯不应该在本国臣民中选择美女做妻妾。因此君子不贪女色，为百姓树立楷模。因此男女之间递交、接受东西都不能亲手来做。为妇人驾车，应当以左手执辔驾车。姑、姊妹、女儿出嫁以后又返回娘家，男子就不再和她们同席而坐。寡妇不应当在夜间哭泣。妇人有病，能够问她病情如何，但不要问她患的是什么病。用这种办法来教导百姓，百姓还有淫乱而家族之内败坏伦常的。"

孔子说："根据婚礼的规定，新婿要亲自到女家迎娶，拜见岳父岳母，岳父岳母亲手把女儿交与新婿，生怕夫妇不谐，竟出恶事。用这种办法来教导人们，还有不孝顺不听话的媳妇。"

表 记

子言之："归乎！君子隐而显，不矜而庄，不厉而威，不言而信。"

子曰："君子不失足于人，不失色于人，不失口于人。是故君子貌足畏①也，色足惮也，言足信也。《甫刑》曰：'敬忌而罔有择言在躬。'"

子曰："裼、袭之不相因②也，欲民之毋相渎也。"

子曰："祭极敬，不继之以乐。朝极辨，不继之以倦。"

子曰："君子慎以辟祸，笃以不揜，恭以远耻。"

子曰："君子庄敬日强，安肆日偷。君子不以一日使其躬儳焉如不终日。"

子曰："齐戒以事鬼神，择日月以见君，恐民之不敬也。"

子曰："狎侮死焉而不畏也。"

注 释

①畏：敬服。
②因：沿袭、承接。

译 文

孔子说："还是回去吧！君子尽管隐居林泉，但道德弘扬，声名显著，不需故作矜持而自然受人敬重，不需故作严厉而自然让人生畏，不必讲话而人们自然信任。"

孔子说："君子的一举一动，都不让别人感觉有失检点；一颦一笑，都不让别人感觉有失检点；一言一语，都不让别人感觉有失检点。因此君子的容貌足以让人生畏，君子的脸色足以让人畏惧，君子的话语足以让人信服。《甫刑》上说：'为人处世恭敬谨慎，别人就不会对自己说挑剔的话。'"

孔子说："在行礼过程中，有时以显露裼衣为敬，有时以盖好上服不显露裼衣为敬，两者互不因袭，这样做的目的是要民众不要亵渎了礼。"

孔子说："祭礼要求尽量表示敬意，不可以结束祭礼就继续娱乐；朝廷上的政事要

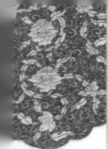

求尽量办好，不能因为劳神而以草草了事结束。"

孔子说："君子以行为谨慎来免除祸患，以笃实厚道来免除窘迫，以恭敬谦让来免除耻辱。"

孔子说："君子端庄严肃才能日进于强，小人晏安放肆必日益苟且。君子不能有一日让自己被人怠慢鄙夷，被人鄙视就会惶惶不能终日。"

孔子说："以斋戒侍奉鬼神，择日期以见君主，这都是恐怕人们失去恭敬之心。"

孔子说："有的人狎昵侮慢，但到死仍不感觉害怕似的。"

子曰："无辞不相接也，无礼不相见也，欲民之毋相亵也。《易》曰：'初筮告，再三渎，渎则不告。'"

子言之："仁者，天下之表也；义者，天下之制也；报者，天下之利也。"

子曰："以德报德，则民有所劝。以怨报怨，则民有所惩。《诗》曰：'无言不雠，无德不报。'《大甲》曰：'民非后，无能胥以宁；后非民，无以辟四方。'"

子曰："以德报怨，则宽身之仁也。以怨报德，则刑戮之民也。"

子曰："无欲而好仁者，无畏而恶不仁者，天下一人而已矣。是故君子议道自己，而置法以民。"

子曰："仁有三，与仁同功而异情。与仁同功，其仁未可知也。与仁同过，然后其仁可知也。仁者安仁，知者利仁，畏罪者强仁。仁者右也，道者左也。仁者人也，道者义也。厚于仁者薄于义，亲而不尊；厚于义者薄于仁，尊而不亲。道有至、义、有考①。至道以王，义道以霸，考道以为无失。"

子言之："仁有数，义有长短小大。中心憯怛，爱人之仁也。率法而强之，资②仁者也。《诗》云：'丰水有芑，武王岂不仕？诒厥孙谋，以燕翼子，武王烝哉！'数世之仁也。《国风》曰：'我今不阅，皇恤我后。'终身之仁也。"

①考：考察。

②资：取。

孔子说："没有言语不相接，没有礼物不相见，这是要使人们不要互相怠慢。《易·蒙卦》说：'首次卜问，神即告语。如重复卜问，则是渎神，即不告语。'"

孔子说："仁是天下人的仪表象征，义是天下人的评判法度，礼是天下人的利益。"

孔子说："以好处回报别人对自己的好处，那么人们就会受到勉励；以怨恶来报复别人对自己的怨恶，那么人们就会得到惩戒。《诗·大雅·抑》说：'说话不会没反应，施德不会没报答。'《尚书·太甲》说：'人民没有君主，不能互相安宁；君主没有人民，也不能君临四方。'"

孔子说："以好处来报答别人给自己带来怨恶的，是为了保全自身而平息怨恨的人；以怨恶来报答别人对自己的好处的，是应该处以刑罚或处死的人。"

孔子说："没有欲望而好行仁德，无所畏惧而厌恶不仁，这样的人天下很少。因此，君子谈论仁德，当从自身体察；设置法规，应从人民出发。"

孔子说："行仁德有三种情况，其效果相同而情况不同。只从效果看，都在尽力行仁，其行仁的情况不易区别。但若从关乎利益的地方看，那行仁的心情就可懂得了。仁德之人，是无所企盼而安于仁；聪明之人，是明白行仁之利而利于仁；而畏惧谴责之人则是勉强行仁。在社会生活中，仁是便于畅通的，就像人的右手，使用顺手；道是要勉力推行的，就像人的左手，使用稍有不顺。'仁'就是'爱人'，'道'就是'道义'。厚于仁而薄于义的人，则体现为亲切而不被尊敬；厚于义而薄于仁的人，则体现为受人尊敬而缺乏亲和。道，有最高的至道，有适宜的义道，有稽考的考道。最高的道，是仁义兼备，因此是王者；适当的道，制节谨度，故能为诸侯之长（霸）；稽考之道，非法不言，非道不行，也可称无所过失。"

孔子说："仁有多少、长短、大小之分，义也有多少、长短、大小之别。对别人的不幸有恻隐之心，这是天性同情他人的仁。遵循法律而勉强行仁，这是由外取仁而企图

达到个人目的。《诗·大雅·文王有声》上说：'正如丰水之有芑，武王岂不考虑天下长治久安之计？他留下了安邦治国的好谋略，庇护他的子孙享国久长。武王真伟大啊！'这是惠及后世几代的仁。《国风》上说：'我现在自身还难保，哪里有工夫为后代着想呢！'这是终竟自己一生的仁。"

子曰："仁之为器重，其为道远。举者莫能胜也，行者莫能致也。取数多者，仁也。夫勉于仁者，不亦难乎！是故君子以义度人，则难为人；以人望人，则贤者可知已矣。"子曰："中心安仁者，天下一人而已矣。《大雅》曰：'德𬨎如毛，民鲜克举之。我仪图之，惟仲山甫举之，爱莫助之。'《小雅》曰：'高山仰止，景行行止。'"子曰："《诗》之好仁如此。乡道而行，中道而废，忘身之老也。不知年数之不足也，俛焉日有孳孳^①，毙而后已。"

子曰："仁之难成久矣。人人失其所好^②，故仁者之过易辞也。"子曰："恭近礼，俭近仁，信近情，敬让以行，此虽有过，其不甚矣。夫恭寡过，情可信，俭易容也。以此失之者，不亦鲜乎！《诗》曰：'温温恭人，惟德之基。'"子曰："仁之难成久矣，唯君子能之。是故君子不以其所能者病人，不以人之所不能者愧人。是故圣人之制行也，不制以己，使民有所劝勉愧耻，以行其言。礼以节之，信以结之，容貌以文之，衣服以移之，朋友以极之，欲民之有壹也。《小雅》曰：'不愧于人，不畏于天。'是故君子服其服，则文以君子之容；有其容，则文以君子之辞；遂其辞，则实以君子之德。是故君子耻服其服而无其容，耻有其容而无其辞，耻有其辞而无其德，耻有其德而无其行。是故君子衰绖则有哀色，端冕则有敬色，甲胄则有不可辱之色。《诗》云：'维鹈在梁，不濡其翼。彼记之子，不称其服。'"

注释

①俛焉：勤奋的样子。孳孳：即"孜孜"。
②失其所好：没有能力做到他希望做到的。

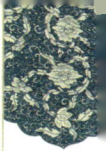

　　孔子说："仁，若当作器物，非常非常之重；若当作道路，非常非常之远。把仁当作器物，没有人可以把它举得起来；把仁当作道路，没有人能够把它走完。对事物利益最多的，就是仁了。像这样地勉力于仁，难度够大的了！因此君子如果用义的标准来权衡人，那么做人就难以达到标准；如果用今天平常人的标准去要求别人，那么就能够知道谁是贤人了。"孔子说："天性喜欢行仁的人，天下非常少。《大雅》上说：'尽管道德轻如鸿毛，但是很少有人可以把它举得起来。我揣测，只有仲山甫可以举得起来，可惜时人没有可以帮助他的。'《小雅》上说：'高山只可仰慕，大道则可行走。'"孔子说："《诗》是这样爱好仁。朝着仁的大道前进，走到半路，确实没有力气了，不得已才停止下来，忘记了身体已经衰老，也忘记了余日不多；仍然孜孜不倦，奋力向前，死而后已。"

　　孔子说："行仁难有成就由来已久。由于人们多丧失了美好的仁德天性，因此仁者的过失也容易被解释。"孔子说："恭敬近于礼，勤俭近于仁，诚实近于人性情善良，又以严肃谦让待人，这样的人就算有过错也不会严重。恭敬则少差错，近人情让人可信，节俭使人可容。因此，这种人犯过错是很少的。《诗·大雅·抑》说：'温和谦恭，是仁德的根本。'"孔子说："行仁难有成就由来已久，只有君子可以成功。由于君子不以自己之所能责骂别人，也不以别人之所不能去嘲笑别人。因为圣人规范人们的行为，不是用自己的行为来规范别人，而是要让人们不断勉励自己，使人明白惭愧和羞耻，使人用自己的行动来践行自己说的话，也就是用礼制来调节，用诚信相联结，用仪容滋润人们，用服饰改变人们，用朋友鼓励人们，这都是愿人们一心向善。如《诗·小雅·何人斯》所说：'对人无惭愧，对天不恐惧。'为此，君子身穿君子之服，必以君子的仪容来配合；有了君子的仪容，必以君子的言辞来修饰；有了君子的言辞，又必以君子的德行来补充。因为君子以身穿君子之服而无君子之容为耻辱，以有君子之容而无君子之辞为耻辱；以有君子之辞而无君子之德为耻辱；以有君子之德而无君子之行为耻辱。因此，君子穿上丧服有哀容，穿上玄端、玄冕的礼服有敬容，穿上甲胄即有不可辱之容。《诗·曹风·候人》说：'那鹈鹕在石梁上抓鱼，还不致打湿羽毛。那不修德行的人，却与外在服饰不相符。'"

子言之：“君子之所谓义者，贵贱皆有事于天下。天子亲耕，粢盛、秬鬯①以事上帝，故诸侯勤以辅事于天子。”

子曰：“下之事上也，虽有庇民之大德，不敢有君民之心，仁之厚也。是故君子恭俭以求役仁，信让以求役礼，不自尚其事，不自尊其身，俭于位而寡于欲，让于贤，卑己而尊人，小心而畏义，求以事君，得之自是，不得自是，以听天命。《诗》云：‘莫莫葛藟，施于条枚。凯弟君子，求福不回。’其舜、禹、文王、周公之谓与？有君民之大德，有事君之小心。《诗》云：‘惟此文王，小心翼翼。昭事上帝，聿怀多福。厥德不回，以受方国。’”子曰：“先王谥以尊名，节以壹惠，耻名之浮于行也。是故君子不自大其事，不自尚其功，以求处情；过行弗率，以求处厚；彰人之善，而美人之功，以求下贤。是故君子虽自卑而民敬尊之。”子曰：“后稷，天下之为烈也。岂一手一足哉？唯欲行之浮于名也，故自谓便人②。”

注 释

①秬鬯（jù chàng）：以黑黍制成的酒。

②便人：种庄稼的人。

译 文

孔子说：“君子所说的义，就是无论尊贵的人或卑贱的人，在人世上都要认真地做各人的事。譬如天子那么尊贵，还要举行亲耕的仪式，用黍稷和香酒侍奉上天，所以诸侯也要勤勉地辅佐天子。”

孔子说：“在下位的服侍在上位的，尽管有了庇护民众的大德，也不敢有统治民众的想法，这是仁厚的表现。因此君子恭敬谦逊以求做到仁，诚信谦让以求做到礼；不自夸自己做过的事，不自己抬高自己的身价；有地位却表示出节俭，在名利面前表示出淡泊，让于贤人；放低自己而推崇别人，小心慎重而敬畏道义，要求自己用这样的态度服侍国君，得意时自行此道，不得意时也自行此道，全部听天由命，绝不改变信仰以获取利禄。《诗·大雅·旱麓》上说：‘丰茂的葛藤，缠绕着树干和树枝。平易近人的君子，不走邪道把福求。’大概说的就是舜、禹、文王、周公吧！他们都有管理民众的大德，又有侍奉君主的谨慎。《诗·大雅·大明》上说：'周文王小心翼翼，懂得怎样敬奉上帝，得到了许多庇佑。他的德行让人挑不出毛病，最终得到了天下诸侯的拥护。'"孔子说："先王给死去的人加一个谥号，这样做是为了尊崇那个人的名声，定谥号时，只是取那个人最突出的一种美行作为代表，这是因为不愿意让一个人的名声超过他的行为。所以君子不夸耀自己做的事，不推崇自己的功绩，目的是求实；即使有了错误的行为，也不重蹈覆辙，目的是使自己保持敦厚的本性；表彰别人的优点，赞美别人的功劳，目的是对贤能的人表示敬意。所以君子虽然自己贬抑自己，但人民反而尊敬他。"孔子说："后稷建立的是天下的宏业，因而受益的难道只是一两个人吗？但他为了使自己的行动超过名声，所以自谦说自己只是一个懂得种庄稼的人。"

子言之："君子之所谓仁者，其难乎！《诗》云：'凯弟君子，民之父母。'凯以强教之，弟以说安之。乐而毋荒，有礼而亲，威庄而安，孝慈而敬。使民有父之尊，有母之亲，如此而后可以为民父母矣，非至德其孰能如此乎？今父之亲子也，亲贤而下无能；母之亲子也，贤则亲之，无能则怜之。母亲而不尊；父尊而不亲。水之于民也，亲而不尊，火尊而不亲。土之于民也，亲而不尊，天尊而不亲。命之于民也，亲而不尊，鬼尊而不亲。"

子曰："夏道尊命，事鬼敬神而远之，近人而忠焉，先禄而后威，先赏而后罚，亲而不尊。其民之敝，蠢而愚，乔①而野，朴而不文。殷人尊神，率民以事神，先鬼而后礼，先罚而后赏，尊而不亲。其民之敝，荡而不静，胜而无耻。周人尊礼尚施，事鬼敬礼而远之，近人而忠焉，其赏罚用爵列，亲而不尊。其民之敝，利而巧，文而不惭，贼而蔽。"

子曰："夏道未渎辞，不求备，不大望②于民，民未厌其亲。殷人未渎礼，而求备于民。周人强民，未渎神，而赏爵、刑罚穷矣。"子曰："虞、夏之道，寡怨于民；殷、周之道，不胜其敝。"子曰："虞、夏之质，殷、周之文，至矣。虞、夏之文不胜其质，殷、周之质不胜其文。"子言之曰："后世虽有作者，虞帝弗可及也已矣。君天下，生无私，死不厚其子，子民如父母，有憯怛之爱，有忠利之教，亲而尊，安而敬，威而爱，富而有礼，惠而

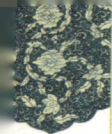

能散。其君子尊仁畏义，耻费轻实，忠而不犯，义而顺，文而静，宽而有辨。《甫刑》曰：'德威惟威，德明惟明。'非虞帝其孰能为此乎？"

子言之："事君先资其言，拜自献其身，以成其信。是故君有责于其臣，臣有死于其言。故其受禄不诬，其受罪益寡 。"子曰："事君，大言入则望大利，小言入则望小利。故君子不以小言受大禄，不以大言受小禄。《易》曰：'不家食吉。'"

注 释

①乔：通"骄"，骄狂。

②大望：对人民要求多，这里指赋税重。

译 文

孔子说："君子所说的仁，是很难办到的。《诗·大雅·泂酌》说：'凯弟君子，民之父母。'凯，就是要以自强不息的精神教导人民；悌，就是要以和悦快乐的心情抚慰人民。民众快乐就不会荒废事业，礼貌而互相亲近，严肃庄重而安定宁静，对上孝顺、对下慈爱而彼此恭敬。也就是君子要对人民既有父亲之尊严，又有母亲之慈爱，这样，才称得上是人民的父母，没有崇高的德行谁能这样？现在做父亲的，总是爱能干的儿子而看不起不能干的儿子；做母亲的，总是爱能干的儿子而怜爱无能的儿子。因此，孩子对母亲唯有亲情而没有尊敬，对父亲则唯有尊敬而没有亲情。就像水，对人只有亲而没有尊；火，则只有尊而没有亲。又如同，对土地唯有亲而没有尊；而对天，则只有尊而没有亲。又像对政令，对人只有亲而没有尊；而对鬼神，则唯有尊而没有亲。"

孔子说："夏代治国是重视政教，虽然敬奉鬼神，但敬而远之，不把这作为政教的内容；通达人情而忠实可信，首先是发给俸禄，其次才是施予威严；首先是赏赐，其次才是刑罚。所以他们的治国方针使人觉得亲近，但缺少尊严。一到政教衰败的时候，人民就变得鲁钝而愚笨，骄横而放肆，粗鄙而没有修养。殷代的人尊崇鬼神，国君率领人民奉事鬼神，推重鬼神而轻视礼教，重视刑罚而轻视赏赐，所以他们的治国措施是有尊严而不可亲近。一到政教衰微的时候，人民就变得放荡而不守本分，只知道争胜免罚而不知羞耻。周代的人推崇礼法，广施恩惠，敬事鬼神，但不把这作为教化的内容；

通达人情而忠实可信，赏赐或刑罚的轻重以爵位的高低作等级，所以他们的政令使人觉得亲近，但缺少尊严。一到政教衰落的时候，人就变得贪利取巧，善于文饰而不知羞耻，相互残害和蒙蔽。"

孔子说："夏代的政令没有亵渎言辞，对人民不苛求责备，赋税较轻，人民没有生出亲人间的厌弃之心。殷人的政令没有亵渎礼法，但对人民苛求责备，赋税较重。周人设教，强迫人民遵守礼仪，虽还没亵渎鬼神，而赏赐、晋爵、施刑之类的规定就已经穷极繁杂了。"孔子说："虞、夏的政令简单，老百姓很少怨恨的。殷、周的政令复杂，老百姓受不了它的繁杂。"孔子说："虞、夏的质朴，殷、周的文饰，都达到了极致。虞、夏尽管也有文饰，但不及它的质朴；殷、周尽管也有质朴，但不及它的文饰。"孔子说："后代虽有明王出世，但再也赶不上虞舜了。他治理天下，活着的时候没有一点私心，死后也不特别优待自己的儿子；对待人民就像父母对待儿子一样，既有发自内心的慈爱，也有忠恕利益的教化；使人感到亲近而又不失尊严，使人感到安乐而又不失恭敬，既有威严而又感到慈爱，虽富有天下，却对下有礼貌，既能广施恩惠而又没有丝毫偏颇。他的臣下都尊崇仁而敬畏义，以言而不行为耻，不计较财利，忠心耿耿而又不冒犯上司，循礼而顺从，文雅而诚实，宽容而有分辨力。《甫刑》上说：'道德的威严使得人人都敬畏，道德的光辉受到大家的尊敬。'如果不是虞舜，又有谁能做到这样？"

孔子说："想侍奉国君，要先凭借自己的主张取得国君的赏识，受命拜官，献身于朝廷，以成就自己的主张而证明其可信。因此国君有权责成臣下，臣下有责任为实践自己的主张而献身。因此臣下接受俸禄与能力相称，他们遭受罪责就很少。"孔子说："侍奉国君而进献大的主张就希望为天下带来大利，进献小的主张就希望为天下带来小利。因此君子不以小的主张而接受大的报酬，不以大的主张而接受小的报酬。《易》说：'国君有大的积蓄，不是只跟家人享用，还分给贤人同享，这样才能吉利。'"

子曰："事君不下达，不尚辞，非其人弗自。《小雅》曰：'靖共尔位，正直是与。神之听之，式穀以女。'"

子曰："事君远而谏则谄也；近而不谏则尸利①也。"子曰："迩臣守和，宰正百官，大臣虑四方。"子曰："事君欲谏不欲陈。《诗》云：'心乎爱矣，瑕不谓矣？中心藏之，何日忘之？'"

子曰："事君难进而易退，则位有序；易进而难退，则乱也。故君子三揖而进，一辞而退，以远乱也。"

子曰："事君三违而不出竟，则利禄也。人虽曰'不要'，吾弗信也。"

子曰："事君慎始而敬终。"子曰："事君可贵可贱，可富可贫，可生可杀，而不可使为乱[2]。"

子曰："事君军旅不辟难，朝廷不辞贱。处其位而不履其事，则乱也。故君使其臣，得志则慎虑而从之，否则孰虑而从之，终事而退，臣之厚也。《易》曰：'不事王侯，高尚其事。'"

注释 —————————

①尸利：尸位素餐，言臣食利禄而不谏则似之。

②乱：作乱，凡违背义理者，皆乱也。

译文 —————————

孔子说："侍奉国君不把私下的事自通于国君，不说浮夸的话，不是正直的人就不引荐他。《小雅》说：'恭敬地奉行你的职责，正直的人就和他相处。神知道你的所作所为，就会把好处赐给你。'"

孔子说："侍奉国君，如果是远离国君的小臣而越级进谏，那就有谄媚之嫌；如果是国君身旁的大臣而不进谏，那就是尸位素餐。"孔子说："近臣要辅助国君，不使道德有亏，冢宰负责整治百官，各部大臣负责考虑四方的事。"孔子说："侍奉国君，对国君的过失要进谏，但不能到外边宣扬。《诗经》上说：'心里爱着君子，为何不讲出来？内心深处总是希望他好，何尝有一天忘记！'"

孔子说："侍奉国君，假如是提拔困难而降级容易，那么臣下的贤与不肖就分别清楚了；假如是提拔容易而降级困难，那么臣下的贤与不肖就混淆无别了。因此君子做客，必定要三次揖让之后才随着主人进门，而告辞一次就可离开，这就是为了避免出现混乱。"

孔子说："侍奉君主，如果多次与君主意见不合，还不愿辞职出国，那肯定是贪求俸禄。即使有人说他没有这个想法，我也不信。"

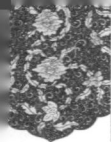

孔子说:"侍奉君主,要以慎重开始,以恭敬告终。"孔子说:"侍奉君主,君主能够使臣下升官,能够使臣下降级,能够使臣下富有,能够使臣下贫穷,能够使臣下活着,能够使臣下死去,但就是不能够使臣下做出越礼作乱之事。"

孔子说:"侍奉国君的人,在军中不避危难,在朝廷上不推辞低贱的官职。如果处官位而不履行应有的职责,就会造成混乱。因此国君使用臣下,臣下认为能发挥自己的才智,就谨慎思虑而遵命行事,否则就经过深思熟虑而遵命行事,完成使命后隐退,这是做臣的忠厚态度。《易》说:'不侍奉王侯,使自己的志向保持高尚。'"

子曰:"唯天子受命于天,士受命于君。故君命顺则臣有顺命,君命逆则臣有逆命。《诗》曰:'鹊之姜姜,鹑之贲贲。人之无良,我以为君。'"

子曰:"君子不以辞尽人,故天下有道,则行有枝叶;天下无道,则辞有枝叶。是故君子于有丧者之侧,不能赙焉,则不问其所费;于有病者之侧,不能馈焉,则不问其所欲;有客不能馆,则不问其所舍。故君子之接如水,小人之接如醴。君子淡以成,小人甘以坏。《小雅》曰:'盗言孔甘,乱是用餤①。'"

子曰:"君子不以口誉人,则民作忠。故君子问人之寒则衣之,问人之饥则食之,称人之美则爵之。《国风》曰:'心之忧矣!于我归说。'"子曰:"口惠而实不至,怨菑及其身。是故君子与其有诺责也,宁有已怨。《国风》曰:'言笑晏晏,信誓旦旦。不思其反,反是不思,亦已焉哉!'"

子曰:"君子不以色亲人。情疏而貌亲,在小人则穿窬之盗也与?"子曰:"情欲信,辞欲巧。"

子言之:"昔三代明王,皆事天地之神明,无非卜、筮之用,不敢以其私亵事上帝。是故不犯日月,不违卜、筮。卜、筮不相袭也。大事有时日,小事无时日,有筮。外事用刚日,内事用柔日,不违龟、筮。"子曰:"牲牷、礼乐、齐盛,是以无害乎鬼神,无怨乎百姓。"

子曰:"后稷之祀易富也。其辞恭,其欲俭,其禄及子孙。《诗》曰:'后稷兆祀,庶无罪悔,以迄于今。'"子曰:"大人之器威敬。天子无筮,诸侯有守筮。天子道以筮,诸侯非其国不以筮,卜宅寝室。天子不卜处大庙。"

尚书·礼记

礼记

子曰："君子敬则用祭器。是以不废日月②，不违龟筮，以敬事其君长。是以上不渎于民，下不亵于上。"

译文

孔子说："天子受命于天，而臣下受命于天子。因此，当君命顺应天理时，臣下应顺应君命，而当君命违背天理时，臣下也会违逆君命。《诗·鄘风·鹑之奔奔》说：'喜鹊相随飞翔，鹌鹑相依飞翔，那个人如此不良，我却要以他为君王。'"

孔子曾说："君子不以言语来判定人。因为，当天下有道，人们尽力于行为美好；而当天下无道，则人们只重视言语美好，往往言过其实或言而无实。因此，君子如在丧事之旁，而又无力馈赠的话，就不去询问所需费用怎样；如在病人身边，而不能有所馈赠，则不问想要什么；对客人如无法解决居处的，就不问客人住在何处。因此，君子之间的交往就像清水，虽淡而能长久；小人之间的交往如同甜酒，虽美而不能持久。《诗·小雅·巧言》说：'坏话甜美，祸乱从此而来。'"

孔子说："君子绝不以虚言赞扬别人，则民众会形成诚实的风气。因此，君子如问人之寒就给衣穿，问人之饥就给饭吃，赞扬其德行，就得给以地位。《诗·曹风·蜉蝣》说：'虚荣小人令我心有忧愁，还是同归于有德之人吧。'"孔子说："口头说得好听而其实毫无意义，憎恨之灾必及其身。因此，君子与其诺言未成而受责，不如拒绝答应而招怨。《诗·卫风·氓》说：'想当初你言笑和悦，发誓诚恳，但现在不像当初，反正不像当初，那就这样算了！'"

孔子说："君子绝不以伪装的神色去接近别人。情感疏远而装得很亲密，这就如同是小人挖壁穿洞的盗贼行为。"孔子说："一个人情感必定要诚实，而言辞必定要巧妙美好，善达心意。"

孔子说："从前夏、商、周的圣明君王，都祭祀天地神明，没有不利用占卜、占筮来决定的事，不敢用自己的私意亵渎上帝，因此办事不冲犯凶日，不违背占卜、占筮的结

果。占卜和占筮不重复使用。大祭祀有固定的日期，小祭祀没有固定的日期，由占筮来决定。在郊外举行的祭祀在单数日举行，在城内举行的祭祀在双数日进行，不违背占卜、占筮的结果。"孔子说："祭祀用的牲体必须纯色、完好，礼仪和舞乐齐备而隆盛，献祭的谷物丰富，因此对鬼神没有害处，百姓也没有怨言。"

孔子说："后稷的祭祀容易备办，他言辞恭敬，欲望俭薄，所获的福禄施于子孙。《诗·大雅·生民》说：'后稷开始祭祀，符合礼节无罪无悔，一直受福到今。'"孔子说："天子用的占卜器具威重而庄敬。天子地位尊贵，占卜而不用筮。诸侯在国中居住有事就占筮。天子出行在道边上，临时有事可以占筮。诸侯如果不在国中就不用筮，但要通过占卜来决定所停宿的馆舍。天子不占卜太庙建在何处。"

孔子说："君子对宾客表示恭敬接待时就用祭祀器皿。因此朝聘君长要遵守日期，不违背占卜、占筮的结果，这样恭敬地侍奉君长。因此在上位的人对民众有尊严，在下位的人对君长不轻慢。"

问 丧

亲始死，鸡斯，徒跣，扱①上衽，交手哭②。恻怛之心，痛疾之意，伤肾、干肝、焦肺，水浆不入口，三日不举火，故邻里为之糜粥以饮食之。夫悲哀在中，故形变于外也；痛疾在心，故口不甘味，身不安美也。

三日而敛。在床曰尸，在棺曰柩。动尸③举柩，哭踊无数。恻怛之心，痛疾之意，悲哀志懑气盛，故袒而踊之，所以动体安心、下气也。妇人不宜袒，故发④胸、击心、爵踊，殷殷田田⑤，如坏墙⑥然，悲哀痛疾之至也。故曰"辟⑦踊哭泣，哀以送之"，送形而往，迎精而反也。

其往送也，望望然⑧，汲汲然⑨，如有追而弗及也。其反哭也，皇皇然，若有求而弗得也。故其往送也如慕，其反也如疑。

求而无所得之也，入门而弗见也，上堂又弗见也，入室又弗见也，亡矣丧矣，不可复见已矣！故哭泣辟踊，尽哀而止矣。心怅焉怆焉，惚焉忾焉，心绝志悲而已矣。祭之宗庙，以鬼享之，徼幸复反也。

注 释

①扱（chā）：插。

②交手哭：双手交叠放在胸口上哭。

③动尸：小敛、大敛及殡的时候都要迁动尸体。

④发：敞开。

⑤殷殷田田：拟声词。

⑥坏墙：墙壁崩塌倒下。

⑦辟：通"擗"，拊心。

⑧望望然：瞻望的样子。

⑨汲汲然：急促的样子。

父母亲刚刚去世，孝子要脱下冠，只保留发笄和包头发的布帛，光着脚，把深衣前襟的下摆塞在腰带里，双手交叠抚着胸口痛哭，那种悲伤万分的心情，痛楚剧烈的意念，真是使人五内如焚，一口水也喝不下，一口饭也吃不进。三日来家中不生火做饭，所以邻居就煮点稠粥给他吃。悲哀在心中，所以面容形体都变得憔悴不堪；伤痛在心中，所以嘴里吃饭也觉得没滋味，也不讲究穿什么华服。

人死后三天举行大殓。死人放在床上叫"尸"，装进棺材后就叫"柩"。每一次迁动尸体，每一次抬起灵柩，孝子都要尽情地痛苦跺脚。悲惨的心情，伤痛的意念，使得心中悲哀苦闷，所以就袒露左臂，跺脚痛哭，这是通过活动肢体来安定心情、清除郁积之气。妇女不适合袒露左臂，所以就敞开外衣衣领，捶打心胸，双脚跺地，声音乒乒乓乓，就像筑墙一般，这都是痛不欲生的表现啊！因此说："捶胸跺脚，痛哭流涕，用悲伤的心情送别死者。"把死者的形骸送到墓地埋葬，把死者的精气迎接回来加以安顿。

孝子在往墓地送葬的时候，眼睛瞻望着前方，显露出焦急的神情，就像是追赶死去的亲人而又追赶不上的样子。葬后归来的路上，要一路哭泣，并显出惶恐不安的表情，就像寻找亲人而又找不到的样子。所以孝子在前往送葬的路上，就像幼儿思慕父母而哭泣不止，在葬毕返回的路上，又像是迷茫亲人的神灵是否跟着一道回来而迟疑不前。

四处寻找而未曾找到，回到家里，推门一看，却怎么也看不见亲人的影子；上堂再看，还是看不见亲人的影子；进到亲人的住室再看，还是见不到亲人的影子。这样看来，亲人是真正死了，失去了，不可能再见了。因此唯有痛哭流涕、捶胸、跺脚，直到把心中的哀伤都发泄出来为止。然而心中仍是充满惆怅凄怆，恍惚慨叹，心中只有绝望和悲伤而已。在宗庙中祭祀，将亡亲当作鬼神来祭祀，也不过是希望亲人的灵魂能够侥幸回来罢了。

成圹而归，不敢入处室，居于倚庐，哀亲之在外也。寝苦枕块，哀亲之在土也。故哭泣无时，服勤①三年，思慕之心，孝子之志也，人情之实也。

或问曰："死三日而后敛者何也？曰："孝子亲死，悲哀志懑，故匍匐

而哭之，若将复生然，安可得夺而敛之也？故曰：三日而后敛者，以俟其生也。三日而不生，亦不生矣，孝子之心亦益衰矣。家室之计，衣服之具，亦可以成矣^②。亲戚之远者，亦可以至矣。是故圣人为之断决，以三日为之礼制也。"

注 释

①勤：忧心劳思。

②衣服之具，亦可以成矣：意为死者装殓的衣服也准备好了。

译 文

孝子把亲人在墓穴中埋好以后，从墓地返回家中，不敢进入自己的寝室居住，而是住在简陋的草庐里，就是因为哀伤死去的亲人还被埋葬在野外。孝子睡着草垫，枕着土块，这是因为哀伤亲人躺在墓地的土中。因此没有定时地经常哭泣，忧伤劳苦地为亲人服丧三年，日夜思慕亲人。这是孝子的心志，也是人的感情的真实流露。

有人问："人死后三天才装殓入棺，这是为什么呢？"答道："孝子在父母刚刚去世时，悲哀的心绪充斥身体，所以趴在尸体上痛苦，就好像能把父母哭活一样，人们怎么可以不顾及孝子的这点心思而强行马上入殓呢？因此说死了三天后才装殓入棺，是为了等待死者的复活。过了三天而没复活，也就没有复活的指望了，孝子盼望亲人复活的信心也就大为减弱了。而且过了三天，家中备办丧事的工作以及孝服的准备等，也可以完成了。远方的亲戚，也可以来到了。所以圣人就根据这种情况做出决断，把死后三天才入殓作为礼制定了下来。"

或问曰："冠者不肉袒，何也？"曰："冠，至尊也。不居肉袒之体也，故为之免以代之也。然则秃者不免^①，伛者不袒，跛者不踊，非不悲也，身有锢疾，不可以备礼也。故曰：丧礼唯哀为主矣。女子哭泣悲哀，击胸伤心，男子哭泣悲哀，稽颡^②触地无容^③，哀之至也。"

或问曰："免者以何为也？"曰："不冠者之所服也。《礼》曰：'童子不缌，唯当室缌。'缌者其免也，当室^④则免而杖矣。"

或问曰："杖者何也？"曰："竹、桐一⑤也。故为父苴杖，苴杖，竹也；为母削杖，削杖，桐也。"

或问曰："杖者以何为也？"曰："孝子丧亲，哭泣无数，服勤三年，身病体羸，以杖扶病也。则父在不敢杖矣，尊者在故也；堂上不杖，辟尊者⑥之处也；堂上不趋，示不遽也。此孝子之志也，人情之实也，礼义之经也。非从天降也，非从地出也，人情而已矣。"

注 释

①免：通"绕"，古代吊丧时去冠，用布包裹发髻。

②稽颡：丧主拜谢宾客时叩头至地。

③无容：不文饰仪容。

④当室：主持家计的人。

⑤一：这里是作用一样的意思。

⑥尊者：指父亲。父亲是一家之长，故称尊者。

译 文

有人问道："在戴着冠的时候就不袒露左臂，这是什么道理呢？"答道："冠是至为尊贵的东西，当一个人赤膀露肉时是不能戴冠的，否则就是对冠的亵渎，所以特地制作来代替冠。但是丧礼中秃子就不用戴，驼背就不用袒衣，跛子就不用跺脚，这并不代表他们不悲哀，而是由于自身有不可治愈的疾病，不可以将礼仪做得完备。因此说：丧礼只是以悲哀为主。女子哭泣悲哀，捶胸伤心；男子哭泣悲哀，叩头触地，不注意仪容，这都是极度悲哀的表现。"

有人问道："童子为什么要戴呢？"答道："是尚未加冠的童子所戴的东西。《仪礼》说：'童子不服缌麻三月的丧服，只有父母双亡而当家的孩童才服缌麻三月的丧服。'服缌就要戴，当家之人甚至还要拄拐杖。"

有人问道："丧杖是用什么做的呢？"答道："有竹子做的，也有桐木做的，其作用都是一样的。因此为父亲居丧用苴杖，苴杖是用竹子做的；为母亲居丧用削杖，削杖是用桐木削制而成的。"

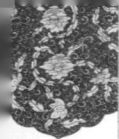

有人问道："孝子在居丧期间为什么要拄丧杖？"答道："孝子在死了父母双亲后，经常哭泣，忧心劳思地服丧三年，自然身体虚弱，用丧杖就是为了来扶持病体。如果父亲健在，就不敢为母亲拄丧杖，这是因为尊者尚健在的缘故。在堂上不敢拄丧杖，这是为了避开尊者所处的地方。在堂上也不敢快步走，这是为了表示不急促慌忙。这些都是孝子尽孝的表现，是人们感情的真实流露，是合乎礼义的常道，不是从天上掉下来的，也不是从地下冒出来的，只不过是人情本应如此罢了。"